国家自然科学基金项目"异质性资源禀赋下城市生态效率度量、空间溢出及其驱动机制研究"（编号：41571524）

区域异质性、生态效率与绿色发展

SPATIAL HETEROGENEITY, REGIONAL ECO-EFFICIENCY
AND GREEN DEVELOPMENT IN CHINA

黄建欢 ◎ 著

中国社会科学出版社

图书在版编目（CIP）数据

区域异质性、生态效率与绿色发展/黄建欢著 . —北京：中国
社会科学出版社，2016.9
ISBN 978 - 7 - 5161 - 8912 - 2

Ⅰ.①区⋯　Ⅱ.①黄⋯　Ⅲ.①绿色经济—区域经济发展—
研究—中国　Ⅳ.①F127

中国版本图书馆 CIP 数据核字(2016)第 219132 号

出 版 人	赵剑英	
责任编辑	刘晓红	
责任校对	周晓东	
责任印制	戴　宽	
出　　版	中国社会科学出版社	
社　　址	北京鼓楼西大街甲 158 号	
邮　　编	100720	
网　　址	http：//www. csspw. cn	
发 行 部	010 - 84083685	
门 市 部	010 - 84029450	
经　　销	新华书店及其他书店	
印　　刷	北京明恒达印务有限公司	
装　　订	廊坊市广阳区广增装订厂	
版　　次	2016 年 9 月第 1 版	
印　　次	2016 年 9 月第 1 次印刷	
开　　本	710×1000　1/16	
印　　张	17	
插　　页	2	
字　　数	253 千字	
定　　价	62.00 元	

序

在资源约束趋紧、环境污染加剧和人口老龄化三大问题背景下，中国选择了推进绿色发展、建设生态文明的新道路。这一道路更具有可持续发展性，更有利于经济、环境和资源的协调发展，更有利于提升全体人类福利，但也充满挑战，需要克服重重阻力才能实现。尤其是中国当前面临着极为复杂的国际国内政治经济环境，例如，世界经济复苏乏力、国内人口老龄化趋于严峻，要实现经济、环境和资源的协调发展面临着诸多重大挑战。为此，需要深入系统且动态地分析区域绿色发展的现状、问题和影响因素，特别是关注各个区域的异质性特征，为有关决策给出科学合理的理论指引和具体可信的实证依据。其中，如何全面、准确地评价区域绿色发展水平，是现有研究的难点之一。黄建欢博士撰写的《区域异质性、生态效率与绿色发展》一书在生态效率的测度方法、时空演变特征和影响因素等方面进行了非常有益和有价值的尝试。

生态效率是利用生态资源最大化地满足人类需要的效率，是资源和环境约束下的全要素生产率。在各种评价区域绿色发展的指标中，生态效率作为一个综合性强、概念明晰、容易测度的指标，得到了许多学者的关注。黄建欢博士从生态效率视角研究区域绿色发展，在多个方面进行了创新尝试，经过多年努力撰写了《区域异质性、生态效率与绿色发展》一书，该书探讨了生态效率的理论内涵和现实背景，提出并综合运用了最前沿的数据包络分析方法进行效率测度，同时考虑异质性、非期望产出和超效率等因素以给出更全面合理的测度结果，在此基础上利用地理信息系统等工具考察生态效率的时空特征和区域发展模式，从多个角度利用空间计量模型等方法探讨了区域生态效率的受影响机制和无效率来源，分析了区域生态效率的收敛特征，提出了一些很有启示意义的对策建议，既有理论深度又有很强的实践意义。该书具有以下几个典型特点：

第一，注重方法创新。在生态效率的测度方法中，数据包络分析（DEA）方法具有不依赖于生产函数、客观赋权、能考虑多投入多产出问题等优点，是最常用的方法之一。然而，DEA 方法本身也在不断改进中，以给出更好的评价结果。注意到已有 DEA 模型在识别前沿面上有效单元、处理非期望产出、考虑异质性技术等方面存在不足，该书在现有文献的基础上提出了 Meta – US – SBM（基于松弛变量、考虑非期望产出的共同前沿面超效率）模型，能够给出更综合、更全面和更准确的生态效率测度。而且，该书还提出了生态效率的子效率体系——经济效率、资源效率和环境效率，分别从投入或产出角度给出了各子效率的测度方法，为深入研究区域生态效率和绿色发展的现状和问题提供了新的视角和方法。

第二，注重系统性研究。该书将生态效率视为经济、资源和环境复杂大系统的协调度，从多个层面、多个角度对区域生态效率和绿色发展进行了系统研究，内容翔实，结论丰富。既从生态效率层面进行实证分析，也从子效率层面开展实证观察；既从时间变迁视角进行观察，也从空间跃迁层面进行分析；既进行一般性的统计比较，也进行模式识别研究；既从效率增长率的分解来考察影响因素，也利用空间计量模型进行回归分析；既考察生态效率的过去和现状，更利用收敛性分析研究其变化趋势；既考虑了区域异质性以测度和观察生态效率，也提出了要基于异质性特征来因地制宜实现绿色发展。

第三，理论与实证结合。一方面，该书不仅分析了生态效率及其子效率的理论内涵，而且给出了测度方法并进行了实证研究。另一方面，该书在考察生态效率的影响因素和收敛性特征时，先进行理论机制分析，再进行机制检验，研究逻辑系统且清晰。

如前所述，如何转变发展方式是当前中国面临的重大问题。区域绿色发展和生态文明建设已成为国家战略，但要实现却不容易。而且，必须充分考虑区域之间的异质性问题进行观察、分析并且给出对策。黄建欢博士的成果以实践问题为导向，在测度方法、理论机制和实践发现等方面均具有较强的参考意义，可读性强且信息含量高。作为博士后合作导师，我很高兴看到他又有新的优秀成果出版，期待他再接再厉，继续攀登，取得更优秀的成果！

中国科学院数学与系统科学研究院　杨晓光

2016 年 6 月 18 日

摘　要

　　生态效率是资源和环境双重约束下的区域投入产出效率，能够较好地反映一个区域绿色发展的水平、能力或者潜力。当前中国面临着三个重大现实问题：人口老龄化迫切要求提升劳动生产率，资源约束趋紧迫切要求提升资源利用效率，严重的环境污染迫切要求降低经济发展的环境代价即提升环境效率。生态效率概念兼顾了经济效率、资源利用效率和环境效率，为同时观察和解决前述三大问题提供了新的综合性视角，相关研究具有重要的实践价值和广阔的发展空间。现有相关文献取得了较为丰硕的成果，但也存在一些缺憾，例如测度方法尚待改进、研究的系统性不足以及对空间关联性关注不够等。解决这些缺憾有助于充分认识中国各区域生态效率的现状和问题，给出更具可操作性的策略建议，以尽快优化区域生态效率，促进区域绿色发展和生态文明建设。

　　本书基于"概念界定—理论内涵—方法创新—时空变迁分析—影响机制分析—策略创新"的研究思路展开，力求从区域生态效率角度对中国绿色发展进行较为全面系统的研究：①在界定生态效率并阐述其理论内涵的基础上，提出了新的数据包络分析模型以给出更全面准确的生态效率测度结果。②基于全要素生产率视角，将经济效率、资源效率和环境效率作为生态效率的子效率，形成效率体系，给出测度方法并进行实证分析。③利用地理信息系统等工具和时空跃迁分析等方法，以中国省级行政区域为主要观察对象，考察2000年以来生态效率及其子效率的跨期变化、区域差异和空间集聚以及发展模式。④从无效率来源、增长分解和空间计量经济分析三个方面，通过理论分析和实证考察，研究了区域生态效率的影响因素及其影响机制。

⑤基于生态效率考察比较资源开发型区域是否存在"资源诅咒"并考察其成因。⑥分析区域生态效率的收敛机制，利用动态面板模型等方法进行实证观察和检验。⑦从机制创新等方面探讨、总结和优化区域生态效率的策略启示和政策建议。

主要创新点和研究发现有：

（1）提出新的更具综合性的数据包络分析模型以测算生态效率，并且针对经济效率、能源效率和环境效率，分别提出了相应的投入或产出导向测度模型。新模型较以往方法具有明显优势，可同时解决异质性技术、全面识别性、可传递性和跨期可比性以及非期望产出等问题，有望给出更准确和全面的测度结果，颇具实践应用价值。

（2）基于 GIS 工具系统分析中国省域绿色发展的空间特征，发现显著的异质性和路径依赖等特征。观测期内中国生态效率呈现出"U"形变化特征，但区域差异巨大，东部和中西部区域的两极分化明显；各省市生态效率的空间集聚状态十分明显，高值集聚区域沿着海岸线由南向北拓展；区域生态效率和发展模式均具有路径依赖性，经济增长较生态效率更易出现积极跃迁。经济效率、能源效率和环境效率的区域分布及其演变特征也有明显不同。

（3）从增长来源和计量分析等角度研究生态效率的影响因素，阐明了技术创新、产业结构和金融发展影响生态效率的机理并利用空间计量模型进行实证检验。技术进步和规模效应是生态效率的主要增长来源，产业结构和金融发展各有其影响生态效率的机制，影响机制因时间段和区域不同而存在异质性。

（4）揭示了生态效率视角下存在"资源诅咒"现象，分析其成因。基于结构控制法构造对照样本比较研究显示，资源开发型区域的生态效率有 60% 以上来源于规模效应，且其资源利用部门的效率严重低于资源开发部门的水平。"资源诅咒"现象和生态效率偏低的主要原因不是资源开发，而是资源丰裕环境下的资源浪费行为。

（5）提出东部和中西部地区存在生态效率梯度收敛的理论假说，运用动态空间面板模型等方法以及省级面板数据进行了实证观察，结果验证了理论假说。

关键词：绿色发展　生态效率　资源、环境和经济系统协调　时空跃迁　空间溢出效应　影响机制　收敛

Abstract

Eco – efficiency is a regional input and output efficiency under the dual constrains of resource and environment, which could better reflect the level, ability as well as potential of a region's green development. Currently China faces three major practical problems: an aging population urgently requires enhancing labor productivity, the tightening resource constraints request promoting the efficiency of resource use, the serious environmental pollution urgently demands reducing the environmental costs of economic development, namely improving environmental efficiency. While eco – efficiency considers economic efficiency, resource efficiency as well as environmental efficiency, it provides a new comprehensive perspective to investigate and solve the aforementioned three problems. Related research has great practical value and broad space for development. Though existing literature has made abundant achievements, there are some shortcomings. For example, the measurement has yet to be improved, and the research lacks of systematicness and pays insufficient attention to spatial association. Resolving these deficiencies contributes to the comprehensive recognition of the status and problems of eco – efficiency in various regions of China and proposing more workable policy recommendations to optimize the regional eco – efficiency as soon as possible and promote regional green development and ecological civilization construction.

Based on the ideas of "concept definition – theoretical connotation – method innovation – temporal – spatial transitions – influential mechanism – policy innovation", this book strives for carrying on a comprehensive and systematic research of China's green development from the perspective of regional eco – efficiency. ① On the basis of the definition and the theory connotation of eco – efficiency, a new data envelopment analysis model is proposed for a more comprehensive and accurate measurement of eco – efficiency. ②Economic efficiency, resource efficiency and environmental efficiency are treated as the subset of eco – efficiency to construct the efficiency system, and the measure methods are presented to carry on an empirical analysis. ③ Using the analysis method of geographic information system and temporal – spatial transitions and regarding Chinese provincial-level administrative region as the main object of observation, the intertemporal changes, regional differences and spatial agglomeration and development model of eco-efficiency and the subset efficiency since 2000 are investigated. ④From the perspective of inefficiency sources, growth decomposition and spatial econometric analysis, this book analyzes the effect factors and mechanisms of regional eco-efficiency by theoretical analysis and empirical study. ⑤ This book investigates the existence of "resource curse" in resource development areas and its causes by eco-efficiency. ⑥ The convergence mechanism of regional eco-efficiency is also analyzed, and methods such as dynamic panel models are used to empirical observation and testing. ⑦ The strategies and policy recommendations of optimizing regional eco – efficiency are discussed from the mechanisms innovation.

The main innovations and research findings are as following:

(1) A new and more comprehensive data envelopment analysis model (Meta – US – SBM model) is proposed to measure eco – efficiency, and the corresponding input-oriented or output-oriented measure model are put forward for economic efficiency, energy efficiency and environmental efficiency. The new model has obvious advantages compared with the conventional method, such as solving the problems of the heterogeneous technology, the full recognition, pass and intertemporal comparability and undesirable output, which is expected to give a more accurate and comprehensive measure-

ment results and has quite practical application value.

(2) Using GIS method, the spatial features of Chinese provinces' green development are systematically analyzed and significant heterogeneity, path dependence and other features are discovered. Chinese eco – efficiency exhibits a U – shaped variation, but there are huge regional differences with the obvious polarization in Eastern and Midwestern regions; The spatial agglomeration state of provinces' eco – efficient is quite evident, and high value – concentrating regions expand along the coast from south to north; Both region eco – efficiency and development models have path dependence, and compared with the eco – efficiency economic growth appears more positive transitions. Economic efficiency, energy efficiency and environmental efficiency have significantly different characteristics in regional distribution and evolution.

(3) The influencing factors of eco – efficiency are analyzed from the perspectives of the growth sources and quantitative analysis, and the influence mechanisms of the technological innovation, industrial structure and financial development on eco-efficiency are clarified and empirically tested by spatial econometric models. Technological advances and economies of scale are the main sources of eco – efficiency growth. Industrial structure and financial development have their own eco – efficiency impact mechanism respectively, which are heterogeneous according to the time periods and regions.

(4) The existence of "resource curse" phenomenon is revealed from the perspective of eco-efficiency, and its causes are studied. The comparison study of the control samples constructed by structure control method shows that more than 60% of eco – efficiency of resource development area come from the scale effect, and that the efficiency of resource use sector is much lower than that of resources exploitation department. The "resource curse" phenomenon and low eco – efficiency are caused by the waste of resources in abundant environment, rather than resources exploitation.

（5）The hypothesis of eco – efficiency gradient convergence in the eastern and western regions is proposed and verified by the empirical observation with the use of dynamic spatial panel models and provincial panel data.

Keywords：Green development；Eco – efficiency；Coordination of resource，environment and economy（CREE）；Temporal – spatial transitions；Spatial spillover effect；Influence mechanism；Convergence

目　录

第一章 资源环境约束趋紧与
区域发展方式转变

第一节 中国转变发展方式的必然性、
紧迫性和长期性

在经历了长达 30 多年的经济高速增长之后，中国逐渐进入新的发展阶段，这一阶段面临着资源约束趋紧、环境污染加重和人口老龄化加剧等新的重大而紧迫的问题，必须改变高消耗、高污染而低附加值、低生产率的区域黑色发展模式，转向低消耗、低污染、高附加值和高生产率的绿色发展方式（胡鞍钢，2012），从粗放式增长转向集约式增长，从经济发展转向经济社会环境全面可持续发展。

一 三大问题倒逼中国加速转变发展方式

（一）资源约束趋紧要求提高资源利用效率

作为世界上疆域面积排名第三的国家，中国拥有丰富的自然资源，不仅种类繁多，而且绝对规模十分可观，耕地、森林、矿产等许多资源的储存量都居于世界前列。但是，中国同时也是世界上人口最多的国家（截至 2015 年年底，人口已经超过 14 亿人，约占世界人口比重的 19%），因此人均资源低于世界平均水平。例如，中国人均耕地只有世界平均水平的一半。并且，中国的资源空间分布很不平衡：大部分水资源分布在南方地区，大部分矿产资源分布在西部地区，而工业主要分布在东部沿海地区。

在 GDP 总量排名世界第二的同时，中国的能源消费量已经上升到全球第一,其他很多矿产资源如铁矿石的进口量也跃居全球第一。然而,中国是一个多煤少油缺气的国家,能源自我供给能力严重不足。一方面,2015 年石油对外依存度已经突破 60%,过高的对外依存度将严重影响中国的能源安全。[①] 另一方面,目前中国能源结构中煤炭占 70%,按照探明的储量和年均消耗量,煤炭仅能维持中国约 50 年的消耗。这意味着中国的主要能源来源数十年后将面临枯竭,必须寻找新的替代能源。

可以用相对稀缺指数衡量一个国家或地区的资源短缺程度。资源相对稀缺指数是指一个区域某种资源的拥有量占全球拥有量份额与该地区该资源的消耗占全球消耗份额的比值。该指数越低,意味着相应区域的资源越稀缺。根据中国及世界的消费量及储量等相关数据,一些文献(《绿色发展报告(2010)》;庄立等,2011)计算了自然资源的相对稀缺指数,发现中国面临着全面的资源紧缺,其中,能源矿产资源中以石油的相对稀缺程度最为严重,仅核能资源能达到世界平均水平,金属及非金属矿产资源中以钾盐、铝、铁等的相对稀缺程度最为严重,耕地资源的相对稀缺程度有加重的趋势。

资源是经济社会发展的物质基础,资源供应不足将严重制约经济社会发展。尽管资本和劳动等因素在某种程度上可以替代自然资源,但这种替代存在极限,使可持续发展难以实现(傅允生,2006)。中国人均资源禀赋不足,资源消耗量巨大,日益稀缺的自然资源将成为制约经济发展的"瓶颈"。在资源有限且日趋枯竭的背景下,提高资源利用效率无疑是一个现实且重要的战略选择。然而,中国的资源利用率并不高。例如,邹艳芬(2013)用四种方法测算发现,在 32 个样本国家和地区中中国的能源利用效率排名分别为第 26 位、第 28 位、第 8 位和第 11 位。再如,反映水资源利用效率的灌溉水利用系数在中国西北地区约为 0.45,在东部沿海地区仅为 0.6,而发达国家的水平约为 0.85(《绿色发展报告(2010)》)。较低的资源利用效

---

① 《中国 2015 年石油对外依存度首破 60%》,《中国能源报》2016 年 2 月 3 日,ht-tp://oil. in – en. com/html/oil – 2450517. shtml。

率一方面制约了资源的节约利用，但另一方面也意味着中国在提升资源利用效率方面仍然有很大的空间，值得加大投入。

（二）环境污染加重要求降低环境冲击

在经济高速发展的同时，中国的环境污染总量快速攀升，环境质量快速下降。2011 年中国的 GDP 占全球总量的 9.5%，排名首次上升到第 2 位，仅次于美国，而 2005 年这一比重仅为 5%，排名为第 5 位。但是，根据美国耶鲁大学环境法律与政策中心、哥伦比亚大学国际地球科学信息网络联合世界经济论坛发布的《2014 年全球环境绩效指数（EPI）报告》，在全世界 178 个参加排名的国家和地区中，中国以 43 分的得分位居第 118 位，即倒数第 61 位。[①]

快速恶化的环境污染问题在空气污染方面尤为突出。2013 年以来，东中部地区许多大中城市经常弥漫着大范围的雾霾。这是大自然直接向人们敲响的警钟，警告人们治理环境污染已经到了刻不容缓的地步。2014 年 1 月，中国首次将雾霾天气纳入 2013 年自然灾情进行通报。不仅如此，《中国环境状况公报（2014）》指出："全国开展空气质量新标准监测的 161 个城市中，145 个城市空气质量超标。全国 470 个城市开展降水监测，酸雨城市比例为 29.8%，酸雨频率平均为 17.4%。"笔者的统计表明，2000 年以来，各类污染物中，工业废气的排放量增速明显快于 GDP 的增速，2013 年的工业废气排放量约为 2000 年水平的 5 倍（见图 1-1）。

在其他类型的工业污染物排放方面，中国也面临着严重的环境污染形势。尽管自 2006 年开始，一些主要污染物的排放量出现了下降态势，但无论是工业废水，还是二氧化硫（SO_2），2013 年的排放量均高于 2000 年的水平。由于污染物排放量的总量规模仍然巨大，长期累计下来对环境的冲击十分严重。以水质为例，2016 年 1 月，水利部的《地下水动态月报》指出，浅层水源地下水监测数据中"地下水水

---

① 耶鲁大学等自 2006 年开始发布 EPI，每两年发布一次。在 2006 年、2008 年、2010 年、2012 年的全球 EPI 排名中，中国分别位居第 94 位（133 个国家和地区参评）、第 105 位（149 个国家和地区参评）、第 121 位（163 个国家和地区参评）和第 116 位（132 个国家和地区参评）。

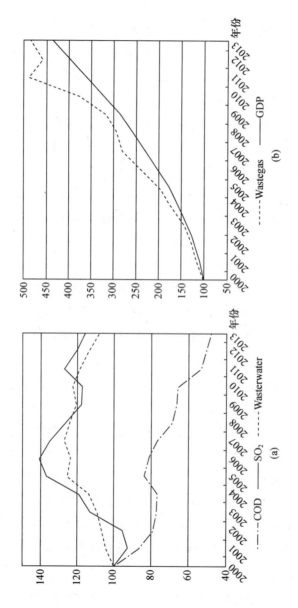

图 1−1 工业污染物排放量的变化（2000—2013 年）

注：设定 2000 年水平为 100。

资料来源：根据《中国统计年鉴》有关数据计算。

质"一项显示，Ⅳ到Ⅴ类水占80%左右。Ⅳ类水不适合人类饮用，Ⅴ类水污染则更为严重。这意味着地表以下60米深度内的浅层地表水大部分不能直接饮用。中国的水土流失面积和流失量居全世界第一（《绿色发展报告（2010）》），中国已经成为世界三大酸雨区之一（张新民等，2010）。

尽管人们期待环境污染和经济增长"脱钩"，即利用技术创新等手段，使经济增长不再伴随着环境污染物排放。然而迄今为止，环境污染物仍然是经济发展尤其是工业生产不可分离的副产品和坏产出。要实现经济增长，仍然不可避免地要出现环境污染物排放。实践证明，不能以停止经济增长的方式来解决环境保护问题，经济增长停滞将带来严重的经济和社会问题，也无益于环境污染问题的解决。作为一种次优的选择，只能兼顾经济增长和环境保护，尽可能地降低经济增长的环境代价，提高环境效率，即在既定的经济产出背景下，最大限度地降低环境污染物排放，实现较高的环境效率。

（三）人口老龄化加剧要求提高劳动生产率

劳动力是经济发展的重要投入之一，充足的劳动力是经济保持增长的动力之一。然而，人口老龄化问题的凸显给中国的发展带来了新的挑战。人口老龄化是指生育政策不当或结婚率偏低等原因导致的总人口中因年轻人口数量减少、年长人口数量增加而导致的老年人口比例偏高的状态或趋势。根据1956年联合国《人口老龄化及其社会经济后果》确定的划分标准，一个国家或地区65岁及以上老年人口数量占总人口比例超过7%时意味着进入老龄化。1982年维也纳老龄问题世界大会提出：60岁及以上老年人口占总人口比例超过10%时意味着进入老龄化。以2010年11月1日零时为标准时点的第六次中国人口普查显示，60岁及以上人口占13.26%，比2000年人口普查上升了2.93个百分点，其中65岁及以上人口占8.87%。这一结果表明，无论按照哪种标准，中国已经进入老龄化社会。而65岁以上的人口比率超过总人口的14%就被称为"老龄社会"。根据目前中国人口状况，预计中国将在2024年至2026年前后进入老龄社会。老年人占总人口的比例从7%提升到14%，发达国家大多用了45年以上，中

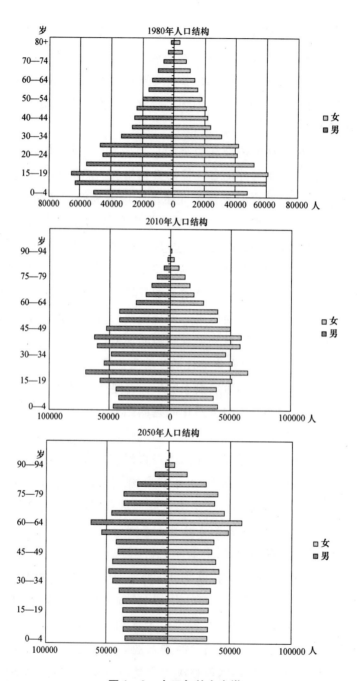

图 1 - 2　人口年龄金字塔

资料来源：根据联合国人口信息网（POPIN）数据绘制。

国仅用 27 年，而且老龄人口占比仍然在持续上升中。

尽管 2013 年中国放开了单独二胎政策，2015 年全面放开了二胎政策，但从目前来看，人们的生育欲望提升并不明显，难以逆转老龄化的趋势。根据 2013 年中国人类发展报告预测，到 2030 年，中国 65 岁以上的人口占全国总人口比重将提高到 18.2%。因此，未来人口老龄化的压力是长期且持续增长的。[1] 人口年龄金字塔也反映了这一趋势（见图 1 - 2）。1980 年中国的人口结构呈金字塔形，塔尖的高龄人口占比较低，年轻人口占比较高。但到了 2010 年，塔形中部突出，60 岁以上人口迅速增加，而 30 岁以下人口占比明显降低。根据现有人口发展趋势，预计到 2050 年，人口结构不再是金字塔形，而是更像伞形或者倒金字塔形，老龄人口占有相对较大比重，届时老龄化压力极大。

值得引起关注的是，中国的老龄化还伴随着两大特征和问题：一是未富先老。发达国家一般是在经济高度发达、人均收入较高时进入老龄化社会，如美国 1944 年进入老龄化社会、日本 1970 年进入老龄化社会时，人均国民生产总值分别达到 1392 美元、1940 美元，但中国在 2000 年老年人口比重超过 7%、进入老龄化社会时人均国民生产总值只有 840 美元。在低收入阶段进入老龄化，意味着中国在成为发达国家之前，就将面临人口红利结束的局面。二是少子化现象突出，即中国的人口老龄化伴随着严重的少子化现象。[2] 第六次中国人口普查显示，10—14 岁人口占 16.6%，比 2000 年人口普查下降了 6.29 个百分点，属于严重少子化状态。

人口老龄化将给中国经济社会发展带来深刻和持久的影响，尤其是在劳动力供给、消费结构、资本积累、产业结构和技术进步等方面

---

[1]　参见 http://news.gmw.cn/2015 - 03/18/content_ 15133548.htm。

[2]　0—14 岁人口占总人口的比例在 15% 以下，为超少子化；15%—18%，为严重少子化；18%—20%，为少子化；20%—23%，为正常；23%—30%，为多子化；30%—40%，为严重多子化；40% 以上，为超多子化。参见 http://baike.baidu.com/link? url = 92F1VaypaFkORiRSqmE1k6WzX1bEIi4yDzIYgwDEoQ6SIKVI_ WNq6K9omAMy9_ BncSUB6bVwv r6KfkkZvOnlma。

带来深远影响。不少研究文献指出，老龄化现象深刻影响着劳动力市场、生产与消费、金融体系、社会保障体制、养老模式乃至整体经济结构与产业结构的健康发展（钟志平等，2016），人口老龄化的影响有：劳动力供给短缺和结构老化；储蓄率和投资率下降；影响耐用消费品市场需求；对风险投资和高新技术产业发展形成挑战（郭熙保等，2013）；劳动力老龄化将会对中国经济增长造成不利影响（胡鞍钢等，2012；郑君君，2014）。

在老龄化带来的影响和挑战中，十分值得关注的一个方面是对劳动生产率的影响。伴随着少子化的老龄化不仅将使劳动人口供给减少，降低劳动参与度，而且可能会阻碍劳动生产率的提升，因为老龄劳动者在身体素质、接受新知识和新技术的能力以及拼搏精神和创新意愿上，都要比青年劳动者低得多，对新产业、新岗位的适应能力也要低得多（郭熙保等，2013）。劳动生产率的降低将严重制约经济发展的速度和质量，制约经济结构转型。因此必须积极采取措施，如"机器换人"等方式，大力提升劳动生产率，应对老龄化挑战。

二 区域绿色发展之路：前途光明但实现不易

在资源约束趋紧、环境污染加剧和人口老龄化三大问题背景下，中国选择了推进绿色发展、建设生态文明的新道路，这一道路更具有可持续发展性，更有利于经济、环境和资源的协调发展，更有利于提升全体人类福利，但也充满挑战，需要克服重重阻力才能实现。下面从三个方面论述。

（一）绿色发展：世界与中国的战略选择

工业文明时代人类生产力获得了极大的发展，为人类征服自然提供了巨大动力和工具。然而，在人类社会经济等快速发展的同时，环境污染和生态破坏等问题也日益严重。早在50多年前，人们就意识到这一点。1962年，美国人切尔·卡逊（Rachel Carson）发表《寂静的春天》（Silent Spring），深刻反思传统工业文明造成的环境破坏，引起了社会各界的激烈讨论，使社会各界开始重视环境保护，在某种程度上开启了人类的环保事业。1972年，以美国的德内拉·梅多斯等为代表的环境保护运动的先驱组织——罗马俱乐部发表了《增长的极限》（*Limits to Growth*），对西方工业化国家实施的高消耗、高污染的增长模式可持续性提出了严重质疑，在激烈争论之后，引发了世界性的环境保护热潮。越来越多的人意识到节约资源、保护环境的重要性，越来越意识到传统发展模式的不足。人们逐渐形成了绿色经济、绿色发展的新理念，并逐渐受到了各国政府的重视。世界环境和发展委员会 1987 年发表《我们共同的未来》，强调通过新资源的开发和有效利用，提高资源利用效率，降低污染排放。英国环境经济学家皮尔斯（Chuck D. Pierce）在 1989 年出版的《绿色经济蓝图》中提出了绿色经济（Green economy）的概念，强调通过对资源环境产品和服务进行合理估价，实现经济发展和环境保护的协调与统一，以实现可持续发展。2009 年哥本哈根世界气候大会的召开进一步促使人们意识到环境问题的严重性，意识到发展绿色经济的紧迫性，促进人们就环境保护达成一系列共识。近年来，为了应对 2008 年世界金融危机和全球变暖等问题，美国、英国、新西兰、日本等许多国家实施绿色新政（Green new deal），在绿色能源、绿色经济等方面加大投资，力求实现经济发展与环境保护的协调。

联合国开发计划署驻华代表处在编写出版的《中国人类发展报告 2002：绿色发展，必选之路》[①] 中，建议中国走绿色发展之路。胡鞍钢等学者（2003，2004）较早在国内倡导绿色发展理念，强调从黑色发展走向绿色发展的必然性和紧迫性。2010 年，中国科学院在北京发布《中国科学发展报告（2010）》，将绿色发展作为年度主题，对中国的资源环境承载力等开展深入研究。同年 11 月，北京师范大学与西南财经大学以及国家统计局联合出版《中国绿色发展指数年度报告》，以区域绿色发展为测度对象，首次提出并构建了绿色发展指数，引起了社会各界的高度重视。

党和政府层面，早在 2003 年，中共中央总书记胡锦涛就提出了科学发展观，要求"坚持以人为本，树立全面、协调、可持续的发展

---

① 联合国开发计划署驻华代表处：《中国人类发展报告 2002：绿色发展，必选之路》，中国财政经济出版社 2002 年版。

观，促进经济社会和人的全面发展"。2011 年，中国政府在《国民经济和社会发展第十二个五年规划纲要》中首次专门用一篇内容就"绿色发展，建设资源节约型、环境友好型社会"进行全面规划。至此，绿色发展上升为国家战略。而 2016 年在"十三五"规划中，中国政府进一步提出了创新、协调、绿色、开放、共享五大发展理念，其中绿色发展占有极为重要的地位。中共十八大进一步提出，要将绿色发展和生态文明建设放在突出地位。2015 年国务院发布《关于加快推进生态文明建设的意见》，将生态文明建设与绿色发展一起作为中国的长期发展战略，为应对资源环境调整，实现中国的可持续发展奠定了坚实的制度基础。

（二）全球经济放缓下中国经济增长压力大，发展转型难

尽管目前尚未达成共识，人们已经认识到：绿色发展（Green development）是在传统发展基础上的一种模式创新，是建立在生态环境容量和资源承载力的约束条件下的一种新型发展模式（胡鞍钢，2012）；绿色发展是资源高效与节约的发展，是环境被保护与清洁的发展，是经济与社会永久性可持续的发展（李晓西等，2011）；绿色发展是以效率、和谐、持续为目标的经济增长和社会发展方式，是新的发展理念、发展策略、制度保障和实践行动（危旭芳，2016）；绿色发展要求通过减少对资源过度消耗，加强环境保护和生态治理，追求经济、社会、生态全面协调可持续发展。①

绿色发展是一种新的发展模式，只有在发展中才能解决问题。绿色发展并不排斥经济增长，并不要求停止经济增长来实现环境保护。事实上，绿色发展要求经济保持稳定增长，才有利于激发企事业单位、研发机构和消费者等社会各类微观主体的创新积极性和环境保护意识，才有利于政府管理部门推出各种方式的环境保护措施。绿色发展模式的本质特征是大幅度提高资源生产率，降低污染排放，发展循环经济、低碳经济甚至是无碳经济，使经济增长、能源消费增长与碳排放或者温室气体排放逐步脱钩（胡鞍钢，2012）。

---

① 马建堂：《2012 中国绿色发展指数报告》，北京师范大学出版社 2012 年版，序一。

然而，在全球经济增速放缓的背景下，中国实施绿色发展的重大战略转型面临着巨大压力。2008 年美国次贷危机引发了全球金融危机，2009 年希腊等欧洲国家的主权债务危机加剧了全球金融经济动荡，这些重大事件削弱了美国、欧盟、日本和俄罗斯等世界主要经济体的经济增长能力，亚非欧结合部的地缘政治冲突等众多国际政治经济因素严重影响了世界经济复苏。国际货币基金组织（IMF）预测数据显示，2015 年世界经济增长率为 3.1%，比 2014 年下降 0.3 个百分点。其中，发达经济体经济增速为 2.0%，比 2014 年上升 0.2 个百分点；新兴市场与发展中经济体经济增速为 4.0%，比 2014 年下降 0.6 个百分点。2015 年，全球金融市场经历了大幅度震荡，包括原油在内的大宗商品价格持续暴跌，国际贸易规模甚至出现负增长。而根据 IMF 在 2016 年 4 月发布的《世界经济展望》2016 春季报告，预计 2016 年全球经济将增长 3.2%，2017 年增长 3.5%，分别较 2016 年 1 月《全球经济展望最新预测》下调 0.2 个和 0.1 个百分点。

世界经济在短期内难以走出低谷，这将制约中国的经济增长，导致中国经济放缓，并且迟滞中国经济转型步伐。经济增长放缓、增速下滑乃至经济衰退时，企业增长乏力，很可能减少技术创新和环境保护等方面的投入，政府税收减少，也难以加大环境保护投入。并且，经济增长压力凸显时，一些区域的政府管理部门会在经济发展与环境保护之间进行权衡，可能放松环境规制以减轻企业的环境压力，保持经济增速。这些因素将制约绿色发展转型和可持续发展。

（三）要突破路径依赖，转向新发展方式任重道远

长期以来，中国大多数区域虽然实现了经济持续高速增长，但却依赖于粗放式增长，具有"双高双低"（高消耗、高污染、低附加值和低生产率）特征，主要依靠投入大量人力、物力资源，伴随着严重环境污染物排放，因此走的是"黑色发展"道路（胡鞍钢，2012）。这种发展模式的后果是自然资源枯竭、环境污染严重，是一种不可持续的旧发展模式。

虽然中国在 2003 年就提出了科学发展观，确立了向更具有可持续发展的模式转型的战略。近年来，进一步提出了实施绿色发展、建

设生态文明的国家战略。但从实际情况来看，发展方式转型的速度并不快，尤其是经济欠发达的中西部地区，区域发展方式的转型非常缓慢。本书实证观察表明，2000—2014 年，约 60% 的省（市、区）长期处于低生态效率状态，这些省（市、区）大多数属于中西部区域。一个重要原因可能在于：旧的发展方式具有路径依赖特征，一个区域要突破旧的发展方式，意味着必须从宏观的制度层面、中观的经济结构和产业结构、微观主体的意识层面和行为层面等实现突破，才能实现真正意义上的突破和转型。然而，要突破旧制度、旧意识、旧行为习惯等的束缚却极为不易，往往需要强有力的外部力量推动。而在经济不发达的中西部地区，经济增长需求强而环境污染压力相对较弱，因此更倾向于实施"先经济，后环境"、"先污染，后治理"的发展策略，使得绿色发展难以实现，发展模式转轨成为"口号"。

在全球经济增长乏力、中国绝大多数区域尚不发达等背景下，中国要实现绿色发展颇为不易，需要长期艰苦努力，需要抓住重点，以点带面进行突破。本书认为，现阶段以资源环境约束下的全要素生产率为发展导向是更现实的策略，既考虑了绿色发展的核心要求，也能够为相对落后地区的发展提供动力和空间。下文将做进一步分析。

第二节　区域发展研究的新视角：资源环境约束下的全要素生产率

一　从单要素生产率到全要素生产率

单要素生产率（Single Factor Productivity，SFP）是指某个经济主体的产出水平与投入要素中某一特定要素的比率[1]，例如，劳动生产率是产出与劳动的比值，资本生产率是产出与资本的比值。单要素生产率衡量了单一单位要素所带来的产出量，例如，能源利用效率衡量

---

[1] http://wiki.mbalib.com/wiki/%E5%85%A8%E8%A6%81%E7%B4%A0%E7%94%9F%E4%BA%A7%E7%8E%87.

了单位能源利用带来的经济或物力产出。然而，单要素生产率的信息并不全面，因为一个经济主体可能同时使用多种要素进行生产。两个经济主体的某个单要素生产率如劳动生产率相同，其使用的资本量不一定相同，因此综合起来生产率不一定相同。

这就需要引入与单要素生产率相对应的概念：全要素生产率（Total Factor Productivity，TFP）。全要素生产率是指"生产活动在一定时间内的效率"，是衡量单位总投入的总产量的生产率指标，即总产量与全部要素投入量之比。① 全要素生产率来源于三个方面：与能力提升相关的效率改善、技术进步和规模效应。

从增长视角来看，全要素生产率是指在各种生产要素的投入水平既定的条件下，所达到的额外生产效率（蔡昉，2015）。全要素生产率的增长率并非所有要素的生产率，"全"的含义是经济增长中不能分别归因于有关的有形生产要素的增长的那部分，因而全要素生产率的增长率衡量的是除去资本、劳动等生产要素以外的纯技术进步所引致的生产率增长。例如，一个经济体（如企业、地区或者国家），若资本、劳动力和其他生产要素投入的增长率分别都是5%，如果没有生产率的进步，正常情况下产出或GDP增长也应该是5%。如果实际产出或GDP增长大于5%，如8%，则多出来的3%在统计学意义上表现为"残差"（所谓的索洛余值），在经济学意义上就是全要素生产率对产出或经济增长的贡献（蔡昉，2015）。因此，生产率与资本、劳动等要素投入都对经济增长有贡献。

全要素生产率的增长率常常被视为反映技术进步的指标，其来源有技术创新、组织创新、专业化分工和生产创新等。然而，由于前述"余值"中还包括了其他的因素，例如制度因素，其他未识别的且可能促进经济增长的因素以及度量误差，"余值"只能部分反映技术进步程度及其对经济增长的贡献（郑玉歆，1999）。

这里还需要说明效率的概念。从经济学角度看，效率是指在资源

---

① http：//wiki. mbalib. com/wiki/%E5%85%A8%E8%A6%81%E7%B4%A0%E7%94%9F%E4%BA%A7%E7%8E%87.

和技术条件的限制下，最有效地使用各种资源以尽可能地满足人类需要的运行状况（《新帕尔格雷夫经济学辞典》，1987）。从管理学角度看，效率是指在特定时期内，一个组织的各种投入与产出之间的比率关系。效率研究专家 Farrell 认为，效率可以分为技术效率（Technical Efficiency，TE）和配置效率（Allocative Efficiency，AE）（Farrell，1957）。其中，技术效率反映厂商在投入（产出）给定的情况下产出最大化（投入最小化）的能力，配置效率是指通过生产要素最优配置实现效率的最优化（帕累托最优）。例如，在一定技术水平和目标成本的情况下，通过要素优化配置实现产量最大化，或者在产出一定的情况下，通过要素优化配置实现成本的最小化。

根据以上界定，从经济学角度看，效率和生产率的差异不大，两者均强调投入与产出之间的关系。因此除非特别说明，本书也不做严格区分。但需要说明的是，在一些文献中，效率和生产率是有一定区别的。例如，马克思指出，劳动效率反映的是与劳动投入相联系的产出或收益，而劳动生产率反映的是产品和劳动时间的比例关系，它是指单位时间内所生产产品的数量，或单位产品需要的劳动时间。[1]

二 考虑资源环境约束的全要素生产率

全要素生产率一直是经济学家关注的核心概念之一，相关文献非常丰富。早期文献（Abramvitz，1956）将全要素生产率定义为产出数量指数与所有投入要素加权指数的比率，该思路直观体现出全要素生产率的内涵，但它暗含着资本和劳动力之间完全可替代，且边际生产率是恒定的，因此不够合理（郭庆旺、贾俊雪，2005）。1957 年罗伯特·索洛（Robert Merton Solow）提出了生产函数法来测算全要素生产率，其基本思路是：先估算总量生产函数，然后采用产出增长率扣除各投入要素增长率后的残差，据此估计全要素生产率增长。在规模收益不变和希克斯中性技术假设下，全要素生产率增长就等于技术进步率。这一方法以新古典增长理论为基础，通过剔除经济增长中要素

①　http://wiki.mbalib.com/wiki/%E5%8A%B3%E5%8A%A8%E6%95%88%E7%8E%87#_note-3.

投入贡献来得到全要素生产率增长的估算值，又称为"索洛余值法"。索洛余值法存在一些明显不足，例如，该方法建立在新古典假设即完全竞争、规模收益不变和希克斯中性技术的基础上，现实中这些约束条件往往难以满足。并且，该方法测算了不能由投入增长来解释的那部分增长并将之视为技术进步的贡献，但是这些增长还可能来源于其他方面（郑玉歆，1999），例如制度和政策因素。而且用所谓的"残差"来度量全要素生产率，将无法剔除掉测算误差的影响（郭庆旺、贾俊雪，2005）。

无论如何，索洛余值法提供了一个实证测度全要素生产率增长的思路，开创了经济增长源泉分析的先河，是新古典增长理论的一个重要贡献（Lucas，1988）。基于索洛余值法，大量文献围绕中国的全要素生产率增长进行了实证测度和分析，例如，舒元（1993）、郑玉歆（1999）、叶裕民（2002）、李小平和朱钟棣（2005）、郭庆旺和贾俊雪（2005）、郑玉歆（2007）等。这些实证文献的一个共同之处是未充分考虑资源环境因素的约束。一方面，在测度余值时主要考虑资本、劳动力等资源，而较少考虑能源、矿产等自然资源；另一方面，未考虑经济增长带来的环境污染。

经过多年经济高速增长后，中国面临着严峻的发展环境：许多自然资源正在迅速枯竭，环境污染问题业已凸显。资源环境对经济发展具有刚性约束，若不考虑资源和环境的约束，将扭曲社会福利和经济绩效的评价，可能会错估生产率及其贡献，误导政策措施（Färe et al.，1993；Hailu et al.，2000）。中国过去之所以采取高投入和高污染的、不可持续的发展模式，关键在于经济绩效的评估标准中未考虑环境和资源的约束。为了摆脱旧的发展方式，必须从一个更新、更全的视角，将资源和环境约束有效纳入经济发展绩效的评价中。围绕资源环境约束下的生产率研究区域和产业发展问题，是当前学术界研究的前沿领域和热点问题之一，涌现出大量文献。

近年来，人们积极探索各种资源和环境约束下的全要素生产率、效率等概念和测度方法，其中，应用较广泛的概念有环境效率或环境敏感性效率（Tyteca，1996；Hailu et al.，2000；王兵等，2010）和生态效率（Schaltegger and Sturm，1990；Dyckhoff et al.，2001；Zhang et al.，2008；杨文举，2011），其共同之处在于均考虑了资源约束、环境代价和经济绩效。但前者主要采用前沿分析（Frontier analysis）方法，测算考虑了环境因素的全要素生产率。后者则从如下几个方面出发。早期研究采用比率测算方法（Glauser and Muller，1997；Metti，1999；Schaltegger and Burritt，2000），以经济产出与环境污染的比值来衡量生态效率（如 economic output per unit of waste ratios）。由于单个指标/比率反映的信息有限（Kuosmanen and Kortelainen，2005），近期一些文献引入了同时观察多个指标的方法，如与产业类型、污染物类别等相联系的环境强度（Environmental intensity）系列指标（Wursthorn et al.，2011），另一些文献则采用了前沿分析方法（Zhang et al.，2008；王恩旭等，2011）。

在前沿分析方法中，数据包络分析（Data Envelopment Analysis，DEA）具有无须假定生产函数、客观赋权、可同时处理多投入多产出等优点，因此应用日益广泛，研究成果非常丰富。但笔者发现，在生态效率或者环境敏感性效率的概念界定、测度方法和实证研究方面，现有研究尚存在一些不足。第一，在概念方面，未充分考虑区域之间的异质性以及由此带来的技术差距，未能对有关的能源效率、环境效率、经济效率以及生态效率容易混淆的概念进行比较区分；第二，在效率测度方法方面，现有基于 DEA 的测度方法未能区分有效率的决策单元，经常出现无可行解（Infeasibility）和缺乏可传递性（Circularity）等现象；第三，计量方法方面，观测区域之间可能具有较强的空间交互作用，但现有文献很少利用空间计量模型开展研究；第四，实证研究时，样本周期很少超过 10 年，主要观察回归模型的系数来考察各类因素对效率的影响，较少结合空间溢出效应等深入考察影响机理，不利于给出全面和有效的决策支持。因此，需要采用更为全面、综合的测度方法，利用更长时期的数据开展较为系统、全面的研究。

中国既有发展的刚性需要，又面临着自然环境的刚性约束。因此从绿色发展的视角出发，必须高度重视区域发展质量，必须充分考虑资源环境的约束来测度和研究全要素生产率及其增长。中国经济进入中高速阶段、进入经济发展新常态的背景下，新的增长来源、经济发展质量已经成为国家和社会各界关注的重点。近年来人们日渐意识到全要素生产率的重要性。中国社会科学院副院长蔡昉教授（2015）指出，处在较低发展阶段的国家，由于存在技术和生产率的差距，经济增长具有后发优势，可以主要依靠资本、土地和劳动力的投入实现；而对处在更高经济发展阶段上的国家来说，经济增长则必须靠全要素生产率的提高，全要素生产率不仅是中国新常态经济的增长动力，而且是衡量创新发展绩效的重要指标。财政部财政科学研究所所长、华夏新供给经济学研究院院长贾康教授认为，供给侧改革的重点是提高全要素生产率。[1] 农业人口向第二产业、第三产业转移，人力资源从效率较低的部门向高效率部门流动，加快传统产业的破产重组和农村的土地改革，治理"僵尸企业"、化解过剩产能，这些措施的重要目的都是为了盘活生产要素，提高全要素生产率，进而提升经济增长。[2] 正是高度认识到全要素生产率的重要性，国务院总理李克强 2015 年 3 月在政府工作报告中首次提出要提高全要素生产率。[3] 全要素生产率已经成为中国未来发展的重要动力来源和绩效指标，是中国跨越"中等收入陷阱"的关键因素。提高全要素生产率是实现经济发展方式转型、提升经济发展质量的关键工作，相关研究具有极为重要的理论价值和实践意义。

---

① http://money.163.com/16/0214/20/BFQGU2VH00253B0H.html.

② http://news.xinhuanet.com/fortune/2015—12/07/c_128506994.htm.

③ 中国政府工作报告首提"全要素生产率"，http://news.xinhuanet.com/politics/2015—03/07/c_1114554664.htm，2015。

第二章 绿色发展背景下生态效率的理论内涵

第一节 生态效率的概念

在环境污染和资源耗竭问题日益突出的背景下，德国学者 Schaltegger 和 Sturm（1990）将经济绩效和环境影响联系起来提出了生态效率（Eco – efficiency）的概念。经济合作与发展组织（Organization for Economic Co – operation and Development，OECD）进一步将其定义为：使用生态资源满足人类需要的效率。① 这一概念可以解释为：单位环境压力或者成本所对应的产品和服务价值，这些产品和服务的价值反映了一个公司、产业或者经济体的总产出（Seppälä et al.，2005）。世界可持续发展工商业联合会（World Business Council for Sustainable Development，WBCSD）将生态效率界定为："提供能满足人类需要和提高生活质量的有价格竞争优势的产品和服务，并使整个生命周期的生态影响和资源强度逐渐降低到和地球的预计承载力相一致的水平。"② 这一概念注重以最少代价或者冲击来最大化地获取经济

① Eco – efficiency expresses the efficiency with which ecological resources are used to meet human needs（OECD 1998）.

② Eco – efficiency is achieved by the delivery of competitively priced goods and services that satisfy human needs and bring quality of life, while progressively reducing ecological impacts and resources intensity throughout the life cycle, to a level at least in line with the Earth's estimated carrying capacity（WBCSD, 1992; WBCSD, 2000a, p. 4）.

价值。

近十余年来，在 OECD 和 WBCSD 等国际组织以及众多学者的推动下，生态效率这一概念引起了政策制定者、研究者和企业管理者的高度重视（Picazo - Tadeo，2012），很快在许多领域得到普及应用，不仅在实践中得到日益广泛的应用，而且涌现出大量学术研究成果，人们对该概念内涵的认识也不断深入。Mickwitz 等（2006）指出，生态效率是一个分析可持续能力的工具，反映了经济活动与环境成本和环境冲击之间的实践关系。[1] 因此，生态效率可以在分析经济活动的效率中扮演重要角色。[2] Picazo - Tadeo 等（2012）认为，生态效率反映了一个企业，或者一个产业，或者一个经济体以更少环境代价和更低自然资源消耗来获取产品和服务的能力。[3] 在此基础上，Huang 等（2014）从更综合的角度提出：区域生态效率是资源环境双重约束下一个区域的投入产出效率。[4] 遵循和拓展现有文献，本书认为，从区域层面看，生态效率是全面考虑劳动力、资本、能源和土地等各种资源投入和各种产出尤其是环境污染物产出时的投入产出效率，是资源环境约束下的全要素生产率。需要指出的是，在生物学中也有"生态效率"的提法，是指生态系统中各营养级生物对太阳能或其前一营养级生物所含能量的利用、转化效率，一般用能量流线上不同点之间的比值来表示。这与本书所说的生态效率并非同一概念。

刚提出生态效率的概念时，人们侧重于从微观的企业层面进行界定和研究，相关研究为数众多，近年来宏观的区域层面和中观的产业层面等层面的文献快速增加。其中，关于企业层面的研究有：Sinkin

---

① Eco - efficiency is an instrument for sustainability analysis, indicating an empirical relation in economic activities between environmental cost or value and environmental impact (Huppes, Ishikawa, 2005) .

② Eco - efficiency plays an important role in expressing how efficient the economic activity is with regard to nature's goods and services (Mickwitz et al. , 2006) .

③ Eco - efficiency is the ability of firms, industries or economies to produce goods and services while incurring less impact on the environment and consuming fewer natural resources (Picazo - Tadeo et al. , 2012) .

④ From a comprehensive perspective, eco - efficiency may be explained as regional productivity under the constraints of resources and environment (Huang et al. , 2014) .

等，2008；Gómez–Limón 等，2012；Fernondez–Viñé 等，2013；Ara-
bi 等，2014；Ma 等，2015。中观产业层面相关的研究有：Li 等，
2012；Fujii 等，2013；Long 等，2015。宏观区域层面的研究有：
Mickwitz 等，2006；Kielenniva 等，2012；Giordano 等，2014。Fussler
（1995）和李丽平等（2000）较早地将生态效率概念介绍到中国，周
国梅等（2003）、诸大建和朱远（2005）等较早地从循环经济角度介
绍和分析生态效率，吕彬和杨建新（2006）介绍了生态效率方法研究
进展与应用。有关研究主要从企业（如何伯述等，2001；张炳等，
2008；陈晓红、陈石，2013）、生态园（如商华、武春友，2007；武
春友、孙源远，2009）、行业（王飞儿、史铁锤，2008；毛建素等，
2010）以及区域（陈傲，2008；王震等，2008）等层面展开，区域
层面的研究起步相对较晚，但增长很快。

　　需要说明的是，同样是研究资源和环境约束下的区域投入产出效
率，一些文献从"绿色"视角出发，提出了绿色效率（彭秀丽、陈
柏福，2008；唐国华、王志平，2013）、绿色全要素生产率（胡晓珍、
杨龙，2011；汪克亮等，2012）、绿色经济效率（杨龙、胡晓珍，
2010；钱争鸣、刘晓晨，2013）等概念和表述。这些文献强调区域发
展中的"绿色"，强调环境友好、资源节约和经济发展的均衡。另外，
同样还是以资源环境约束下的区域投入产出效率为研究对象，一些文
献采用了其他表述，例如，技术效率（胡鞍钢等，2008；涂正革等，
2011）、环境效率（王兵等，2010；李小胜、宋马林，2015）、环境
全要素生产率（陈诗一，2010），等等。

第二节　生态效率的理论内涵

　　"生态"（Eco-）这一表述源于古希腊，其本义是家（house）或
者我们的环境。《现代汉语词典》中，"生态"是指生物在一定的自
然环境下生存和发展的状态。百度百科中这样解释"生态"：生态是
指（包括人在内的）一切生物的生存状态，以及它们之间和它与环境

之间环环相扣的关系。早期人们研究生态时侧重于生物个体，但随着人们对环境保护、对人与自然协调发展等问题的重视程度提升，"生态"一词涉及的范畴和应用的领域也越来越广。如今，"生态"被广泛用于形容美好事物，具有绿色、健康、美好、和谐等含义。不仅如此，人们日渐意识到：人类不能无限制地开发使用大自然，不能简单追求经济利益最大化，不能将人类和自然环境简单割裂开来，而是需要将人视为地球生态系统的重要成员之一，实现人与自然的协调发展，实现经济发展和资源利用以及环境保护的统一。在此背景下，生态建设和环境保护日益受到人们的重视。

如前所述，从经济学角度看，效率是指在资源和技术条件的限制下，最有效地使用各种资源以尽可能地满足人类的愿望和需要的运行状况。为了实现经济和社会发展，不可避免地要耗费资源并产生一定程度的环境影响。在资源禀赋有限、环境容量有限的背景下，在发展中充分利用资源、尽可能减少对环境的影响自然成为人类的首要选择，这就要求提高发展过程中的投入产出效率。因此，效率一直受到政策制定者、研究者以及管理者的高度重视。效率也是经济学研究的核心概念之一，最为人们所熟知的是帕累托最优或帕累托效率（Pareto efficiency）。①

为了研究人类的发展需要与大自然的协调关系，人们将生态和效率两个重要概念结合起来，提出了生态效率的概念。如前所述，生态效率是指资源和环境约束下的投入产出效率，是充分考虑了资源节约、环境友好和经济增长等要求的全要素生产率。区域生态效率反映了一个区域以最少的资源消耗和最低的环境损害为代价，实现经济产出最大化的能力或潜力。绿色发展（Green development）的本质是通过减少对资源过度消耗，加强环境保护和生态治理，追求经济、社会、生态全面协调可持续发展。② 而生态文明（Ecological civilization）

① 这是指资源配置的一种理想状态，假如一种可行配置不可能在不严格损害某些人利益的前提下使另一些人严格获益。换言之，必须使一些人以受损为代价才能使其他人获益，则此时的配置就是一种帕累托最优或帕累托效率。

② 马建堂：《中国绿色发展指数报告》（2012），北京师范大学出版社2012年版，序一。

是以人与自然、人与人、人与社会和谐共生、良性循环、全面发展、持续繁荣为基本宗旨的社会形态。我们可以发现，生态效率的概念很好地把握了绿色发展和生态文明建设的核心目标：资源节约和环境友好，因此可以用于反映一个区域的绿色发展水平和生态文明程度。①

就理论内涵来看，本书认为，区域生态效率本质上是资源、环境和经济三个系统的协调发展程度或者能力。在区域发展中，资源②、环境和经济（Resources，Environment and Economy，REE）三个子系统构成了一个复杂巨系统，三者之间的关系是近年来人们关注的重点问题之一。区域发展离不开经济增长，而经济增长中不可避免地要消耗各类资源并排放环境污染物，因此资源、环境和经济各子系统之间必然存在冲突，需要协调。关键在于：如何衡量协调度？依据什么原则、朝哪个方向协调？一个很自然的思路是以更少的资源实现经济繁荣并更少地排放污染物（Wursthorn et al.，2011）。若将资源视为REE 系统的输入，则可以将经济发展视为系统的好产出，将环境污染视为系统的"坏"产出。由此可见，REE 三个子系统之间不是简单的同步发展关系，而是具有内在的投入产出联系。投入产出联系是REE 三大子系统间最为重要的联系。REE 协调是指资源、环境和经济三大子系统通过互动影响实现最大限度的兼容和均衡发展以及良性循环，系统协调的方向是资源消耗和环境代价越少越好，同时经济产出越多越好。生态效率遵循资源节约、环境友好和协调发展等原则，与REE 协调的方向一致，体现了区域发展中收益最大化和成本最小化的目标。因此，生态效率在内涵上是 REE 的协调度，生态效率越高，意味着 REE 协调度越高；反之则相反。

另外，生态效率也为测度 REE 系统的内在联系提供了有效的综合性指标。已有文献基于耦合度来测度系统间的协调时侧重于考虑同步

---

① 当然，需要指出的是，绿色发展和生态文明建设包含着极为广泛和深刻的内容，如社会发展、精神文明等。现有文献在测度生态效率时尚未考虑社会方面等因素，因此只能在一定程度上反映绿色发展。

② 本书中，资源是一个广义的概念，既包括能源、水、土地等自然资源，也包括人力资源、固定资本等其他资源。

发展关系（薛冰等，2010），对其投入产出关系却考虑不多。生态效率是资源和环境约束下的投入产出效率，正好从 REE 系统的整体视角考虑了各子系统的投入产出联系。

　　为研究区域绿色发展问题，已有文献围绕资源和环境约束下的投入产出效率问题展开了大量研究。同样是测度投入产出效率，同样都考虑了资源、环境和经济等方面的变量，为了强调其中某个或某些因素，现有文献分别采用了能源效率、绿色经济效率、环境效率、环境全要素生产率和生态效率等提法。本书认为，从哲学层面看，生态效率还蕴含着"天人合一"即人与自然和谐发展等发展理念。经济效率、资源效率等概念强调人的主体作用，但生态效率这一概念不再局限于与人直接相关的经济、社会因素，而是强调人与自然形成的生态系统的协调发展能力，强调评估经济增长、环境冲击以及资源消耗的综合效应，因此更具全面性、综合性以及可持续性。有鉴于此，本书采用生态效率这一提法，据此选择合适的测度方法并展开研究。①

　　生态效率的测算是一个基础性工作，也是本书研究的重点之一。在研究资源和环境约束下的区域投入产出效率时，尽管现有文献采用了能源效率、生态效率、环境效率和绿色效率等不同的提法，但其内涵相同或者高度相似。现有生态效率的测算方法主要有指标法、数据包络分析法（DEA）、随机前沿分析法（SFA）和因子分析法以及生态足迹法等几种。本书第三章将对此进行文献回顾和方法介绍。

第三节　以生态效率为核心的效率体系

　　生态效率强调以最少的资源和环境代价来最大化生产产品和服务

---

　　① 当含义为"资源和环境约束下的投入产出效率"时，生态效率虽然反映了区域绿色发展的核心目标，但尚未考虑经济与社会的协调，故尚未能反映绿色发展的全部内涵，这也是研究中需要注意的问题。

的能力，涉及了经济和生态等方面①，因此是一个综合了资源、环境和经济等各方面要素的概念，仅将之理解为经济效率、资源效率或者环境效率都不够全面。考虑到经济效率、资源效率和环境效率以及生态效率各有其内涵和测度方法，本书拟从全要素生产率的视角，将生态效率作为一个总的全要素生产率指标，而将资源效率、经济效率和环境效率等作为子效率指标，力图构造一个简明、直观的全要素生产率（效率）体系（Eco - efficiency, Resource, Economic and Environment Efficiency, E - REE），以全面、准确且深入地观察区域经济资源环境系统的发展情况。

第一，经济效率是经济学研究中最为常见的核心概念之一，侧重于从经济视角考察区域或者产业、企业的效率。在单要素视角下，现有文献经常用人均 GDP（国内生产总值）、劳动生产率等指标来反映经济效率，进而反映一个经济系统运行的有效程度。然而，这些指标并未同时考虑经济生产的其他成本，例如，环境代价、资源消耗，因此难以全面而准确地反映经济系统运行是否高效。例如，一些区域（企业）可能取得了很高的人均 GDP（人均产出），但却是以巨大的环境污染为代价的。这种高效率显然既不可持续，也不值得鼓励。为了全面且准确地评价一个系统的经济产出效率，必须引入全要素效率，即加入资源和环境等方面的约束，在此条件下测算其最大化获取经济产出的能力和水平。通过加入资源和环境等方面的约束，使各被测度对象有着相同或相似的资源环境等基础条件，从而获得更具有可比性的效率测度结果。因此，本书认为，全要素经济效率是指在既定的资源消耗和环境代价下，一个系统最大化获取经济增加值（包括产品和服务）的能力或者潜力。这一指标侧重于从经济视角考察效率，反映了经济子系统与其他子系统之间的协调程度。

第二，资源效率也是现有文献关注非常多的核心概念之一，尤其

---

① Eco - efficiency refers to the ability to create more goods and services with less impact on the environment and less consumption of natural resources, thus involving both economic and also ecological issues (Picazo - Tadeo et al. , 2012) .

是能源效率，相关文献非常丰富。人们经常用能源强度即能源消耗量与经济产出的比值（国家层面则用一次能源使用总量或最终能源使用与国内生产总值之比）来衡量能源效率高低。这一指标容易计算且清晰、易懂，但未考虑能源消费结构、能源燃烧的环境污染成本等因素，因此无法全面和准确地反映一个区域（企业）的能源利用能力或水平。为解决该问题，同样需要从更综合的视角，控制住经济、环境等方面的因素，研究全要素能源效率、全要素土地利用效率等。以全要素能源效率为例，其含义是在既定的经济产出和环境成本下，一个区域（企业）最大化利用能源的能力或者潜力。这一指标侧重于从能源视角考察效率，反映了经济能源子系统与其他子系统之间的协调程度。类似地，可以测度土地利用效率等其他全要素资源效率指标，从更微观的层面给出某类资源的利用情况。

第三，环境效率也是现有文献研究的重点，但本书的定义有所不同。早期文献在研究全要素生产率时，很少考虑环境污染这一非合意产出（Undesirable output），因此会低估在较强环境管制下的真实生产率，为此需要在测度全要素生产率时引入环境污染产出（王兵等，2010；魏楚等，2011）。引入环境污染产出后得到的效率不再是一个单纯的经济效率，因此有关文献称为环境敏感性效率（Environmental sensitive productivity，Hailu，Veeman，2000）、环境全要素生产率（王兵，2013）、环境技术效率（涂正革，2008）、环境生产率/效率（Environmental productivity，environmental efficiency）等。从已有文献来看，相关研究实际上都是在测度模型中加入了环境约束，即测度资源环境约束下的全要素生产率。然而，这一测度结果既不是一个简单的经济指标，也不是一个环境指标，称为经济效率或者环境效率均不合适。笔者认为，要合理且直观地使用环境效率这一表述，就需要重点从环境视角来考察效率，就必须控制住其他变量，如资源消耗和经济产出，使效率的测度和比较基于同样的基础。本书认为，全要素环境效率是指经济产出和资源消耗既定条件下，一个区域（生产系统）在生产中最小化排放环境污染或者说最大化利用环境的能力或潜力，反映了环境子系统与其他子系统之间的协调程度。进一步，通过考虑具体污染物的排放情况，可以分别测算与二氧化碳、二氧化硫、废水等污染物直接相关的环境效率。

第四，生态效率从全要素生产率角度较为全面地刻画了区域绿色发展情况。资源、环境和经济属于相互联系又相互区别的概念，不能互相涵盖。研究资源和环境约束下的投入产出效率时，经济效率、能源效率和环境效率等概念只表述了所测度对象的部分内涵而非全部，无法准确表述资源、环境和经济三者的协调。生态效率则可以较好地从 REE 系统总体上刻画资源、环境和经济三者的协调程度。

需要说明的是，"生态"的含义本身已经包含了"环境"①（黎祖交，2003），"生态"与"环境"之间的关系应视为整体与部分的关系，因此生态效率是一个比环境效率更具有综合性的概念，而且前者包括后者，因此可以将环境效率作为生态效率的子效率之一。

本书提出的全要素生产率 E - REE 体系有助于更系统地对区域发展进行全面而深入的分析。一方面，分析三个子效率有助于从不同侧面考察区域发展的优劣势以及区域内各子系统的协调性差异。实践中各区域差异较大，一些区域的主要问题是资源耗用过多，表现为资源效率偏低，另一些区域则是环境污染过度，表现为环境效率偏低。显然，能源效率无法适用并指导环境污染过度地区的协调发展，而环境效率无法适用并指导资源耗用过多地区的协调发展。因此，需要因地制宜地进行具体分析。全要素经济效率、资源效率和环境效率三者分别从经济、资源和环境等侧面勾勒了经济系统、资源系统、环境系统的协调发展能力。通过考察各区域在经济、资源和环境方面的效率，可以发现其"短板"并加以弥补，将更能帮助相对落后地区更快地实现绿色发展。另一方面，基于经济效率的研究往往偏重于经济发展，基于能源效率的研究隐含着资源节约优先的思想，基于环境效率的研究隐含着环境保护优先的思想，这些指标具有一定的倾向性，难以在

---

① 英国麦肯齐（A. Mackenzie）教授等 1998 年编写的生态学教材将生态学定义为："研究生物与环境间相互关系的科学"（Ecology is the study of the interactions between organisms and their environment）。

三者完全平衡的意义上实现经济增长与资源利用以及环境保护的平衡发展。而生态效率隐含着资源节约、环境保护和经济增长三大目标均衡发展的思想，因而更具有包容性。总之，通过生态效率这一总体性指标和三大子效率，既可以了解区域系统的总体协调程度，还可以了解某个子系统的协调程度，为有关决策提供更全面、具体且细致的依据。

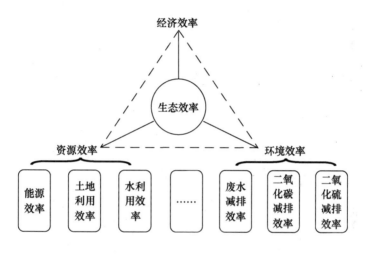

图 2-1 全要素生产率体系

第三章 生态效率及其子效率的
测度方法

第一节 测度资源环境约束下投入产出
效率的 DEA 模型及其改进方向

一 已有测度方法简要回顾

效率测算既是基础性工作，也是本书的重点之一。在研究资源和环境约束下的区域投入产出效率时，现有文献采用了生态效率、环境效率、能源效率和绿色效率以及绿色经济效率等不同的提法，其内涵相同或者高度相似。本书则将予以适当区分并给出相应的测度方法，这里重点探讨资源环境约束下的投入产出效率测度方法。现有测算方法有指标法、数据包络分析法（DEA）、随机前沿分析法（SFA）和因子分析法以及生态足迹法等几种。

指标法中，一些文献认为生态效率是经济社会发展的价值量（如GDP）和资源环境消耗的实物量的比值（Seppala et al.，2005）。此时，生态效率方程可以简单表述如下：

生态效率 = 产品和服务的增加值／增加的环境影响价值

然而，环境污染物众多，例如，分别以废水、二氧化硫、二氧化碳等的排放量为分母，可以分别计算出其对应的效率指标。单一指标反映的信息极为有限，难以全面测度观测对象（Zhang et al.，2008；Wang et al.，2011），需要同时考虑多个指标，综合其反映的信息形成一个综合性指标或指数，其关键是如何为单位不同的变量或指标选取权重，将多个指标汇总为综合指标。一些文献在测度时要么采用等权法，要么采用主观赋权法，专家们难以就赋权达成共识（Kuosmanen and Kortelainen，2005）。主观赋权法还存在一个不足：由于不同阶段、不同类别的人群对各子指标的重要性认识可能有显著差异，这可能会使评价结果因人、因时而异，进而影响评价结果的准确性和可复制性以及跨期可比性。并且，测度结果会受到部分指标数据的不完整性、原始数据的真实性、计算方法的可选择性等多重因素的影响和制约，只具有相对正确性（李晓西等，2011）。

为了获得客观、准确且全面的测度结果，许多文献采用客观赋权法来测度投入产出效率。例如，数据包络分析（Data Envelopment Analysis，DEA）和随机前沿分析（Stochastic Frontier Analysis，SFA）方法。其中，DEA 方法是一种非参数方法，通过规划求解测算决策单元的投入产出效率。1978 年 Charnes、Cooper 和 Rhodes 提出了规模报酬不变下的 DEA 模型（称为"CCR"模型）。此后该模型不断被改进和完善，出现了 BCC 模型（Banker et al.，1984）和 SBM 模型（Slacks – based Measure）（Tone，2001）等多种模型，且仍在持续改进中。DEA 模型具有较多优点，例如，无须假设生产函数形式，不受指标量纲影响，不需要估计参数，可同时考虑多投入多产出的情形，实现了客观赋权，可以进行效率分解，还可以考虑环境污染这类坏产出，因此被广泛用于投入产出效率的评价。Lovell（1995）等较早将环境因素引入 DEA 模型来测度 19 个 OECD 国家 1970—1990 年的宏观经济绩效。之后，许多文献将区域视为生产系统，采用了 DEA 方法来测度投入产出效率，例如，Dyckhoff 等（2001），Korhonen 和 Luptacik（2004），Zhang 等（2008），王恩旭等（2011），Picazo – Tadeo 等（2012）。为了获得更全面、准确的测度，学者们不断地对模型进行改进。今后长时间内相关研究仍是学术界关注的重点之一。

综观现有文献，采用数据包络分析方法测度资源和环境约束下的投入产出效率的文献相对较多（Robaina – Alves et al.，2015）。DEA 模型也存在一些局限，例如未考虑随机因素，而这是随机前沿分析的优点。不过，随机前沿分析方法需要预设生产函数的形式，测度结果与所选择模型和变量等因素有关，因此难以避免主观因素的影响。此外，一些文献则利用因子分析法来获取权重并计算生态效率，如陈傲（2008）。还有一些学者基于生态足迹来测算生态效率，如刘建兴等（2005）、杨开忠等（2014）。

二 DEA 模型的不足及其改进方向

鉴于 DEA 方法具有客观实用、可处理多投入多产出尤其是非期望产出等优点，本书采用该方法来测算投入产出效率。为全面而准确地测度投入产出效率，需要选择合适的 DEA 模型。为此，相关已有文献开展了大量工作。本书研究发现，已有文献利用 DEA 方法测度绿色效率时仍然存在一些不足，尚未同时解决一些重要而关键的问题。本书借鉴现有最新文献研究进展，给出更具综合性的测度模型。下面先探讨 DEA 方法中值得改进的几个重要问题。

（一）径向与非径向

早期的 DEA 模型如 CCR（Charnes et al.，1978）和 BCC（Banker et al.，1984）等模型一般采用径向（Radial）模型来计算效率，测量的是被评价 DMU 要达到生产前沿，其投入（产出）需要等比例改进的程度。然而，这就假设所有投入（产出）是等比例缩减（增加）的，这显然与现实中的情况不完全相符。因为对于无效 DMU 而言，当前状态与强有效目标值之间的差距中，除了等比例改进的部分之外，还有松弛改进的部分，但在径向模型中未能得以体现（成刚，2014）。由于效率测度中没有考虑投入（产出）的松弛变量，因此径向模型会高估 DMU 的效率（王兵等，2010）。为此，Tone（2001）提出了非径向、非角度的基于松弛变量的（Slacks – based Measure，SBM）模型，并被广泛应用。对于第 o 个 DMU，Tone（2001）将其 SBM 效率定义为：

$$[SBM]\rho^* = \min \frac{1 - \frac{1}{m}\sum_{i=1}^{m}\frac{s_i^-}{x_{io}}}{1 + \frac{1}{s_1}\sum_{r=1}^{s_1}\frac{s_r^g}{y_{ro}^g}}$$

$$s.t. \quad x_o - \sum_{j=1}^{n}\lambda_j x_j - s^- = 0$$

$$\sum_{j=1}^{n} \lambda_j y_j^g - y_o^g - s^g = 0$$

$$\lambda, s^-, s^g \geqslant 0 \qquad\qquad (3-1)$$

式（3-1）中，s^-代表与投入对应的松弛变量，s^g代表与好产出对应的松弛变量。式（3-1）是基于规模报酬不变假设（CRS）。规模报酬可变（VRS）时还需加上约束条件 $\sum_{j=1}^{n} \lambda_j = 1$。

（二）处理非期望产出的方法

不同于越多越好的期望产出（如 GDP），非期望产出（"坏"产出）是指规模越少越好，但又无法避免或者消除的产出，例如环境污染等，这类"坏"产出一般是"好"产出的副产品。早期 DEA 模型未考虑非期望产出，因此一些文献在测度时先将非期望产出取倒数或者加负号后再作为产出变量进入模型。Dyckhoff 等（2001）总结了生态效率的测度模型选择问题，指出将环境污染等指标取倒数后作为产出变量的方法存在不足，建议将非期望产出作为投入变量进入 DEA 模型。遵循其思路，之后许多文献在利用 DEA 方法测度效率时均在有关模型中将坏产出处理为投入变量，例如，CCR 模型（Korhonen and Luptacik，2004；Zhang et al.，2008），BCC 模型（王恩旭等，2011），方向性距离函数（Picazo - Tadeo et al.，2012）。然而，非期望产出是一种产出，将之视为投入并不符合现实中的生产情况，由此得到的结果也会有偏差。为了将环境污染这类非期望产出或者说坏产出整合到投入产出评价模型以更合理地评价生产率，一些文献（如Chung et al.，1997）提出了方向性距离函数。不过该函数未考虑松弛问题，而且可能由于方向向量的主观选择带来偏差。

为了考虑非期望产出，Tone（2004）扩展了 SBM 模型，提出了考虑非期望产出的 U - SBM 模型。当模型中包含非期望产出时，对于某个 DMU_o，Tone（2004）将其 SBM 效率定义为：

$$[U - SBM]\rho^* = \min \frac{1 - \dfrac{1}{m}\sum_{i=1}^{m} \dfrac{s_i^-}{x_{io}}}{1 + \dfrac{1}{s_1 + s_2}\left(\sum_{r=1}^{s_1} \dfrac{s_r^g}{y_{ro}^g} + \sum_{r=1}^{s_2} \dfrac{s_r^b}{y_{ro}^b}\right)}$$

$$s.t. \quad x_o - \sum_{j=1}^{n} \lambda_j x_j - s^- = 0$$

$$\sum_{j=1}^{n} \lambda_i y_j^g - y_o^g - s^g = 0$$

$$y_o^b - \sum_{j=1}^{n} \lambda_j y_j^b - s^b = 0$$

$$\lambda, \ s^-, \ s^g, \ s^b \geqslant 0 \qquad\qquad (3-2)$$

式（3-2）中，s^b 代表与坏产出对应的松弛变量。规模报酬可变（VRS）时还需加上约束条件 $\sum_{j=1}^{n} \lambda_j = 1$。

（三）有效率DMU的全面识别与超效率模型

Charnes、Cooper 和 Rhodes（1978）提出 CCR 等标准 DEA 模型中，有效率决策单元（DMU）均在前沿面上，其效率得分均为1。这将导致两个问题：一是无法区分这些有效率 DMU，在此基础上的数量比较和计量分析不一定准确。二是无法准确计算有效率 DMU 的跨期增长，例如，一个 DMU 在上期和本期的效率值均为1，据此计算效率增长为0，但实际上其效率可能是有变化的。针对 CCR 等标准 DEA 模型无法全面识别被评价对象的问题，Andersen 和 Petersen（1993）提出超效率（Super efficiency）模型解决了该问题。不同于标准效率模型，超效率模型构建前沿面时将被评价的 DMU 排除在外。因此在超效率模型中，无效率决策单元的效率值与标准效率模型一致；而对于有效率的决策单元，其超效率值可以大于1，相互之间可以比较效率的高低。这为进一步分析提供了便利和更准确的依据。

Tone（2002）在 SBM 中引入了超效率模型，Huang 等（2014）称其为 S-SBM 模型。如果 DMU_o 为 SBM 有效，Tone（2002）将其 SBM 超效率定义为（Cooper et al.，2007）：

$$[S-SBM] \quad \rho_{super}^* = \min \frac{1 + \dfrac{1}{m} \sum_{i=1}^{m} \dfrac{s_i^-}{x_{io}}}{1 - \dfrac{1}{s_1} \sum_{r=1}^{s_1} \dfrac{s_r^g}{y_{ro}^g}}$$

$$s.t. \quad x_o - \sum_{j=1,\neq o}^{n} \lambda_j x_j + s^- \geqslant 0$$

$$\sum_{j=1,\neq o}^{n} \lambda_j y_j^g - y_o^g + s^g \geqslant 0$$

$$\lambda,\ s^-,\ s^g \geqslant 0 \qquad\qquad\qquad (3-3)$$

对于无效率的 DMU 而言，S–SBM 的测度结果和 SBM 的测度结果一致。但对于有效率的 DMU 而言，S–SBM 允许其效率值大于 1，因而可以实现有效率单元的比较。不过，Tone（2002）还基于新的变量定义给出了更简单的等价表达式。需要说明的是，模型（3–3）是规模报酬不变时的测度方法，规模报酬可变（VRS）时还需加上约束条件 $\sum_{j=1,\neq 0}^{n} \lambda_j = 1$。

Tone（2002）提出了同时考虑 SBM 与超效率的模型，在其基础上 Huang 等（2014）提出了同时考虑超效率和非期望产出的 SBM 模型。如前所述，如果不区分前沿面上的 DMU，在此基础上进行的数量比较和计量分析可能会出现偏误。当存在非期望产出时，同时考虑超效率的模型可能更为全面和准确、更符合现实需要。

（四）异质性技术与共同前沿

在一般的 DEA 模型中，假定各个 DMU 是同质的，即各生产决策主体面临着相同的技术前沿。但在实践中，各个 DMU 在制度背景、生产环境和管理能力以及发展阶段等方面存在显著差异，其技术前沿并不相同，即存在异质性技术。如果不考虑技术前沿的差异而采用同质性假设的话，效率测度结果可能会出现偏差（王兵，2013）。为解决这一问题，学者们提出了共同前沿方法（Hayami，1969；Sharma and Leung，2000；Battese et al.，2004），其基本思路是先根据异质性特征将样本分为若干群组，群组内部各决策单元具有相同或高度相近的技术水平，每个群组分别构建生产技术前沿（称为"群组前沿"）由此可以测算得到群组效率，进一步再基于各群组前沿构建一个包络所有组群生产可能性集的共同生产可能性集，即所有群组的共同前沿面（见图 3–1），称为"共同前沿"。该方法的具体思路表述如下。

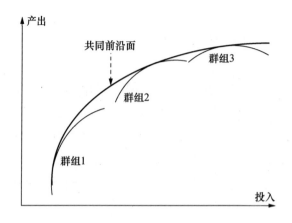

图 3-1　共同前沿模型

假定有 N 个决策单元（DMU）各有三类要素：投入变量、好产出和坏产出（Bad/Undesirable output），观测期为 $t=1$，2，$\cdots$，T，时期 t 第 i 个 DMU（$i=1$，2，$\cdots$，N）三类投入产出变量分别用三个向量来表示：$x_{it} \in \mathbb{R}^m$，$y_{s_1}^g \in \mathbb{R}^{s_1}$，$y_{it}^b \in \mathbb{R}^{s_2}$。$m$、$s_1$ 和 s_2 分别代表三类要素的数量。时期 t 生产可行集为：

$$P_t = \{(x_t,\ y_t^g,\ y_t^b) \mid x_t \text{ 可以生产 } y_t^g \text{ 和 } y_t^b\} \tag{3-4}$$

假定所有决策单元区分为 $H(H>1)$ 个群组，第 $h(h=1$，2，$\cdots$，$H)$ 个群组的生产可行集为：

$$P_t^h = \{(x_t^h,\ y_t^{hg},\ y_t^{hb}) \mid x_t^h \text{ 可以生产 } y_t^{hg} \text{ 和 } y_t^{hb}\} \tag{3-5}$$

根据 Battese 等（2004）研究，所有群组的共同前沿面定义为：

$$P_t^M = \{P_t^1 \cup P_t^2 \cup \cdots \cup P_t^H\} \tag{3-6}$$

需要说明的是，基于群组前沿面计算得到群组参比效率仅在群组内具有可比性。但不同群组的生产技术存在差异，基准不同而无法进行跨群组比较。而在共同前沿模型中，基于所有决策单元均面临的共同前沿面来计算共同参比效率，该效率具备跨群组可比性。群组前沿面反映了实际技术水平，共同前沿面反映了潜在技术水平。群组前沿面和共同前沿面的差异反映了异质性因素带来的生产技术差距。共同前沿模型不仅考虑了异质性问题，还可测度异质性因素的影响，因而具有很好的应用价值，被很多学者应用（如 Zhang et al.，2013；汪克亮等，2015）。

（五）投入/产出导向与非导向

从导向（Oriented）来看，DEA 模型可以分为三类：第一类是投入导向模型，从投入角度来测算无效率程度，考察产出既定（或者说不减少产出）条件下要达到技术有效而各项投入应该减少的程度；第二类是产出导向模型，从产出角度来测算无效率程度，考察投入既定（或者说不增加投入）条件下要达到技术有效而各项产出投入应该增加的程度；第三类是非导向，同时从投入和产出两个方面进行测量。实践中模型导向的选取主要取决于研究目的（成刚，2014）。

在研究生态效率时，本书考虑到生态效率是一个同时考虑了资源、环境和经济的综合性指标，实践中各决策单元既可以通过增加产出的方式实现技术有效，也可以通过减少投入的方式实现技术有效，如果只从投入（产出）方面对无效率程度进行测量，效率测度结果并不准确，也不符合实践需要，因此采用非导向的方式测度生态效率。但是，在测算全要素视角下的能源效率、经济效率和环境效率时，考虑到这些概念各有侧重，其定义分别为其他因素既定时，能源利用的最大化程度、经济产出的最大化程度以及环境污染的最小化程度，因此将分别采用投入导向或者产出导向的模型，以控制住其他因素的影响。

（六）跨期可比与全局参比技术

实践中经常采用面板数据来测算效率。为使评价结果具备跨期可比性，应选取相同的参考技术（基准）。许多文献采用当期参比法分别测算每期的效率（田银华等，2011），进而直接或者取其几何均值后进行研究。然而，不同时期的参考技术不同，其评价结果之间缺乏跨期可比性，这可能导致严重误判。为解决该问题，一些文献采用序贯参比法来测度生产率增长指数，如 Malmquist – Luenberger 指数（田银华等，2011），但仍存在一些不足。例如，可能出现无可行解现象（王兵等，2010）；所测度的指数反映的是全要素生产率的增长而非全要素生产率本身。而全局参比法（Pastor，2005）可以解决前述问题。

全局参比法的思路可以简要说明如下：DEA 测度的是相对效率，

其评价基准由被评价的 DMU 全体来决定。不同评价基准下获得的效率得分不具备可比性，要对效率进行跨期比较，必须使之处于相同的基准（前沿面）。例如，评价 2001 年 30 个省（市、区）的效率时，相关数据构成一个前沿面 A，各 DMU 的效率是相对于 A 这个评价基准而言的。评价 2002 年 30 个省（市、区）的效率时，相关数据构成一个新的前沿面 B，此时各 DMU 的效率是相对于评价基准 B 而言的。一般而言 A 和 B 并不相同，故 2001 年和 2002 年的效率不具备可比性。如果要进行跨期比较，必须使两个年度的效率基于同一个前沿面。可将同一区域样本在两个年度的数据视为不同的 DMU，把 60 个样本数据混合到一起，组成一个共同的前沿面，再来测度效率。这就是全局参比法，因其评价基准相同而具备跨期可比性。在不同时期，一个区域面临的外部环境有所不同，但其要素禀赋等基本情况变化不大，各时期具备相似的发展目标和投入产出要素。故若观察期间被评价区域本身未发生根本性变化，全局参比法基本满足跨期比较时的 DMU 同质性要求。下面进一步从更具一般性的角度予以说明。

根据 DMU 的三类要素，相应地定义矩阵：$X_t = [x_{1t}, \cdots, x_{Nt}] \in \mathbb{R}^{m \times N}$，$Y_t^g = [y_{1t}^g, \cdots, y_{Nt}^g] \in \mathbb{R}^{s_1 \times N}$，$Y_t^b = [y_{1t}^b, \cdots, y_{Nt}^b] \in \mathbb{R}^{s_2 \times N}$。令 λ_t 为权重向量，假定 $X_t > 0$，$Y_t^g > 0$，$Y_t^b > 0$，则在时期 t 生产可行集为：

$$P_t = \{(x_t, y_t^g, y_t^b) \mid x_t \geqslant X_t \lambda_t, \ y_t^g \leqslant Y_t^g \lambda_t, \ y_t^b \geqslant Y_t^b \lambda_t, \ \lambda_t \geqslant 0\}$$

$$(3-7)$$

当数据为截面数据时，如仅对 t 期的效率值进行测度，参考技术一般基于 P_t 而获得，称为当期参考技术，记为 $T(t)$。当利用面板数据测度跨期效率时，主要有五种方法来选取参考技术：①当期参比技术（Contemporaneous Benchmark Technology），即当期效率用当期参考技术来测度。但即使是同一 DMU，由于参考技术随时间变化，不同期的效率值也不可比。②交叉参比技术（一般用相邻参比，adjacent reference），测算当期和另一期的效率时，分别以当期参考技术和另一期的参考技术为基准，获得 4 个效率值，然后取其几何均值的方法来计算生产率增长，如 Cooper 等（2007）。但因基准不同的数值之间并不可比，取几何均值的方法仍存在不足，还往往会出现无可行解的问题。③序贯（Sequential）参比，每期的参考技术由当期及其之前所有投入产出信息确定（Tulkens and Eeckaut，2006；王兵等，2010）。该方法中不同时期的参考技术仍然不同，无法避免无可行解问题。④固定参比法，各期的效率值均以某个时期的参考技术为相对标准。该方法具备传递性，但只考虑某个时期的参考技术，反映的信息不全面。⑤为解决前述问题，Pastor 等（2005）提出全局参比技术（Global Benchmark Technology）。定义所有样本全部时期的生产可行集 $P_G = (P_1 \cup P_2 \cup \cdots \cup P_T)$，对应的全局参考技术集为 $T(G)$，则各期的效率均以 $T(G)$ 为参考技术。Pastor 等证明，全局参比技术既解决了跨期可比性或者说可传递性问题，也解决了无可行解问题。不过，Pastor 等（2005）未考虑超效率和 SBM 等模型以及异质性技术等问题。

第二节　基于异质性技术等因素综合测度生态效率的方法

本书综合考虑上节有关因素，在现有研究基础上提出新的更全面、准确的 DEA 模型。

一　共同前沿（Metafrontier）的构造

假定 DMU 的个数为 N，可根据某些异质性特征将其划分为 $H(H > 1)$ 组。定义第 h 组的 DMU 个数为 $N_h(h = 1, 2, \cdots, H)$，有 $\sum_{h=1}^{H} N_h = N$。假定每个决策单元（Decision - making unit，DMU）有三类投入产出变量：投入、好产出和坏产出（Inputs，good/desirable and bad/undesirable outputs），分别用以下变量表示：$x = [x_1, x_2, \cdots, x_M] \in \mathbb{R}_+^M$，$y = [y_1, y_2, \cdots, y_R] \in \mathbb{R}_+^R$，$b = [b_1, b_2, \cdots, b_J] \in \mathbb{R}_+^J$，其中 M、R 和 J 分别依次表示三类变量的个数。考虑异质性时，有两类前沿技术：群组前沿技术（Group frontier technologies）和共同前沿技术（Metafrontier technologies）。对于第 h 个群组，其群组生产

前沿可以表示为：

$$P^h = \{(x^h, y^h, b^h): \sum_{n=1}^{N_h} \lambda_n^h x_n^h \leqslant x^h; \sum_{n=1}^{N_h} \lambda_n^h y_n^h \geqslant y^h;$$

$$\sum_{n=1}^{N_h} \lambda_n^h b_n^h \leqslant b^h; \lambda_n^h \geqslant 0; n = 1, 2, \cdots, N_h\} \qquad (3-8)$$

式（3-8）中，λ_n^h 为第 h 组第 n 个 DMU 在群组前沿下的权重向量。

通过所有群组前沿构造一个共同的包络面可以得到共同前沿（Battese et al.，2004；Zhang et al.，2013）。对于所有群组，其共同生产前沿可以表示为：

$$P^{meta} = \{(x, y, b): \sum_{h=1}^{H} \sum_{n=1}^{N_h} \xi_n^h x_n^h \leqslant x^h; \sum_{h=1}^{H} \sum_{n=1}^{N_h} \xi_n^h y_n^h \geqslant y^h;$$

$$\sum_{h=1}^{H} \sum_{n=1}^{N_h} \xi_n^h b_n^h \leqslant b^h; \xi_n^h \geqslant 0; n = 1, 2, \cdots, N_h; h = 1, 2, \cdots, H\} \quad (3-9)$$

式（3-9）中，$P^{meta} = \{P^1 \cup P^2 \cup \cdots \cup P^H\}$，$\xi_n^h$ 为第 h 组第 n 个 DMU 在共同前沿下的权重。

二 考虑坏产出的群组前沿和共同前沿 SBM 模型

考虑坏产出时，第 k 组第 o 个决策单元（$o = 1, 2, \cdots, N_k$；$k = 1, 2, \cdots, H$）DMU$_{ko}$ 相对于所在群组前沿 K（Group frontier）的非导向非径向 SBM 效率可以通过求解以下规划得到：

$$[Group - U - SBM] \rho_{ko}^{Group*} = \min \frac{1 - \dfrac{1}{M} \sum_{m=1}^{M} \dfrac{s_{mko}^x}{x_{mko}}}{1 + \dfrac{1}{R+J}\left(\sum_{r=1}^{R} \dfrac{s_{rko}^y}{y_{rko}} + \sum_{j=1}^{J} \dfrac{s_{jko}^b}{b_{jko}}\right)}$$

$$s.t. \quad x_{mko} - \sum_{n=1}^{N_k} \lambda_n^k x_{mkn} - s_{mko}^x = 0$$

$$\sum_{n=1}^{N_k} \lambda_n^k y_{rkn} - y_{rko} - s_{rko}^y = 0$$

$$b_{jko} - \sum_{n=1}^{N_k} \lambda_n^k b_{jkn} - s_{jko}^b = 0$$

$$\lambda_n^k, s_{mko}^x, s_{rko}^y, s_{jko}^b \geqslant 0$$

$$m = 1, 2, \cdots, M; r = 1, 2, \cdots, R; j = 1, 2, \cdots, J \quad (3-10)$$

式（3 - 10）中，x_{mko}、y_{rko}、b_{jko} 为被评价单元 DMU_{ko} 的投入、好产出和坏产出；s^x_{mko}、s^y_{rko}、s^b_{jko} 分别为 DMU_{ko} 的投入、好产出和坏产出的松弛变量。式（3 - 10）为规模报酬不变（CRS）下的情况，若假定规模报酬可变（VRS），需添加约束 $\sum_{n=1}^{N_k} \xi^k_n = 1$。

然而，不同群组下的效率因前沿面（评价基准）不同，不可直接进行比较。因此需要进一步测度共同前沿技术下的效率，其测度模型如下。

同时考虑坏产出和异质性技术时，第 k 组第 o 个决策单元（$o = 1$，2，$\cdots$，N_k；$k = 1$，2，$\cdots$，H）相对于所有群组构成的共同前沿（Metafrontier）的非导向非径向 SBM 效率可以通过求解以下规划得到：

$$[\text{Meta} - \text{U} - \text{SBM}] \rho^{Meta*}_{ko} = \min \frac{1 - \dfrac{1}{M} \sum_{m=1}^{M} \dfrac{s^x_{mko}}{x_{mko}}}{1 + \dfrac{1}{R+J} \left(\sum_{r=1}^{R} \dfrac{s^y_{rko}}{y_{rko}} + \sum_{j=1}^{J} \dfrac{s^b_{jko}}{b_{jko}} \right)}$$

$$s.t. \quad x_{mko} - \sum_{h=1}^{H} \sum_{n=1}^{N_h} \xi^h_n x_{mhn} - s^x_{mko} = 0$$

$$\sum_{h=1}^{H} \sum_{n=1}^{N_h} \xi^h_n y_{rhn} - y_{rko} - s^y_{rko} = 0$$

$$b_{jko} - \sum_{h=1}^{H} \sum_{n=1}^{N_h} \xi^h_n b_{jhn} - s^b_{jko} = 0$$

$$\xi^k_n, \ s^x_{mko}, \ s^y_{rko}, \ s^b_{jko} \geq 0$$

$$m = 1, 2, \cdots, M; \ r = 1, 2, \cdots, R; \ j = 1, 2, \cdots, J \quad (3 - 11)$$

式（3 - 11）中，ξ 是非负权重向量，s^x、s^y 和 s^b 分别为 DMU_{ko} 的投入、好产出和坏产出的松弛变量。若假定规模报酬可变（VRS），需添加约束 $\sum_{h=1}^{H} \sum_{n=1}^{N_h} \xi^h_n = 1$。

三　考虑坏产出的共同前沿超效率（Meta - US - SBM）

在标准的 DEA 模型中，有效的决策单元均在前沿面上，其效率得分均为 1。这将导致两个方面的问题：一是无法区分这些有效率的 DMU，在此基础上的分析尤其是回归分析不一定准确。二是无法准确计算有效率 DMU 的跨期增长。例如，一个 DMU 在上期和本期的效率值均为 1，据此计算效率增长为 0，但实际上其效率可能是有变化的（黄建欢等，2014）。为解决该问题，Andersen 和 Petersen（1993）提出了对有效 DMU 加以区分的超效率模型，其基本思想是在评价某个DMU 时，将之排除在决策单元集合之外（将之从参考集中剔除），在共同前沿模型中表示为 $n \neq o \ if \ h = k$。在超效率模型中，无效率决策单元的效率值与标准效率模型一致；而对于有效的决策单元，其超效率值可以大于 1，从而可以对有效 DMU 进行区分。近年来许多实证文献均采用超效率模型，力求区分前沿面上的 DMU 以得到更为稳健的结论（如王恩旭、武春友，2011）。

因此，本书进一步结合超效率模型提出 Meta – US – SBM（Meta-frontier super slack – based model considering undesirable outputs）模型，重新计算有效率 DMU 的效率。有关定义如下。

同时考虑坏产出和异质性技术时，第 k 组第 o 个决策单元（$o =$ 1，2，$\cdots$，N_k；$k = 1$，2，$\cdots$，H）相对于所有群组构成的共同前沿（Metafrontier）的非导向非径向 SBM 效率可以通过求解以下规划得到（限于篇幅只报告共同前沿模型）：

$$[\text{Meta} - \text{US} - \text{SBM}]\rho_{ko}^{Meta*} = \min \frac{1 + \frac{1}{M}\sum_{m=1}^{M}\frac{s_{mko}^{x}}{x_{mko}}}{1 - \frac{1}{R+J}\left(\sum_{r=1}^{R}\frac{s_{rko}^{y}}{y_{rko}} + \sum_{j=1}^{J}\frac{s_{jko}^{b}}{b_{jko}}\right)}$$

$$s.t. \quad x_{mko} - \sum_{h=1}^{H}\sum_{n=1,n\neq o \ if \ h=k}^{N_h}\xi_{n}^{h}x_{mhn} + s_{mko}^{x} \geq 0$$

$$\sum_{h=1}^{H}\sum_{n=1,n\neq o \ if \ h=k}^{N_h}\xi_{n}^{h}y_{rhn} - y_{rko} + s_{rko}^{y} \geq 0$$

$$b_{jko} - \sum_{h=1}^{H}\sum_{n=1,n\neq o \ if \ h=k}^{N_h}\xi_{n}^{h}b_{jhn} + s_{jko}^{b} \geq 0$$

$$1 - \frac{1}{R+J}\left(\sum_{r=1}^{R}\frac{s_{rko}^{y}}{y_{rko}} + \sum_{j=1}^{J}\frac{s_{jko}^{b}}{b_{jko}}\right) \geq \varepsilon$$

$$\xi_{n}^{h}, \ s^{x}, \ s^{y}, \ s^{b} \geq 0$$

$$m = 1, \ 2, \ \cdots, \ M; \ r = 1, \ 2, \ \cdots, \ R; \ j = 1, \ 2, \ \cdots, \ J \quad (3-12)$$

式（3 - 12）中，ε 是非阿基米德无穷小，这里添加约束 $1 - \dfrac{1}{R+J}\left(\sum_{r=1}^{R}\dfrac{s_{rko}^{y}}{y_{rko}} + \sum_{j=1}^{J}\dfrac{s_{jko}^{b}}{b_{jko}}\right) \geqslant \varepsilon$ 的目的是确保目标函数的分母不为 0。其他变量含义同前。同样地，若假定规模报酬可变（VRS），需添加约束 $\sum\limits_{h=1}^{H}\sum\limits_{n=1,\,n\neq o\;if\;h=k}^{N_h}\xi_n^h = 1$。

四　考虑坏产出的共同前沿 MinDW 模型

SBM 的目标函数是使效率值最小化，也即投入和产出的无效率值最大化。被评价的 DMU 的投影点是前沿面上距离被评价 DMU 最远的点，但被评价者可能希望从最短路径达到前沿，因此 SBM 模型仍然存在不足（成刚，2014），只是提供了最小的效率值。为克服其不足，另一个思路是采用前沿面上距离最近的点作为投影点。这里有两个选择：一种是条件最严格的强有效前沿，另一种则只是简单考虑最近距离，而不考虑是否是强有效还是弱有效。前者容易出现无可行解的情况，因此本书采用后者，提出至有效前沿最近距离的共同前沿模型（Metafrontier model considering undesirable outputs and minimum distance to weak efficient frontier，Meta - US - MinDW）。

参考 Briec（1998）和成刚（2014），对于第 k 组第 o 个决策单元（$o = 1, 2, \cdots, N_k$；$k = 1, 2, \cdots, H$），以共同前沿为基准时，我们先求解以下数学规划：

$$\max \quad \beta_{zko}, z = 1, 2, \cdots, M + R + J$$

$$s.t. \quad \sum_{h=1}^{H}\sum_{n=1}^{N_h}\xi_n^h x_{mhn} + \beta_{zko}e_{mko} \leqslant x_{mko}$$

$$\sum_{h=1}^{H}\sum_{n=1}^{N_h}\xi_n^h y_{rhn} - \beta_{zko}e_{rko} \geqslant y_{rko}$$

$$\sum_{h=1}^{H}\sum_{n=1}^{N_h}\xi_n^h b_{jhn} + \beta_{zko}e_{jko} \leqslant b_{jko}$$

$$\xi_n^k \geqslant 0$$

$$m = 1, 2, \cdots, M; \; r = 1, 2, \cdots, R; \; j = 1, 2, \cdots, J \quad\quad (3-13)$$

式（3 - 13）中，$e_{\cdot ko}$ 应满足如下条件：

$$e_{mko} = \begin{cases} 0, & if\ m = z \\ 1, & if\ m \neq z \end{cases};\ e_{rko} = \begin{cases} 0, & if\ r = z - M \\ 1, & if\ r \neq z - M \end{cases};\ e_{jko} = \begin{cases} 0, & if\ j = z - M - R \\ 1, & if\ j \neq z - M - R \end{cases}$$

每个模型的效率值表示为：

$$\rho_{zko}^* = \frac{1 - \dfrac{1}{M}\sum_{m=1}^{M} \dfrac{\beta_{zko}^* e_{mko}}{x_{mko}}}{1 + \dfrac{1}{R+J}\left(\sum_{r=1}^{R} \dfrac{\beta_{zko}^* e_{rko}}{y_{rko}} + \sum_{j=1}^{J} \dfrac{\beta_{zko}^* e_{jko}}{b_{jko}} \right)} \tag{3-14}$$

则 k 组第 o 个 DMU_{ko} 的 MinDW 模型生态效率值表示为：

$$\rho_{ko}^{MUM*} = \max(\rho_{zko}^*,\ z = 1,\ 2,\ \cdots,\ M+R+J) \tag{3-15}$$

注意式（3-15）中最大效率值对应着最小的 β_{zko}^*，即到弱有效前沿的最短距离。因此，MinDW 模型提供了最大的效率值，而 SBM 模型则提供了最小的效率值。本书在测算生态效率时同时观察两个模型的测度结果（同时观察最大值和最小值，这样可以得到生态效率的变化区间），但在进一步分析测度子效率时，从稳健性出发，主要采用 SBM 模型。

第三节　投入或产出导向下生态效率子效率的测度方法

为了更准确地测度全要素生产率视角下的能源效率、经济效率和环境效率，本书进一步提出以下测度方法。

一　能源效率的测度

全要素生产率视角下，能源效率是指其他投入变量和产出变量等因素既定时，一个决策单元在生产中利用能源的相对效率，反映其最大化利用能源的相对潜力或者能力（与其他决策单元相比较）。更具体而言，是指产出和其他资源耗用数量既定条件下，一个生产体系（国家、地区、企业或单项耗能设备等）有效利用的能量（最佳能源投入量）与实际消耗能量的比率。考虑到能源作为投入变量出现在 DMU 的生产过程中，且要体现"其他因素相同"这一要求，我们不仅需要采用投入导向模型且确保产出变量的松弛为 0，而且需要利用能源投入变量对应的松弛变量来测算最佳能源投入量（DEA 模型中为目标值），进而用最佳能源投入量和实际使用量的比值来测算能源效率。

假定各个投入产出变量的界定同前，其中能源投入记为 x_e。群组前沿和共同前沿的设定同前，在规模报酬不变（CRS）假设下，就第 k 组第 o 个（$o=1, 2, \cdots, N_k$；$k=1, 2, \cdots, H$）DMU 求解以下投入导向的群组前沿超效率模型：

$$\rho_{ko}^{Group*} = \min\left(1 + \frac{1}{M}\sum_{m=1}^{M}\frac{s_{mko}^x}{x_{mko}}\right)$$

$$s.t. \quad x_{mko} - \sum_{n=1,\neq o}^{N_k}\lambda_n^k x_{mkn} + s_{mko}^x \geq 0$$

$$\sum_{n=1,\neq o}^{N_k}\lambda_n^k y_{rkn} - y_{rko} \geq 0$$

$$b_{jko} - \sum_{n=1,\neq o}^{N_k}\lambda_n^k b_{jkn} \geq 0; \lambda_n^k, s_{mko}^x \geq 0$$

$$m=1, 2, \cdots, M; r=1, 2, \cdots, R; j=1, 2, \cdots, J \quad (3-16)$$

式（3-16）中，λ 表示非负权重，s_{mko}^x 表示投入变量对应的松弛变量。根据求解结果获得与能源投入对应的松弛变量 S_e^{Group}。相对于群组前沿而言，第 k 组第 o 个 DMU 的能源效率为：

$$EE^{Group} = \frac{x_e - S_e^{Group}}{x_e}$$

前述能源效率的测度结果在群组内可比，但在群组间不可比。为获得组间可比的测度结果，进一步就第 k 组第 o 个 DMU 求解以下共同前沿超效率模型：

$$\rho_{ko}^{Meta*} = \min\left(1 + \frac{1}{M}\sum_{m=1}^{M}\frac{s_{mko}^x}{x_{mko}}\right)$$

$$s.t. \quad x_{mko} - \sum_{h=1}^{H}\sum_{n=1,\neq o\,if\,h=k}^{N_k}\xi_n^h x_{mhn} + s_{mko}^x \geq 0$$

$$\sum_{h=1}^{H}\sum_{n=1,\neq o\,if\,h=k}^{N_k}\xi_n^h y_{rhn} - y_{rko} \geq 0$$

$$b_{jko} - \sum_{h=1}^{H} \sum_{n=1, \neq o \, if \, h=k}^{N_k} \xi_n^h b_{jhn} \geq 0 \, ; \xi_n^h , s_{mko}^x \geq 0$$

$$m = 1, \ 2, \ \cdots, \ M; \ r = 1, \ 2, \ \cdots, \ R; \ j = 1, \ 2, \ \cdots, \ J \qquad (3-17)$$

式（3-17）中，ξ 表示非负权重。根据求解结果获得与能源投入对应的松弛变量 S_e^{Meta}。相对于共同前沿而言，第 k 组第 o 个 DMU 的能源效率为：

$$EE^{Meta} = \frac{x_e - S_e^{Meta}}{x_e}$$

二 经济效率的测度

全要素生产率视角下，经济效率是指各类资源投入和非期望产出等其他因素既定时，一个决策单元获得经济产出的相对效率，反映其最大化获得经济产出的相对潜力或者能力（与其他决策单元相比较）。为体现"其他因素既定"这一要求，需要采用产出导向模型且确保其他产出变量的松弛为 0。为了识别前沿面的决策单元并确保跨期可比，需要采用超效率模型。而且，为了考虑非径向变化，需要采用 SBM 模型。而为了考虑异质性因素，需要引入共同前沿技术。综合而言，本书提出一个 SBM 模型来测度全要素视角下的经济效率，该模型同时考虑共同前沿、产出导向和超效率以及坏产出。具体如下：

考虑坏产出时，对于第 k 组第 o 个（$k = 1, \ 2, \ \cdots, \ H; \ o = 1, \ 2, \ \cdots, \ N_k$）DMU$_{ko}$ 相对于所在群组前沿（Group frontier）的产出导向超效率可以通过求解以下规划得到：

$$\rho_{ko}^{Group *} = \min \frac{1}{1 - \frac{1}{R} \sum_{r=1}^{R} \frac{s_{rko}^y}{y_{rko}}}$$

$$s.t. \quad x_{mko} - \sum_{n=1, \neq o}^{N_k} \lambda_n^k x_{mkn} \geq 0$$

$$\sum_{n=1, \neq o}^{N_k} \lambda_n^k y_{rkn} - y_{rko} + s_{rko}^y \geq 0$$

$$b_{jko} - \sum_{n=1, \neq o}^{N_k} \lambda_n^k b_{jkn} = 0$$

$$1 - \frac{1}{R} \sum_{r=1}^{R} \frac{s_{rko}^y}{y_{rko}} \geq \varepsilon$$

$$\lambda_n^k,\ s_{rko}^y \geqslant 0;\ m = 1,\ 2,\ \cdots,\ M$$

$$r = 1,\ 2,\ \cdots,\ R;\ j = 1,\ 2,\ \cdots,\ J \tag{3-18}$$

考虑坏产出时，对于第 k 组第 o 个（$k = 1,\ 2,\ \cdots,\ H$；$o = 1,$ $2,\ \cdots,\ N_k$）DMU_{ko} 相对于所在共同前沿（Metafrontier）的产出导向超效率可以通过求解以下规划得到：

$$\rho_{ko}^{Meta*} = \min \frac{1}{1 - \dfrac{1}{R}\displaystyle\sum_{r=1}^{R} \dfrac{s_{rko}^y}{y_{rko}}}$$

$$s.\,t.\ x_{mko} - \sum_{h=1}^{H}\sum_{n=1,\ \neq o\ if\ h=k}^{N_k} \xi_n^h x_{mhn} \geqslant 0$$

$$\sum_{h=1}^{H}\sum_{n=1,\ \neq o\ if\ h=k}^{N_k} \xi_n^h y_{rhn} - y_{rko} + s_{rko}^y \geqslant 0$$

$$b_{jko} - \sum_{h=1}^{H}\sum_{n=1,\ \neq o\ if\ h=k}^{N_k} \xi_n^h b_{jhn} = 0$$

$$\xi_n^k,\ s_{rko}^y \geqslant 0;\ m = 1,\ 2,\ \cdots,\ M$$

$$r = 1,\ 2,\ \cdots,\ R;\ j = 1,\ 2,\ \cdots,\ J \tag{3-19}$$

通过式（3-18）、式（3-19）求解得到的 ρ_{ko}^{Group*} 为群组前沿下的经济效率，ρ_{ko}^{Meta*} 为共同前沿下的经济效率。

三　环境效率的测度

全要素生产率视角下，环境效率是指各类资源投入和经济产出等其他因素既定时，一个决策单元在生产中最小化产出（排放）环境污染物的相对效率，反映其以最小环境成本获得既定经济产出的相对潜力或者能力（与其他决策单元相比较）。为体现"其他因素相同"这一要求，需要采用产出导向模型、固定住好产出（如 GDP）且目标函数不包括好产出。为了识别前沿面的决策单元并确保跨期可比，需要采用超效率模型。而且，为了考虑非径向变化，需要采用 SBM 模型。而为了考虑异质性因素，需要引入共同前沿技术。综合而言，本书提出一个产出导向的共同前沿超效率 SBM 模型来测度全要素视角下的环境效率。具体如下：

考虑好产出时，对于第 k 组第 o 个（$k = 1,\ 2,\ \cdots,\ H$；$o = 1,$ $2,\ \cdots,\ N_k$）DMU_{ko} 相对于所在群组前沿（Group frontier）的产出导向超

效率可以通过求解以下规划得到：

$$\rho_{ko}^{Group*} = \min \cfrac{1}{1 - \cfrac{1}{J}\sum_{j=1}^{J}\cfrac{s_{jko}^{b}}{b_{jko}}}$$

$$s.t. \quad x_{mko} - \sum_{n=1,\neq o}^{N_k}\lambda_n^k x_{mkn} \geq 0$$

$$\sum_{n=1,\neq o}^{N_k}\lambda_n^k y_{rkn} - y_{rko} = 0$$

$$b_{jko} - \sum_{n=1,\neq o}^{N_k}\lambda_n^k b_{jkn} + s_{jko}^b \geq 0$$

$$1 - \frac{1}{J}\sum_{j=1}^{J}\frac{s_{jko}^b}{b_{jko}} \geq \varepsilon$$

$$\lambda_n^k, \ s_{jko}^b \geq 0; \ m = 1, \ 2, \ \cdots, \ M$$

$$r = 1, \ 2, \ \cdots, \ R; \ j = 1, \ 2, \ \cdots, \ J \qquad (3-20)$$

考虑好产出时，对于第 k 组第 o 个（$k=1, \ 2, \ \cdots, \ H; \ o=1,$ $2, \ \cdots, \ N_k$）DMU$_{ko}$ 相对于所在共同前沿（Metafrontier）的产出导向超效率可以通过求解以下规划得到：

$$\rho_{ko}^{Meta*} = \min \cfrac{1}{1 - \cfrac{1}{J}\sum_{j=1}^{J}\cfrac{s_{jko}^{b}}{b_{jko}}}$$

$$s.t. \quad x_{mko} - \sum_{h=1}^{H}\sum_{n=1,\neq o\ if\ h=k}^{N_k}\xi_n^h x_{mhn} \geq 0$$

$$\sum_{h=1}^{H}\sum_{n=1,\neq o\ if\ h=k}^{N_k}\xi_n^h y_{rhn} - y_{rko} = 0$$

$$b_{jko} - \sum_{h=1}^{H}\sum_{n=1,\neq o\ if\ h=k}^{N_k}\xi_n^h b_{jhn} + s_{jko}^b \geq 0$$

$$\xi_n^k, \ s_{jko}^b \geq 0; \ m = 1, \ 2, \ \cdots, \ M;$$

$$r = 1, \ 2, \ \cdots, \ R; \ j = 1, \ 2, \ \cdots, \ J \qquad (3-21)$$

通过式（3-20）、式（3-21）求解得到的 ρ_{ko}^{Group*} 为群组前沿下的环境效率，ρ_{ko}^{Meta*} 为共同前沿下的环境效率。

第四章　区域生态效率及其子效率的时空演变

从生态效率及其子效率层面分析中国区域绿色发展中的规律、特征和问题，可以进行全面、动态而深入的考察，从而发现深层次特征和问题。本章综合运用地理信息系统（GIS）和时空跃迁分析以及聚类分析等方法和工具，结合人均 GDP 等经济指标从静态比较和动态变迁等角度分别进行考察。

第一节　样本选取和投入产出变量

参考有关文献（Zhang，2008；陈诗一，2010）并根据数据可得性和完整性，本书以中国 30 个省（市、区）为样本，样本中暂不包括香港、澳门、台湾和西藏。观测期为 2001—2014 年。有关数据来源于历年《中国统计年鉴》、《中国环境年鉴》、《中国能源年鉴》、《中国区域经济统计年鉴》、《中国城市统计年鉴》和《新中国六十年统计资料汇编》以及各省（市、区）历年的统计年鉴等。

为全面和准确地测度生态效率，应尽可能考虑各种投入变量和产出变量。有关变量[①]说明如下。

（1）"好"产出（期望产出）。选用各个省（市、区）的实际地区生产总值，换算为 2000 年不变价。

（2）"坏"产出（非期望产出）。目前，人们主要考虑环境污染

[①]　后文测算生态效率时，如无特别说明均使用本节提及的投入产出变量。

物。环境污染物种类颇多，相互之间既有差异又存在较高程度的相关性，且存在较多奇异值。现有文献主要考虑了 SO_2 和 CO_2 这两类污染物（如 Li 和 Hu，2012），一些文献则尽可能考虑各种污染指标，采用熵权法（王恩旭等，2011）或因子法（陈傲，2008）构建环境指数，然后再将之纳入投入产出模型。本章根据数据可得性，选用了 6 个指标：CO_2 排放量[①]、SO_2 排放量、废水排放总量、废水中化学需氧量（COD）排放量、废水中氨氮排放量和烟（粉）尘排放量。为避免高相关性和奇异值的影响，利用熵权法构建环境污染指数（Enviroment index，EI），以之作为坏产出指标综合反映环境约束。其取值标准化到 0—100，越大（小）意味着污染物排放越多（少）。后文中，若无特别说明，测算效率中使用的坏产出为熵权法测算的 EI。

（3）资本投入。估算资本投入最常见方法是"永续盘存法"，简要说明如下：①当期投资指标选择。参考张军等（2004），本书选取固定资本形成总额 I_t 作为当年投资。②基期资本存量的测算。借鉴 Harberger（1978），用式（4-1）测算：

$$C_0 = \frac{I_0}{g + \delta} \qquad\qquad (4-1)$$

式（4-1）中，C_0 为基期资本存量，I_0 为基期固定资本形成总额，g 为固定资本形成总额平均增长速度，根据《中国国内生产总值核算历史资料》（1952—2004）和《中国统计年鉴》提供的固定资本形成总额发展速度数据测算，δ 为各省（市、区）的折旧率，采用吴延瑞（2008）的数据。③价格换算。采用固定资产投资价格指数进行投资平减，将有关数据换算为 2000 年价格。个别省份在个别年度缺失固定资产投资价格指数，用商品零售价格指数替代。由此，t 期的资本投入可表示为：

$$C_t = (1 - \delta)C_{t-1} + I_t = (1 - \delta)^n C_0 + \sum_{i=1}^{t} (1 - \delta)^{t-i} I_i \qquad (4-2)$$

（4）劳动投入。根据数据可得性，采用各省（市、区）历年从业人员数作为劳动投入指标。

[①] 2001—2011 年二氧化碳排放数据来自涂正革等（2013），2012—2014 年二氧化碳排放数据根据主要能源消耗量，利用 IPCC（2006）的方法估算得到，下同。

（5）土地投入。土地是一种重要的投入，但现有文献较少考虑。尽管各省（市、区）行政区划面积已固定，但实际利用面积和利用方式却在不断变化。根据数据可得性，本书采用各省（市、区）建成区面积作为土地投入指标（Huang et al.，2014）。

（6）水资源投入。选取用水总量为代理变量，该数据涵盖了农业、工业、生活和生态用水等信息。

（7）能源投入。采用各省市所有能源的消费量（换算为标准煤）指标。

第二节　生态效率的跨期变化与省域差异

Meta - US - SBM 模型不仅考虑了异质性技术，而且解决了跨期可比性和前沿面上的决策单元的区分等问题，相对更为全面和准确。故本章基于该模型测算的生态效率来计算其增长并观察 30 个省级行政区域的特征。采用 MaxDEA 6 软件测算效率，结果显示，CRS 和 VRS 下的效率值有较大差异（两者均值差为 0.1），VRS 下的效率值均不低于 CRS 下的效率值。Zheng 等（1998）指出，若两种技术假设得出的结果不相同，运用 VRS 下的结果更好。因此，本书在分析中均采用 VRS 的效率值。

一　生态效率的区域特征：基于截面观察

表 4 - 1 报告了 30 个省级行政区域生态效率 2010 年的得分。① 当年生态效率最高值出现在广东（1.0595），最低值出现在山西（0.3323）。生态效率排名前十位的是：广东、上海、江苏、青海、天津、北京、海南、福建、浙江、山东。而根据绿色发展指数②的测度结果，2010 年绿色发展水平排名前十位的是：北京、天津、广东、海

---

① 因仅采集到 2010 年绿色发展指数数据，为便于比较，此处仅报告分析 2010 年生态效率情况。

② 北京师范大学科学发展观与经济可持续发展研究基地等：《2012 中国绿色发展指数报告》，北京师范大学出版社 2012 年版。

南、浙江、青海、云南、福建、上海、山东。本书测度结果与之相近，但也存在一些差异。例如，根据绿色发展指数，北京、天津排名分别为第 1 位和第 2 位；而根据生态效率，其排名分别为第 6 位和第 5 位。另外，2010 年人均 GDP 省域排名前十位的是：上海、北京、天津、江苏、浙江、内蒙古、广东、辽宁、山东、福建。内蒙古是一个典型例子，单从人均 GDP 来看，其排名第 6 位，但考虑经济发展的资源和环境代价时，其生态效率排名为第 22 位。与之相反，海南和青海的情况是：人均 GDP 排名分别位于第 23 位和第 22 位；而生态效率排名均居于前十名，分别为第 7 位和第 4 位；根据绿色发展指数，两者排名仍然居前，分别为第 4 位和第 6 位。可见较之人均 GDP 指标，基于生态效率的研究可以得出更全面和准确的区域发展绩效评价结果。根据生态效率，山西、贵州、新疆、云南、甘肃和宁夏等省（市、区）排名靠后，后十位省（市、区）生态效率均值为 0.3783，远远低于前十位省（市、区）生态效率均值（0.9261），说明山西等省（市、区）在绿色发展和生态文明建设等方面远远落后，但也说明这些省（市、区）有巨大的效率提升空间。

表 4-1　区域生态效率、绿色发展指数及其增长（以 2010 年为例）

省（市、区）	2010 年截面值						2010 年较上年增长			
	人均 GDP	排名	生态效率	排名	绿色发展指数	排名	人均 GDP	排名	生态效率	排名
北京	7.3856	2	1.0113	6	0.6550	1	0.0240	30	0.0583	7
天津	7.2994	3	1.0200	5	0.2150	2	0.1170	20	0.0186	18
河北	2.8668	12	0.4217	19	-0.0040	17	0.1060	25	0.0659	5
山西	2.6283	18	0.3323	30	-0.2080	29	0.1120	24	-0.0205	27
内蒙古	4.7347	6	0.4018	22	0.0750	11	0.1440	9	-0.0032	24
辽宁	4.2355	8	0.5216	12	-0.1260	23	0.1340	12	0.0185	19
吉林	3.1599	11	0.4279	18	-0.1060	20	0.1480	5	0.0258	15
黑龙江	2.7076	16	0.6141	11	-0.0240	16	0.1260	17	0.0486	9
上海	7.6074	1	1.0514	2	0.0950	9	0.0640	29	0.0441	10

续表

省（市、区）	2010 年截面值							2010 年较上年增长			
	人均 GDP	排名	生态效率	排名	绿色发展指数	排名		人均 GDP	排名	生态效率	排名
江苏	5.2840	4	1.0483	3	0.0620	12		0.1200	19	0.5034	1
浙江	5.1711	5	0.6336	9	0.1600	5		0.0950	26	0.0971	3
安徽	2.0888	26	0.4775	14	0.1220	22		0.1880	1	0.0279	14
福建	4.0025	10	0.7814	8	0.1000	8		0.1320	13	-0.2254	30
江西	2.1253	24	0.4712	15	-0.0620	18		0.1320	13	0.0017	21
山东	4.1106	9	0.6245	10	0.0860	10		0.1130	23	0.0763	4
河南	2.4446	21	0.4104	20	-0.2720	30		0.1270	16	0.0517	8
湖北	2.7906	13	0.4347	17	-0.1730	24		0.1470	6	0.0281	13
湖南	2.4719	20	0.4849	13	-0.1880	27		0.1290	15	0.0183	20
广东	4.4736	7	1.0595	1	0.1750	3		0.0950	26	0.0595	6
广西	2.0219	27	0.3963	24	-0.1790	26		0.1390	11	-0.0277	28
海南	2.3831	23	1.0000	7	0.1710	4		0.1500	4	0.4303	2
重庆	2.7596	14	0.4063	21	-0.1010	19		0.1710	2	0.0308	11
四川	2.1182	25	0.4504	16	-0.1150	21		0.1570	3	0.0283	12
贵州	1.3119	30	0.3340	29	0.0410	13		0.1470	6	0.0201	17
云南	1.5752	29	0.3838	27	0.1090	7		0.1160	21	-0.0147	26
陕西	2.7133	15	0.4017	23	0.0300	14		0.1440	9	0.0003	22
甘肃	1.6113	28	0.3865	26	-0.1760	25		0.1160	21	-0.0086	25
青海	2.4115	22	1.0305	4	0.1210	6		0.1450	8	0.0251	16
宁夏	2.6860	17	0.3946	25	-0.2000	28		0.1210	18	-0.0386	29
新疆	2.5034	19	0.3453	28	-0.0020	15		0.0930	28	-0.0010	23

注：人均 GDP 单位为万元，当年价；绿色发展指数来自《中国绿色发展指数报告（2012）》，第7—8页，基于2010年均值和标准差进行无量纲处理，跟上一年的指数不可比，故未披露其增长率。

从增长角度看，2010 年人均 GDP 增长率排名靠前的是：安徽、重庆、四川、海南、吉林、湖北、贵州、青海、内蒙古和陕西，其均值超过15%。但根据生态效率的增长率，这些省（市、区）仅海南位居前十位，其均值仅6.13%。说明这些区域更侧重于经济增长。反之,生态效率增长相对较快的江苏、海南、浙江、山东、河北、广东和北京等省(市)(均值为 14.35%),人均 GDP 增长相对较慢(均值为 9.34%),说明这些区域相对更重视资源、环境和经济的均衡发展。

二 区域生态效率的跨期变化

表 4 - 2 给出了 30 个省级行政区域在 2001—2014 年的生态效率统计性描述结果。图 4 - 1 至图 4 - 4 分别给出了 2001 年、2005 年、2010 年和 2014 年三个横截面的生态效率空间分布①情况,分别反映了"十一五"和"十二五"期间几个典型年份的情况。图 4 - 5 给出了各年度截面的效率均值变化情况。

表 4 - 2　　　　　　　　　　生态效率的描述性统计

时期	观测点	均值	标准差	最小值	最大值
2001—2014 年	420	0.528	0.205	0.312	1.195
2001 年	30	0.548	0.248	0.321	1.061
2005 年	30	0.503	0.205	0.294	1.001
2014 年	30	0.598	0.273	0.252	1.066

综合可知:

(1)14 年间全国的生态效率平均水平先下降后上升,2014 年的效率水平高于观察期初(2001 年),2005 年为相对低位。尽管受 2008 年美国金融危机影响,中国经济增长放缓,生态效率总体上仍保持上升态势,说明中国总体上正在向绿色发展转变。生态效率最高值和效率最低值均出现在 2014 年,效率最高值为山东(1.066),最低值为新疆(0.252)。

(2)生态效率较高的省(市、区)主要在东部沿海地区,中西部地区的效率值明显较低,出现了"两极分化"现象。具体地(见图 4 - 5 和表 4 - 1),东部地区一直保持在较高的生态效率水平,2005 年为最低水平,之后快速上升并远远超过其他区域(效率值约为

---

① 本书利用 ARCGIS 软件绘制,西藏和中国台湾等地缺乏数据,在图中显示为空白区域(无数据),下同。

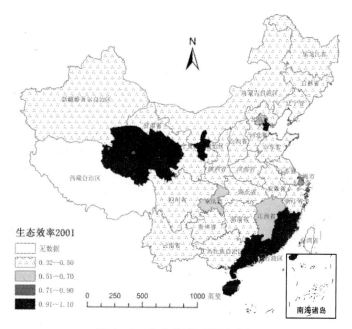

图 4-1 生态效率（2001 年）

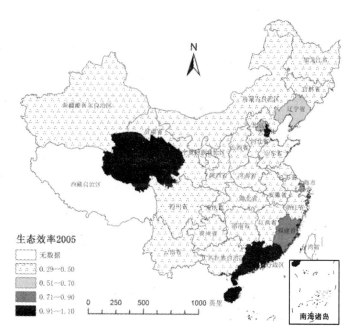

图 4-2 生态效率（2005 年）

中西部地区的 2 倍），也远远高于 2001 年水平和全国平均水平。其中，广东、海南、天津等省（市）的生态效率得分长期大于 1。其余三大区域的生态效率均低于全国平均水平。东北地区和中部地区在 2001 年的生态效率非常接近，但东北地区的生态效率保持了逐渐上升态势，而中部地区的生态效率则先降后升，且增长缓慢。西部地区的生态效率则由 2001 年的相对高位快速下降，2007 年探底后缓慢回升，但一直处于较低水平。因此从生态效率角度看，中国各区域的绿色发展程度从高到低可大致排序为：东部、东北、西部和中部地区，且近年来东部地区与其他区域的差距呈扩大趋势。

此外，尽管青海省的效率在大部分年份均大于 1，但其经济并不发达，广东省同样是大部分年份的效率均大于 1，但其人均 GDP 为青海的 1.85 倍。可见即使效率相近，经济发展水平却可能差异巨大。

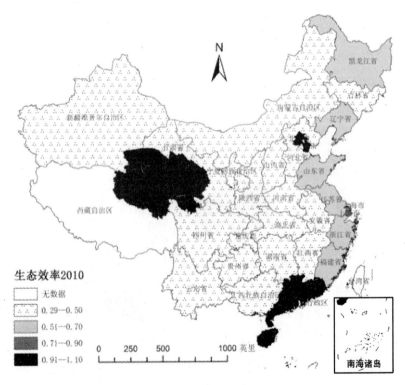

图 4 - 3　生态效率（2010 年）

图 4 - 4 生态效率（2014 年）

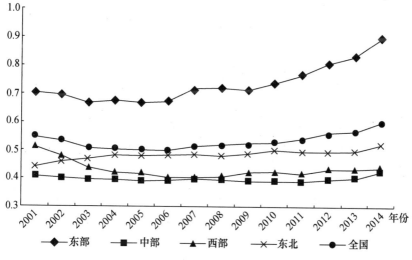

图 4 - 5 区域生态效率均值（2001—2014 年）

注：根据《中国区域经济统计年鉴》的划分方法将样本划分为四个区域。东部地区包括：北京、天津、河北、上海、江苏、浙江、福建、山东、广东、海南。中部地区包括：山西、安徽、江西、河南、湖北、湖南。西部地区包括：内蒙古、广西、重庆、四川、贵州、云南、陕西、甘肃、青海、宁夏、新疆。东北地区包括：辽宁、吉林、黑龙江。

三 区域生态效率及其增长的梯队分布

为从长期角度分析区域发展差异，将各省（市、区）2001年至2014年期间的生态效率和人均GDP分布情况用箱型图表示（见图4-6和图4-7）。为了更直观地体现区域差异，对数据进行了去均值处理，图中零值表示该区域数值与全国年度均值无差异，越高（低）则表明该区域高出（低于）全国平均水平越多。从生态效率来看（见图4-6）：

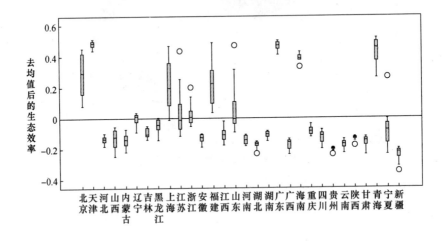

图4-6　生态效率

第一，样本区域可大致分为三大梯队。第一梯队有天津、广东、青海，其生态效率均值比全国平均水平高出0.4以上。第二梯队有北京、上海、福建和海南，其生态效率均值比全国平均水平高出0.2左右。其余为第三梯队，共23个省（市、区），其生态效率在大部分年度均低于当年全国平均水平。这不仅说明生态效率具有明显的区域差异，也暗示着中国大部分区域发展状态仍然偏于"黑色发展"。

第二，大部分区域的生态效率在不同年份间的变化不大。除北京、上海、福建和山东等省（市）外，绝大部分省（市、区）的箱型图较短，尤其是效率偏低的区域，基本上稳定处于零值水平线的下方。生态效率的跨期变化不大，暗示着可能存在路径依赖现象。后文将进一步分析。

从人均 GDP 观察，第一梯队为上海、北京和天津，其人均 GDP
比全国平均水平约高出 3 万元。第二梯队有内蒙古、辽宁、江苏、浙
江、福建、山东和广东，其人均 GDP 略高于全国平均水平。其余为
第三梯队，有 20 个省（市、区），其人均 GDP 基本上低于全国平均
水平。

与前面基于生态效率的区分结果对比可知，两者对各梯队的区分结
果差异较大，说明视角不同时评价结果有明显差异。值得指出的是，从
人均 GDP 角度看，青海的水平并不高，但其生态效率处于较高水平。而
内蒙古和辽宁的人均 GDP 相对高于全国平均水平，但其生态效率却低于
全国平均水平，说明其生态文明水平和绿色发展能力有待提升。另外，
无论是生态效率还是人均 GDP，有超过 70% 的样本区域均低于全国平均
水平，这说明中国大多数区域的生态文明水平偏低，区域发展严重不均
衡。结合近年来雾霾在全国大范围出现等严峻的环境污染现状，可以判
断大多数区域尚处于"灰色发展"甚至"黑色发展"阶段。在向绿色发
展转轨的背景下，保持经济增长、提升经济产出仍然是这些区域的主要
目标，但同时应充分考虑资源环境代价最小化。

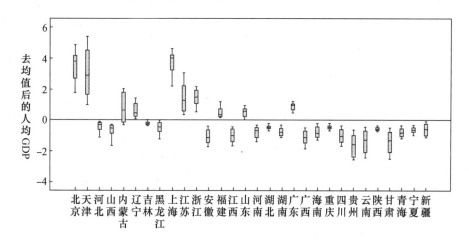

图 4 - 7　人均 GDP

注：换算为 2001 年不变价；单位为万元。

为观察生态效率的跨期增长，本书还绘制了 2001—2014 年生态
效率增长率和人均 GDP 增长率的箱型图。图 4 - 8 显示，各省（市、

区）的生态效率增长没有明显的梯队分布，而且大部分位于零值水平线附近，增长率一般低于10%，说明观察期内绝大多数样本区域的生态效率增长缓慢，印证了前面分析的路径依赖结论。而从人均GDP增长来看（见图4-9），大多数区域增长率在15%—20%，保持了两位数的增长。以上结果反映出一个重要特征：各区域更重视经济增长，而生态效率的增长即绿色发展能力的提升并未受到重视。

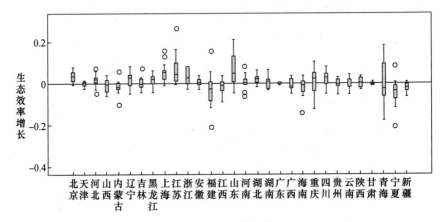

图 4 - 8　生态效率增长

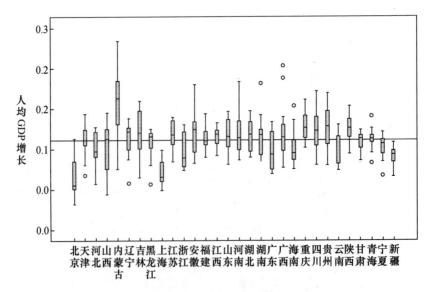

图 4 - 9　人均 GDP 增长

四 生态效率的空间集聚和时空跃迁

Moran's I 散点图（见图 4 – 10）反映了一个区域的生态效率与周边区域生态效率的加权值之间的关系。本章中采用空间邻接矩阵，即若两个省市 i 和 j 相邻则权重 $w_{ij} = 1$，反之则为 0。为进一步观察生态效率的空间分布，将时期 t 某区域生态效率的状态分为集聚和非集聚两大类（利用 GeoDa 软件进行测算识别）。前者可分为高值集聚（HH）和低值集聚（LL）。HH（LL）表示该区域生态效率相对较高（低）且其周边区域生态效率的加权值也较高（低），分别与 Moran's I 散点图中第 I 和 III 象限对应。类似地，非集聚也可细分为两种状态，分别与第 II 和 IV 象限对应，记为 LH 和 HL。Moran's I 散点图无法反映各省（市、区）的空间位置，为观察空间集聚情况，运用地理信息系统（GIS）工具绘制地图（见图 4 – 11 至图 4 – 14），以代替散点图来直观地观察生态效率集聚的时空特征。

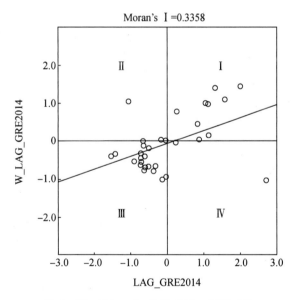

图 4 – 10 Moran's I 散点图（2014 年）

图 4 – 11、图 4 – 12、图 4 – 13 和图 4 – 14 直观地报告了 2001 年、2005 年、2010 年和 2014 年各区域生态效率的集聚状态。图 4 – 11 表

明，2001 年生态效率高值集聚的省（市、区）主要位于东南部，仅
有福建、江西、海南和北京 4 个省（市）；大部分省份处于低值集聚
状态，共有 16 个，占全部样本的 53%。图 4 - 12 表明，2005 年生态
效率的高值集聚的省（市、区）有 5 个，为北京、天津、浙江、海南
和福建；大部分省（市、区）仍处于低值集聚的状态，共 14 个，占全
部样本的 47%。图 4 - 13 表明，2010 年生态效率的高值集聚省（市、
区）主要位于东南部，与 2005 年相比新增了 3 个（上海、山东和江
苏）；低值集聚的省份有 16 个，占全部样本的 53%。而非集聚区域仅 6
个；高值集聚或低值集聚的省（市、区）占样本的 80%。由图 4 - 14
可知，2014 年生态效率的高值集聚区域仍在东部沿海地区，与 2010 年
基本相同，低值集聚的省（市、区）仍为 16 个，占样本的 53%；非集
聚区域仍为 6 个；高值集聚或低值集聚的省（市、区）占样本的 80%。

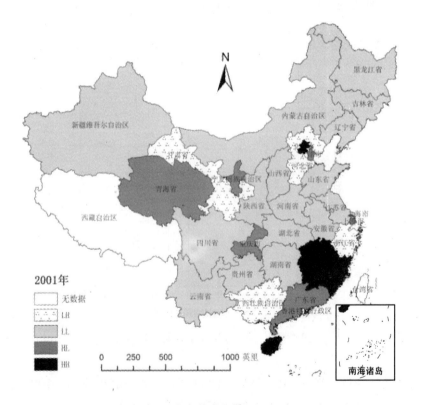

图 4 - 11　生态效率集聚（2001 年）

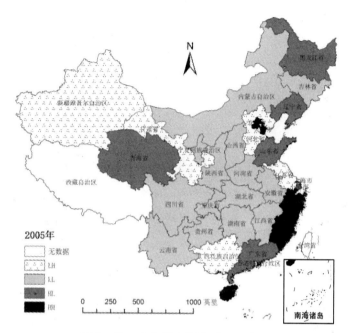

图 4 - 12　生态效率集聚 （2005 年）

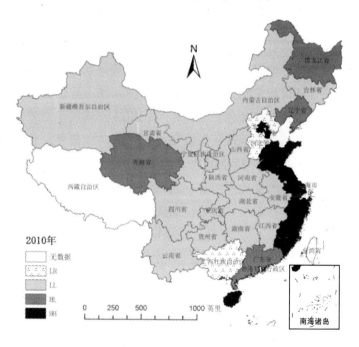

图 4 - 13　生态效率集聚 （2010 年）

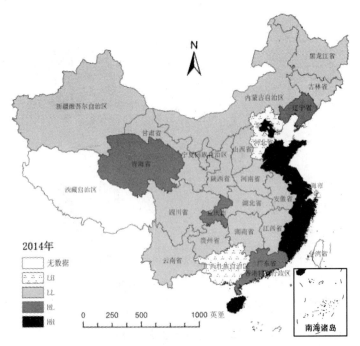

图 4 – 14　生态效率集聚（2014 年）

　　综合前述情况可得出两个结论：一是生态效率具有明显的集聚特征。大部分东部沿海省（市、区）处于高值集聚状态，而大多数中西部地区则处于低值集聚状态，东部和中西部区域出现明显分化；二是集聚状态具有较强的路径依赖性。2001—2014 年期间生态效率高值集聚的变化方向是从东南部地区沿着海岸线由南向北拓展，且高值集聚的省（市、区）均能保持该状态，而低值集聚的省（市、区）始终在中西部区域，期间变化不明显，这暗示着各省（市、区）的生态效率具有高度的空间稳定性，或者说集聚状态具有较强的路径依赖性。

表 4 – 3　　　2001—2014 年各省市生态效率的集聚状态变化

大类	小类别	类别说明	样本数	省（市、区）	备注
集聚与非集聚状态互换	A	HH/LL→HL/LH	1	辽宁	
	B	HL/LH→HH/LL	5	天津、上海、浙江	向 HH 跃迁
				甘肃、宁夏	向 LL 跃迁

续表

大类	小类别	类别说明	样本数	省（市、区）	备注
集聚象限变化	C	HH→LL	1	江西	
	D	LL→HH	2	江苏、山东	
保持原有状态	E	HH→HH	3	福建、海南、北京	
	F	LL→LL	13	山西、内蒙古、吉林、河南、湖北、湖南、四川、贵州、云南、陕西、新疆、安徽、黑龙江	21个省（市、区）均未改变原有集聚状态
	G	HL/LH→HL/LH	5	广西、重庆、青海、广东、河北	

下面更深入地观测各个省（市、区）生态效率的空间动态跃迁过程。Rey（2001）提出并利用时空跃迁测度法来观察地区收入分布的时空演化特征。借鉴并拓展其方法，本书将生态效率在空间上的动态跃迁分为三大类：第一类，集聚与非集聚状态互换，又可以细分为两类（见表4-3），集聚→非集聚、非集聚→集聚；第二类，集聚象限变化，即在第Ⅰ和Ⅲ象限内互换，又可细分为两类，高值集聚向低值集聚跃迁，或者相反；第三类，保持原有状态，又可进一步分为三类，保持高值集聚或低值集聚，或保持非集聚状态。根据前述分类统计了2001年和2014年两个截面各省（市、区）绿色效率的集聚状态变化情况（见表4-3）。观察可知：

（1）天津、上海、浙江实现了不集聚向高值集聚的跃迁，江苏和山东实现了低值集聚向高值集聚的跃迁，这些都是东部沿海省（市），而同时西部区域的甘肃和宁夏却由不集聚向低值集聚跃迁，这进一步体现了东部与西部地区的分化。

（2）福建、北京和海南始终保持了高值集聚态势，同时山西等13个省（市、区）保持了低值集聚态势，总体上来看有21个省（市、区）约70%未改变原来的状态，这也印证了生态效率的空间集聚具有路径依赖特性。

总体而言，各省（市、区）生态效率的空间分布及其跃迁具有四大特征：空间集聚状态十分明显，高值集聚区域沿着海岸线由南向北拓展，东部地区和中西部地区出现两极分化，空间集聚状态具有路径依赖特性。

第三节 经济效率、环境效率和 能源效率的时空特征

本节分别考察全要素经济效率、环境效率和能源效率的时空特征，以从子效率层面更深入了解区域发展的特征和规律。

一 经济效率的时空特征

经济效率反映了一个区域在既定资源和环境约束下最大化获得经济产出的能力或者潜力。利用第三章给出的经济效率测度模型，计算出2001—2014年样本省（市、区）的经济效率得分。下面从统计分布、均值变化以及时空变迁三个层面分析样本省（市、区）的经济效率分布特征。

利用STATA软件绘制了全部样本的核密度分布图（见图4-15）。从统计分布角度看，经济效率呈近似正态分布，样本均值和中位数很接近，峰值微右偏，大部分经济效率值介于0.8—1.0，中位数和均值接近0.9，说明经济效率整体水平较高，分布差异不大。

图4-16报告了2001—2014年全国、东部、中部和西部区域的经济效率年度均值情况。可以看出，14年间全国层面的经济效率整体呈现较高水平，2009年为相对低值（0.824），2014年经济效率仍维持较高水平（0.885）。尽管受2008年美国金融危机的影响，中国经济增长速度趋缓，经济效率总体水平仍较高，其中2014年有明显上升。

从区域层面看，东、中、西三大地区的经济效率基本呈现"东部高，中西部低"的梯状分布，东部地区的经济效率总体呈波动上升的趋势，中西部地区的效率明显较低，出现了"两极分化"现象，这与生态效率的情况类似。东部和中西部地区之间的环境效率差距不断扩

大，而中部和西部地区之间的环境效率均值非常接近，且在 2005 年
之后，中部地区的经济效率均值略高于西部地区。

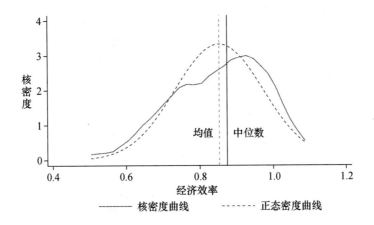

图 4-15 经济效率核密度分布

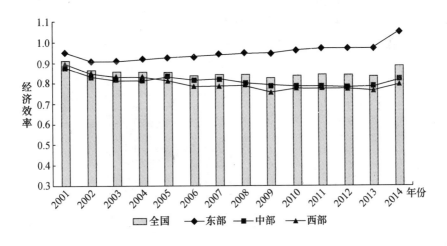

图 4-16 区域经济效率均值

利用 GIS 绘制的经济效率地图可以深入到三大区域内部观察具体
省（市、区）的经济效率空间分布特征及其空间变迁。图 4-17 和图
4-18 分别报告了两个年度（2001 年和 2014 年）的经济效率空间分
布情况。观察可知：

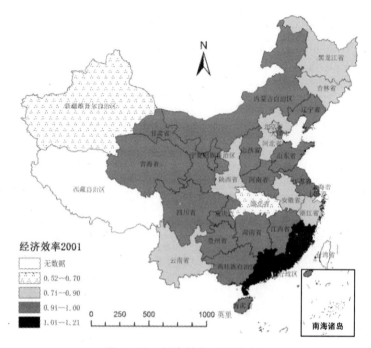

图 4 - 17　经济效率（2001 年）

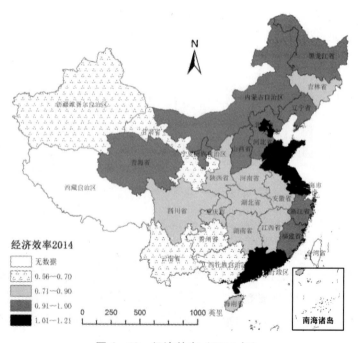

图 4 - 18　经济效率（2014 年）

（1）总体上，东南沿海的经济效率较高，而北方区域的经济效率次之，西部地区尤其是西南区域、中南区域等的区域经济效率相对最低。

（2）各区域内部有关省（市、区）的经济效率的分布有所差异。以2014年为例，东部地区中，广东、山东、天津、上海等地经济效率相对较高，而海南、辽宁等地经济效率相对较低。西部地区中，青海、内蒙古等地经济效率相对较高，而新疆、甘肃、云南、广西等地经济效率相对较低。中部区域中，山西等地经济效率相对较高，而江西、安徽等地经济效率相对较低。

（3）动态比较，青海、北京、广东、山东等地在观察期间（2001—2014年）保持了较高的经济效率且效率有明显提升，但中部区域、西南部区域的经济效率不仅相对较低，而且呈下降态势。其中，新疆、云南、广西和贵州等地经济效率相对最低，与2001年相比，2014年这些省（市、区）的经济效率未有明显改善。

与前面一节有关发现比较可知，经济效率的空间分布特征与生态效率的空间分布有一些共同之处，例如东部沿海区域尤其是南部区域的经济效率和生态效率较高，青海的生态效率和经济效率均较高，中西部区域经济效率相对较低。但是也存在一些区别，例如，北方的内蒙古、山西、河北等具有相对较高经济效率，但其生态效率均较低。这些发现暗示着各个省（市、区）在经济和环境的均衡发展方面各有其侧重点，有必要深入分析其发展模式。本章第三节将对此进行探讨。

二　环境效率的时空特征

环境效率反映了一个区域在既定资源约束下，以最小环境代价获得经济产出的能力或者潜力，侧重于反映一个区域的环境保护绩效。利用第三章给出的环境效率测度模型，计算出2001—2014年样本省（市、区）的环境效率得分。与经济效率的分析类似，下面从统计分布、均值变化以及时空变迁三个层面分析样本的环境效率的分布特征。

利用STATA软件绘制了全部样本的核密度分布图（见图4-19）。从统计分布角度看，大部分样本的环境效率介于0.55—0.65，均值低于0.7，说明环境效率的整体水平较低，这不同于经济效率的分布特征（整体水平较高，均值超过0.8）。值得注意的是，环境效率核密度图环境效率呈偏态分布，峰值严重左偏，右边具有长厚尾，0.9—1.0间出现一个小高峰，说明一些省（市、区）的环境效率值很高，受这些极端值的影响，样本均值和中位数差异较大，环境效率的均值远大于中位数。核密度分布图表明各个省市的环境效率存在巨大差异，与经济效率的近似正态分布特征形成鲜明对比。

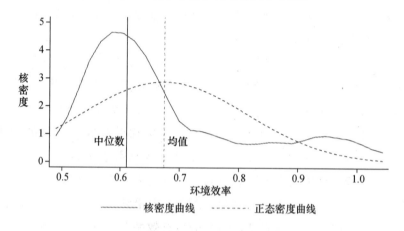

图4-19　环境效率核密度分布

图4-20报告了2001—2014年全国、东部、中部和西部区域的环境效率年度均值情况。可以看出，全国层面的环境效率均值在大多数年度低于0.7，2004—2005年相对较低，2006年以来保持了逐渐上升态势，2008年之后美国金融危机、欧洲债务危机等因素对环境效率的影响不明显。

从区域层面看，与经济效率的均值类似，东、中、西三大地区的环境效率均值也呈现"东部高，中西部低"的梯状分布，东部地区的环境效率总体呈波动上升的趋势，且上升速度相对较快，但中西部地区的环境效率明显较低。东部和中西部地区之间的效率差距不断扩大，呈现了环境效率的"两极分化"现象，而中部和西部地区之间的经济效率均值非常接近且差距有缩小态势，这与经济效率和生态效率的情况类似。

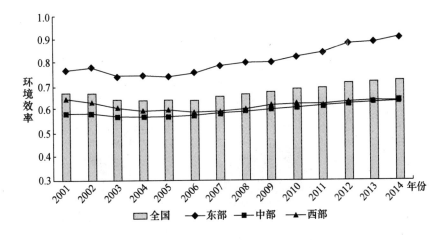

图 4 - 20　区域环境效率均值

利用 GIS 绘制的环境效率地图可以深入三大区域内部观察具体省（市、区）的效率空间分布特征及其空间变迁。图 4 - 21 和图 4 - 22 分别报告了两个年度（2001 年和 2014 年）的环境效率空间分布情况。综合观察可知：

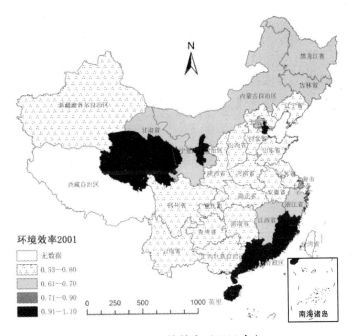

图 4 - 21　环境效率（2001 年）

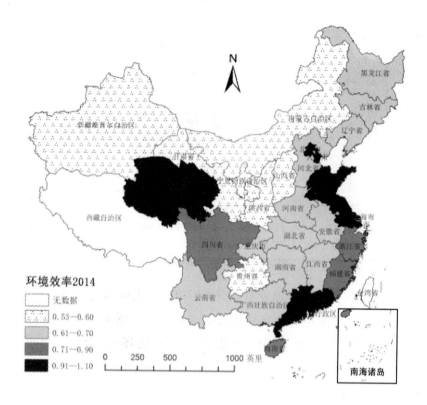

图 4 - 22　环境效率（2014 年）

（1）总体上，东南沿海的环境效率较高，而中部区域的环境效率次之，西部地区尤其是西北区域的环境效率相对最低。其中，山东、福建、北京、江苏和上海五省（市）介于 0.7—0.9，海南、广东和天津三省（市）均高于 0.9。特别是青海的环境效率超过 0.9，联系前文（其经济效率也较高），可以得出存在区域效率的"青海高原"现象的结论。

（2）各区域内部有关省（市、区）环境效率的分布有明显差异。以 2014 年为例，东部地区中，广东、山东、天津、上海等地环境效率相对较高，而福建、浙江和辽宁等地环境效率次之。西部地区中，青海、四川等地环境效率相对较高，而新疆、甘肃、内蒙古和贵州等地环境效率相对较低。中部地区中，山西的环境效率相对偏低，其余省（市、区）环境效率差异不大。

（3）动态比较，青海、天津、广东等地在观察期间（2001—2014年）保持了较高的环境效率且效率有所提升，中部区域的环境效率普遍有所提升，但是西部区域的环境效率不仅相对较低，而且呈下降态势，尤其是甘肃、宁夏和内蒙古等省（区），与2001年相比，这些省（市、区）2014年的环境效率不但没有明显改善，反而明显降低。

与前面一节有关发现比较可知，环境效率的空间分布特征与生态效率、经济效率的空间分布有一些共同之处，例如东部沿海区域尤其是南部区域的环境效率、经济效率和生态效率均较高，中西部区域环境效率相对较低。但也存在一些明显区别，尤其是与经济效率比较。例如，北方的内蒙古、山西和宁夏等具有相对较高的经济效率，但其环境效率却较低。这些发现进一步印证了前文结论：各省（市、区）在经济和环境的均衡发展方面各有其侧重点，有必要深入分析其发展模式。

三　能源效率的时空特征

能源效率反映了一个区域在既定环境代价和经济产出约束下，最大化利用能源的能力或者潜力，侧重于从资源利用效率反映区域发展水平。利用第三章给出的能源效率测度模型，计算出2001—2014年样本省（市、区）的能源效率得分。与经济效率和环境效率的分析类似，下面从统计分布、均值变化以及时空变迁三个层面分析样本省（市、区）的能源效率的分布特征。

利用STATA软件绘制了全部样本的核密度分布图（见图4-23）。从统计分布角度看，大部分样本的能源效率介于0.3—0.7，均值低于0.6，说明能源效率的整体水平较低，这不同于经济效率的分布特征（整体水平较高）。从形态上来看，能源效率核密度图也是偏态分布，峰值左偏，但整体形态不像环境效率的核密度图那样严重左偏，右边具有厚尾，均值略大于中位数。总体而言，核密度分布图表明各省（市、区）的能源效率存在明显差异，但其分布特征既不同于环境效率，也不同于经济效率。

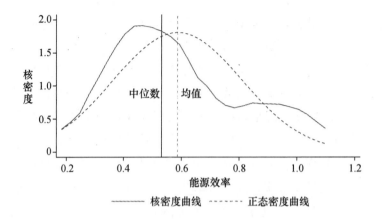

图 4 - 23　能源效率核密度分布

　　图 4 - 24 报告了2001—2014 年全国、东部、中部和西部区域的能源效率年度均值情况。可以看出，14 年间全国层面的能源效率呈现出"U"形变化特征，即先下降后上升，在大多数年度低于 0.7，2006 年相对较低，2007 年以来逐渐上升，近几年更是明显上升，2008 年之后美国金融危机、欧洲债务危机等重要外部因素对能源效率的影响并不明显。

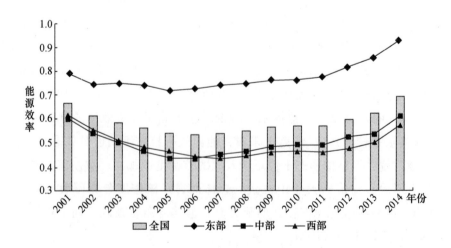

图 4 - 24　区域能源效率均值

从区域层面看，与经济效率的均值类似，东中西三大地区的能源效率均值也呈现"东部高，中西部低"的梯状分布，东部地区的能源效率总体呈波动上升的趋势，且上升速度相对较快，但中西部地区的能源效率明显较低，中部区域略高于西部区域。但不同于其他效率，各个区域的能源效率近年来均呈现快速上升态势。不过，东部和中西部地区之间的能源效率差距未见缩小，表明能源效率仍然存在"两极分化"现象。

利用 GIS 绘制的能源效率地图可以深入到三大区域内部观察具体省（市、区）的效率空间分布特征及其空间变迁。图 4－25 和图 4－26 分别报告了两个年度（2001 年和 2014 年）的能源效率空间分布情况。综合观察可知：

（1）总体上看，东南沿海的能源效率较高，而中部区域的能源效率次之，西部地区尤其是西北区域的能源效率相对最低。青海的能源效率也超过 0.9，印证了前文存在区域效率的"青海高原"现象的结论。

（2）各区域内部有关省（市、区）的能源效率的分布有明显差异。以 2014 年为例，东部地区中，天津、广东、山东、海南等地能源效率相对较高，而福建、浙江和辽宁等地次之。天津（1.008）和广东（0.995）名列前两位，河北（0.325）和辽宁（0.457）位列后两位。西部地区中，青海、重庆等地能源效率相对较高，而新疆、宁夏、内蒙古和贵州等相对较低。中部区域中，山西的能源效率相对偏低，其余省份差异不大。

（3）动态比较，青海、天津、广东和海南等地在观察期间（2001—2014 年）保持了较高的能源效率且效率有所提升，中部区域的能源效率出现分化，湖南等省份有所较低，而江西等省份有所提升。西部区域的能源效率相对较低，而且有不少省份呈下降态势。尤其是甘肃、宁夏和内蒙古等省（区），与 2001 年相比，这些省（市、区）2014 年的能源效率不但没有明显改善，反而降低了。

对比前面基于生态效率、经济效率的观察结果可以发现，能源效率的空间分布特征与生态效率、经济效率的空间分布有一些共同之处。

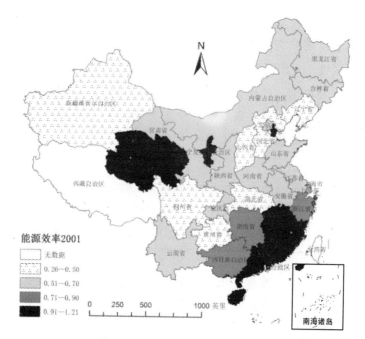

图 4-25　能源效率（2001 年）

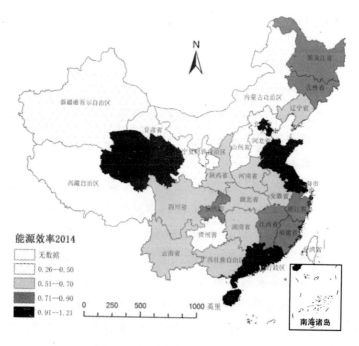

图 4-26　能源效率（2014 年）

例如，东部沿海区域尤其是南部区域的能源效率、经济效率和生态效率均较高，青海的生态效率及其子效率均较高，但中西部区域的能源效率相对较低。但是也存在一些明显区别，尤其是与经济效率比较。例如，北方的内蒙古、山西和宁夏等具有相对较高经济效率，其能源效率却较低，这些区域大多属于能源较丰富的省（区），但其能源效率却相对较低。

第四节　效率视角下的区域发展：模式识别与时空跃迁

前文观察了生态效率及其子效率的时空变化情况，但并未综合多个效率的信息进行分析，也未回答效率背后隐含的区域发展模式及其时空变迁特征。下面进一步从发展模式角度进行考察，先从生态效率及其子效率视角综合地识别区域发展模式，然后将生态效率与经济增长结合起来，从更综合的视角动态观察各区域的发展模式。

一　效率视角下区域发展模式：识别与比较

（一）发展模式的识别方法

在区域发展中，一些区域可能采取均衡发展策略，即环境保护、经济增长和资源利用等各方面较为协调均衡发展，但另外一些区域则可能采取非均衡发展策略，例如，经济增长优先而忽视其他方面，或者环境保护优先而忽视其他方面，或者注重资源充分利用而忽视其他方面。由此形成不同的区域发展模式。基于生态效率和环境效率、经济效率、能源效率这几个方面的效率，可以对前述发展模式进行识别和刻画。

如前文所述，生态效率是更具有综合性的效率概念，反映了环境、经济和资源等系统之间的总体协调程度，而环境效率则重点反映了环境系统与其他系统的协调程度，也反映了一个区域对环境保护的重视程度。环境效率高而其他子效率低，说明一个区域采取了环境保护优先的发展模式。类似地，经济效率（能源效率）高而其他子效率低，说明一个区域采取了经济增长（能源利用）优先的发展模式。因此，至少可以识别以下几种典型的区域发展模式：

第一，高效率均衡发展。即一个区域的生态效率、环境效率、经济效率以及能源效率均处于很高水平，在所有样本的效率排名中均居于前列。

第二，低效率均衡发展。即一个区域的生态效率、环境效率、经济效率以及能源效率均处于低水平，在所有样本的效率排名中均靠后。

第三，环境保护优先型。即一个区域的环境效率排名靠前，但其他方面的效率排名相对靠后。

第四，经济增长优先型。即一个区域的经济效率排名靠前，但其他方面的效率排名相对靠后。

第五，能源利用优先型。即一个区域的能源效率排名靠前，但其他方面的效率排名相对靠后。

第六，其他类型。一些区域可能没有明显的发展模式特征，或者说介于均衡性与非均衡模式之间，有可能在中等效率水平上较为均衡地发展。

本书采用统计方法中经典的 K – means 聚类方法进行模式识别。该方法因具有简洁、直观和快速、高效等优点，应用十分广泛，其基本原理是：以空间中若干个点为中心进行聚类，对最靠近这些中心点的对象进行归类，通过迭代的方法，逐次更新各聚类中心的值，直至得到最好的聚类结果。该方法的数学过程可以简要说明如下（王千等，2012）。

假设有 N 个样本需要分为 $K(K \leq N)$ 类（cluster），设分类后的组合 $S = \{S_1, S_2, \cdots, S_k\}$。K – means 通过最小化 J 来逐步实现聚类：

$$J = \sum_{n=1}^{N} \sum_{k=1}^{K} r_{nk} \| x_n - \mu_k \|^2$$

式中，x_n 表示用于分类的指标，μ_k 表示分类 S_n 的平均值，r_{nk} 在样本 n 被归类到 cluster K 的时候为 1，否则为 0。因为直接寻找 r_{nk} 和 μ_k 来最小化 J 较为困难，因此采取迭代的办法：先固定 μ_k，选择最优

的 r_{nk}。通过将样本归类到离其最近的中心点就能保证 J 最小。下一步
则固定 r_{nk}，再求最优的 μ_k。因为每次迭代都取到 J 的最小值，因此 J
会不断地减小（或者不变），而不会增加，由此保证 K – means 最终会
到达一个极小值，以获得识别结果。

具体而言，本书基于 STATA 程序，按照以下步骤进行聚类以获得
稳健可信的模式识别结果：

一是计算某个时期内各区域的生态效率均值、环境效率均值、经
济效率均值以及能源效率均值。因为通过跨期均值来进行观察可以避
免因单个年度效率值异常带来的误差。

二是从低到高，分别对生态效率均值、环境效率均值、经济效率
均值以及能源效率均值进行样本排序。排序值越高意味着样本的效率
越高。

三是根据排序值，结合各类发展模式的特征，设定条件筛选初始
中心点。拟将样本识别为 6 类，为每类样本设定 1—3 个初始中心点。

四是利用 STATA 程序 cluster kmeans 命令，以前述初始中心点作
为基础，以 4 类效率的排序值为指标，进行模式识别。

（二）发展模式的统计比较

从生态效率及其子效率视角综合地识别区域发展模式，六类发展
模式的样本分布省份（观察周期为 2001—2014 年）、效率排序的秩均
值等情况如表 4 – 4 所示。统计发现，北京、天津、上海、福建、广
东、海南、青海 7 个省（市）四类子效率的秩均值都不低于 25，属
于高效均衡发展型；湖北、贵州、云南、甘肃、新疆 5 个省（区）属
于低效均衡发展型，其四类子效率的秩均值都低于 6；辽宁、黑龙江、
江苏、浙江、山东、宁夏 6 个省（区）环境效率和生态效率的秩均值
为 19，高于其他两类子效率，属于环境优先发展型；河北、山西、内
蒙古 3 个省（区）属于经济优先发展型，其经济效率的秩均值明显高
于其他子效率的秩均值；河南、广西、陕西 3 个省（区）能源效率的
秩均值高于其他子效率秩均值，属于能源优先发展型；吉林、安徽、
江西、湖南、重庆、四川 6 个省（市）的子效率秩均值基本持平，属
于其他发展类型。

表 4 - 4　　　　　　　　　效率视角下区域发展模式的分布

类型 秩均值	生态 效率	环境 效率	经济 效率	能源 效率	省（市、区）
高效均衡	26	26	25	25	北京、天津、上海、福建、广东、海南、青海（共7个）
环境优先	19	19	18.50	15	辽宁、黑龙江、江苏、浙江、山东、宁夏（共6个）
经济优先	11.50	7.750	20.50	3.750	河北、山西、内蒙古（共3个）
能源优先	11.30	11.70	9.200	14.90	河南、广西、陕西（共3个）
低效均衡	3.250	6	3.750	5.500	湖北、贵州、云南、甘肃、新疆（共5个）
其他类型	24.33	24.33	21.33	24.67	吉林、安徽、江西、湖南、重庆、四川（共6个）

（三）发展模式的空间分布及其跃迁

从地图中观察区域发展模式（见图 4 - 27），可以发现全国各省（市、区）的发展模式从东到西大致有以下排序特征："高效均衡—环境优先—其他—经济优先—能源优先—低效均衡。"除青海外，高效率均衡发展型的省（市、区）基本位于广东、海南等东南沿海地区，这些区域的经济效率、能源效率和环境效率普遍较高；而低效率均衡发展型的省（市、区）大多数位于中西部的新疆、甘肃等地区，这些地区的经济效率、能源效率和环境效率普遍偏低；环境优先型的省（市、区）基本位于东北部地区和江浙一带；经济优先发展型省份则处于华北地区；能源优先发展型省（市、区）大多位于中部地区。

进一步观察区域发展模式的跨期变迁。以 2007 年为分界点，将 2001—2014 年分为两个阶段：阶段 1 为 2001—2007 年，阶段 2 为 2008—2014 年，后者为美国金融危机后阶段（如图 4 - 28、图 4 - 29 所示）。

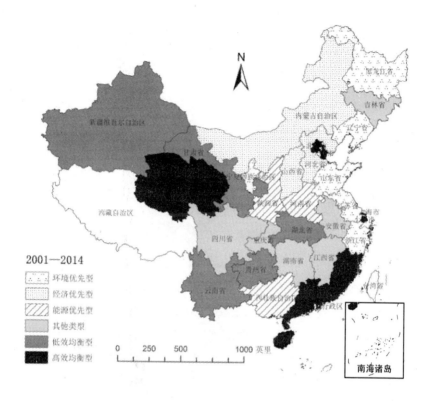

图 4 - 27　发展模式（2001—2014 年）

比较观察可知：

（1）阶段 1 属于高效率均衡发展型的省（市）共 6 个（北京、天津、上海、福建、广东和海南），阶段 2 则有 7 个（北京、天津、上海、广东、山东、江苏和海南），且基本位于东部沿海地区；阶段 1 属于低效率均衡发展型的省市共 8 个，而阶段 2 仅为 4 个。这些均反映了中国区域发展模式呈改善态势，逐渐转向均衡发展。

（2）阶段 1 属于能源优先发展型的仅安徽和江西 2 个省份，阶段 2 增加为 10 个，这些省份大多位于中西部地区，说明越来越多的省份注重能源效率的提高，这符合可持续发展的战略目标。

（3）阶段 1 经济优先发展型省份为内蒙古、山西和河北 3 个省（区），阶段 2 不变；阶段 1 环境优先发展型省份为 4 个（黑龙江、青海、江苏和浙江），阶段 2 为两个（黑龙江和辽宁）；两个阶段中经济优先发展型省份以及环境优先发展型省份数量和区位变化不大。

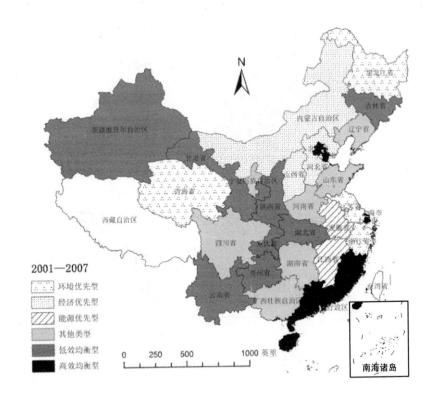

图 4 - 28　阶段发展模式（2001—2007 年）

二　生态效率与经济增长下区域发展模式及其时空跃迁

　　绿色发展并不否定经济增长；相反，绿色发展需要结合经济增长来逐步分阶段实现。生态效率从投入产出效率角度反映了一个区域的绿色发展能力，但未能直观反映经济增长速度，而后者在长期中仍是各区域关注的重点目标之一。前面观察了期初和期末两个时点生态效率及其子效率的时空变迁特征，下面进一步把经济增速考虑进来对各阶段区域发展的模式和跃迁进行综合观察，以得出更丰富而稳健的结论。同样，以 2007 年为分界点，将 2001—2014 年分为两个阶段，阶段 1 为 2001—2007 年，阶段 2 为 2008—2014 年。借鉴时空跃迁测度法（Rey，2001），以生态效率和 GDP 增长率（gGDP）为同一坐标系的纵坐标和横坐标，可以对各省市在各阶段的发展模式及其变迁进行识别和观察（见图4－30和图4－31）。以各阶段的效率均值或gGDP均值为标准，可以区分为四类发展模式：高效率高增长、高效率低增长、低效率低增长、低效率高增长，分别对应于图中Ⅰ、Ⅱ、Ⅲ和Ⅳ四个区域。

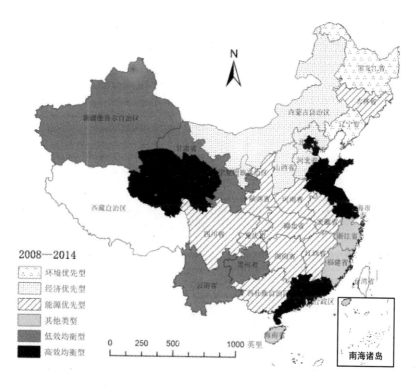

图4－29 阶段发展模式（2008—2014年）

比较观察可知：

（1）平均而言，虽然gGDP小幅下降，但整体水平仍维持在较高水平，效率均值小幅提升。阶段2的gGDP和效率均值分别为14.65%和0.546，而阶段1的gGDP和效率的均值分别为11.21%和0.514，这反映了中国各区域在保持经济高速发展的同时，在生态效率方面也均取得了小幅提升。

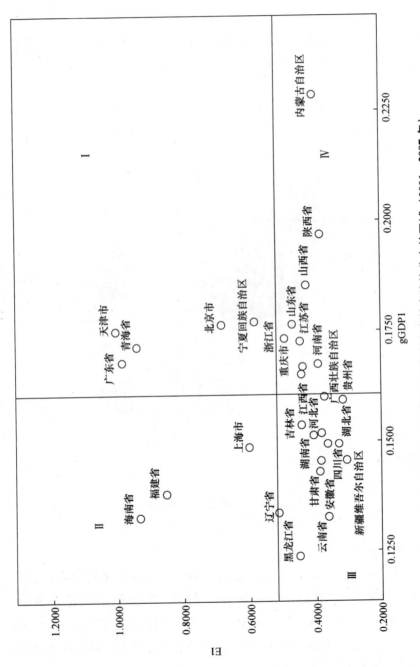

图4-30 各省（市、区）GDP增长和生态效率均值分布的区域（2001—2007年）

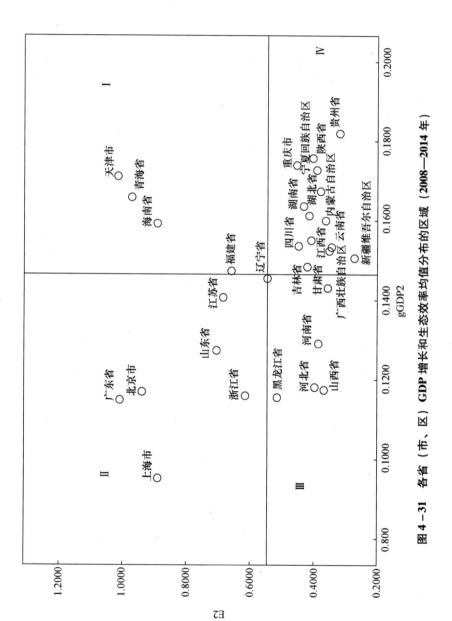

图 4-31 各省（市、区）GDP 增长和生态效率均值分布的区域（2008—2014 年）

（2）相对而言，以各阶段的效率均值或 GDP 增长率均值为标准，阶段 1 属于低效率低增长模式的有 13 个省（区），而阶段 2 仅有 5 个省（市）；阶段 1 属于高效率低增长的有 3 个，而阶段 2 有 7 个。这些均反映了中国各区域绿色发展处于平稳发展水平。

（3）阶段 1 属于高效率高增长的有 5 个（北京、天津、宁夏、广东和青海），阶段 2 则有 4 个（天津、青海、海南和福建），仅天津和青海始终保持着高效率高增长，而北京等省（市）虽然仍然具有较高的 GDP 绝对增长速度，但其增速相对于其他省市则有所放缓。

从阶段 1 到阶段 2，某个省（市）可能会出现发展模式跃迁的现象。表 4 - 5 统计了两个阶段中各省（市）发展模式的分布情况。可知：

（1）有 10 个省（市）两个阶段均在同一发展模式区域，即保持着原来的发展模式，其中有 3 个一直在第Ⅲ区域，即属于低效率低增长模式，这些省市主要位于西北、西南等地区。

表 4 - 5　　两个阶段各省（市、区）在各区域的分布统计

| | 区　域 | 阶段 2（2008—2014 年） | | | | |
		Ⅰ	Ⅱ	Ⅲ	Ⅳ	合计
阶段 1（2001—2007 年）	Ⅰ	2	2	0	1	5
	Ⅱ	2	1	0	0	3
	Ⅲ	0	1	3	9	13
	Ⅳ	0	3	2	4	9
	合计	4	7	5	14	30

（2）阶段 1 有 5 个位于区域 Ⅰ 的省（市、区），其中有 2 个在阶段 2 跃迁到第Ⅱ区域，即从高效率高增长模式跃迁到了高效率低增长模式，这是因为这些省市的经济增速相对落后于同期全国平均水平，但值得注意的是，其平均增速仍然超过 10%。

（3）阶段 1 位于第Ⅲ区域的有 13 个，属于低效率低增长模式。这些省（市、区）中有 9 个在阶段 2 跃迁到第Ⅳ区域，这可归因于其

经济增速快于全国平均水平，1个跃迁到第Ⅱ区域，这可归因于其生态效率的提升。

表4-6　　　　两个阶段间生态效率和GDP增速的跃迁统计

生态效率 ＼ GDP增速	积极跃迁（Ⅱ, Ⅲ→Ⅰ, Ⅳ）	消极跃迁（Ⅰ, Ⅳ→Ⅱ, Ⅲ）	不跃迁	合计
积极跃迁（Ⅲ, Ⅳ→Ⅰ, Ⅱ）	0	3	1	4
消极跃迁（Ⅰ, Ⅱ→Ⅲ, Ⅳ）	0	0	1	1
不跃迁	11	4	10	25
合计	11	7	12	30

　　将某省（市、区）发展模式的类型因生态效率或GDP增速的提升（降低）而发生变化定义为积极（消极）跃迁，否则为不跃迁。表4-6进一步统计了各省（市、区）发展模式在两个阶段间的跃迁情况。可以发现：①既没有省（市、区）同时实现生态效率和GDP增速的积极跃迁，也没有省（市、区）同时实现生态效率和GDP增速的消极跃迁。②30个省（市、区）中，仅有4个实现了生态效率的积极跃迁，有11个省（市、区）实现了GDP增速的积极跃迁，有10个未实现任何跃迁，这暗示着生态效率或GDP增速的跃迁难度较大，发展模式具有路径依赖性。③有1个省发生了生态效率的消极跃迁，有7个省（市、区）发生了GDP增速的消极跃迁。

　　以上结果既说明各区域的发展模式呈现优化趋势，但也反映出一个重要特征：GDP增速的跃迁比生态效率的跃迁更常见，这可能是经济增速的提升相对更为容易，也可能是由于14年间大部分省（市、区）更侧重于促进GDP增长，而对生态效率的重视程度和提升力度有限。

第五章　REE 系统不协调的来源：基于无效率的分析[*]

资源、环境和经济的协调发展是可持续发展的核心思想之一，也是实现可持续发展的重要前提。近年来，资源耗竭、环境污染、经济粗放式增长等问题引起了人们对资源、环境和经济（Resources, Environment and Economy, REE）组成的复合系统协调发展的高度关注。以往研究主要集中于对这一复合系统的综合评价，其目的是衡量区域可持续发展状况。在已有文献分析的基础上，本章从无效率的角度出发，深入系统内部观察 REE 系统不协调的来源，进一步研究各子系统及其各要素协调发展的制衡关系。

第一节　文献回顾

现有文献主要从两方面进行研究：第一，REE 协调度的总体评价。例如利用不同的数据包络分析模型和中国省份数据，柯健和李超（2005）测度了相对效率以考察区域资源、环境和经济的协调水平，涂正革（2008）测度了环境技术效率以观察环境、资源与区域工业增长的协调性。还有一些文献从耦合视角来考察能源、经济和环境的协调发展，如薛冰等（2010）。第二，从某个侧面来研究。例如，基于资源、环境和经济等变量的全要素生产率和省份数据，赵楠等

---

[*] 本章部分内容曾发表于《中国工业经济》2014 年第 7 期，本书采用新的效率测度方法，数据更新至 2014 年。

（2013）测度了能源利用效率以分析技术进步的影响，王兵等
（2010）测度了环境效率以考察其增长和影响因素，杨龙和胡晓珍
（2010）测度了绿色经济效率以分析其区域增长差异的收敛性。已有
研究取得了丰硕成果，但仍存在一些不足。例如，大多数文献将区域
REE 视为一个生产系统，测度和比较协调度后即视之为因变量，从技
术进步、产权结构和外商直接投资等角度进行影响因素分析，而没有
深入到系统内部去考察不协调的来源。少数文献涉及了不协调来源问
题，如环境无效率来源的分解（王兵等，2010）。然而，这类文献侧
重于从环境或者能源视角分析，难以给出全面的观察结果，仍未揭示
出各区域 REE 的协调度偏低的原因究竟是经济产出不足，还是资源
消耗过度或者环境污染严重。

在无效率来源的测算方法上，考虑共同前沿以刻画技术异质性，
通过分解共同前沿面效率值来研究 DMU 的无效率来源。值得注意的
是，这一类文献大部分都是基于方向性距离函数（DDF）来研究的。
如 Chiu 等（2012）指出由于共同前沿技术缺口比（Metafrontier Tech-
nology Ratio，MTR）只考虑了共同前沿和群组前沿，意味着群组前沿
的 DMU 仅仅是通过技术异质性区别于共同前沿，因此无法识别和解
决共同前沿无效率来源的问题。基于此，他们将共同前沿技术下环境
效率分解为群组前沿的技术缺口无效率和管理无效率，并利用共同前
沿分析框架和 DDF 方法测算了 90 个国家层面的环境效率及其无效率
来源。遵循这一研究思路，Hang 等（2015）分析和讨论了中国城市
能源无效率的来源，将无效率视为总能源无效率，由于在同一前沿下
的城市具有相同或相似的生产技术，且群组前沿下城市的能源无效率
可以看作是管理无效率而非技术无效率，因而利用总能源无效率与管
理无效率之间的差距可以进一步测算技术缺口无效率。除了利用方向
距离函数（DDF）测度效率外，有的学者还利用基于松弛（Slacks -
Based Measure，SBM）的效率测度方法研究中国 CO_2 排放以解释经济
无效率，如 Zhou 等（2006），Fukuyama 等（2010）研究了考虑非期
望产出基于松弛的两阶段系统无效率测度方法。更多有关无效率来源
分析及其分解的相关文献可参阅 Chen 等（2012），Wang 等（2013），

Chiu 等（2013）和 Chiu 等（2016）等。

本书认为，为了给出更全面系统且深入的分析，需要有一个分析框架，在界定和测度 REE 协调与不协调的基础上，综合考察比较不协调的来源，发现区域发展的薄弱环节，进而明确哪个子系统乃至哪类投入或产出是政策调整的重点。

第二节　系统不协调与无效率的联系：基于 CREE – EIE 分析框架

前文第二章指出，生态效率本质上是区域资源、环境和经济复杂系统（REE）的协调程度，相应地，无效率则反映了系统间不协调的程度。本书认为，系统不协调和无效率紧密联系，可以用无效率水平来反映系统不协调程度。①不协调。是指系统未达到最佳的状态，或者说系统内部各部分之间配合失调。为观测 REE 复杂系统不协调的来源，定义 REE 子系统的不协调如下：在一定的经济产出和环境损害下，资源耗用越多，意味着资源子系统越不协调；在一定的资源消耗和环境损害下，区域发展过程中经济产出越低意味着经济子系统越不协调；类似地，还可以定义环境不协调。②无效率。与有效率对应，无效率越高意味着效率越低，偏离最佳水平越远，需要调整改进的空间越大。进一步可以定义：资源无效率是指一个区域的资源投入超过最佳投入水平的程度，反映了资源耗用过多的程度；环境无效率是指一个区域的环境污染排放超过最佳水平的程度，反映了环境污染过度的程度；经济无效率是指一个区域的经济产出与最佳产出水平的相对差距，反映了经济产出不足的程度。③两个概念的联系。根据前述内涵界定可知，距离最佳水平或者理想状态越远，意味着无效率值越高，系统越不协调。两者具有内在一致性，无效率值可以反映系统的不协调程度，而不协调体现了系统无效率的内涵。

基于前述界定，若用生态效率反映 REE 的总体协调程度，并且用资源无效率、环境无效率和经济无效率来分别从子系统层面反映资源不协调、环境不协调和经济不协调。由此可以建立一个基于生态效率、资源无效率、环境无效率和经济无效率来分析 REE 协调的效率—无效率分析框架（Coordination of Resource, Environment and Economy Based on Efficiency and Inefficiency Analysis, CREE – EIE, 见图 5 – 1）。

　　基于该框架，可以一方面对 REE 的总体协调程度进行测度和观察，另一方面深入其内部观察不协调的来源，即研究在资源无效率、环境无效率和经济无效率三者中谁是主要因素，进而从各类资源的投入无效率、各种环境污染和经济产出的无效率角度深入分析资源不协调、环境不协调和经济不协调的主要来源。这就为打开 REE 系统的"黑箱"提供了分析框架和研究思路，也为评估实现协调所需付出的努力提供了方法。为了对生态效率的区域差异和跨期增长等进行深入分析，以考察 REE 系统的总体协调度等情况，下面首先基于该框架，系统分析区域 REE 各子系统不协调的来源。鉴于前面章节已经详细论述了生态效率的时空演化特征，本章重点探讨无效率和不协调问题。

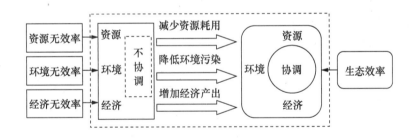

图 5 – 1　资源、环境和经济协调的效率—无效率分析框架（CREE – EIE）

第三节　无效率的测度方法

　　尽管有多种方法可以对生态效率进行测度，但能够同时测度效率和无效率水平的方法却不多。前沿面分析方法是其中较典型的方法。

该方法将区域系统视为生产决策单元（DMU），各类资源是系统的输入，经济产出和各类环境污染物是系统的产出，通过构建一个前沿面代表最佳系统的水平，样本区域与前沿面之间的相对距离就反映了效率和无效率的高低，进而实现协调度和不协调的测度。其中，数据包络分析（DEA）是一种非参数方法，通过规划求解测算 DMU 的投入产出效率。与随机前沿分析（Stochastic Frontier Analysis，SFA）不同，DEA 具有客观赋权、无须假设生产函数形式、同时考虑多投入和多产出数据、不受投入产出指标量纲的影响等优点，故应用广泛。本章采用 DEA 模型来测算效率和无效率。

具体地，考虑到前沿面上有效率 DMU 的无效率值均为 0，基于标准模型和超效率模型测度的无效率相同，故采用考虑了环境污染这种坏产出（Undesirable Output）的基于松弛变量（Slack - based Measure，SBM）的 DEA 模型（简称为 U - SBM，详见 Tone，2004）来测度效率。该模型简要介绍如下：假定有 N 个决策单元（DMU）各有三类要素：投入变量、坏产出和好产出，第 o 个（$o = 1$，2，$\cdots$，N）DMU_o 的投入产出变量分别依次用三个向量来表示：$x_o \in R^m$，$y_o^b \in R^{s_1}$，$y_o^g \in R^{s_2}$，其中，m、s_1 和 s_2 分别依次代表三类要素的种类数。在包含坏产出的 SBM 模型中，DMU_o 的效率定义如下：

$$[U - SBM]\rho^* = \min \frac{1 - \dfrac{1}{m}\displaystyle\sum_{i=1}^{m}\dfrac{s_{io}^-}{x_{io}}}{1 + \dfrac{1}{s_1 + s_2}\left(\displaystyle\sum_{r=1}^{s_1}\dfrac{s_{ro}^b}{y_{ro}^b} + \displaystyle\sum_{r=1}^{s_2}\dfrac{s_{ro}^g}{y_{ro}^g}\right)}$$

$$s.t. \quad x_o - \sum_{j=1}^{n}\lambda_j x_j - s_o^- = 0$$

$$y_o^b - \sum_{j=1}^{n}\lambda_j y_j^b - s_o^b = 0$$

$$\sum_{j=1}^{n}\lambda_j y_j^g - y_o^g - s_o^g = 0$$

$$\sum_{j=1}^{n}\lambda_j = 1$$

$$\lambda,\ s_o^-,\ s_o^b,\ s_o^g \geqslant 0 \qquad\qquad (5-1)$$

式（5 - 1）为规模报酬可变（VRS）假设下的测度模型[①]，s_o^-、s_o^b、s_o^g 分别代表与投入、坏产出和好产出对应的松弛变量向量，分别反映了投入过度、坏产出过多和好产出不足的水平，也反映了各变量偏离最佳状态的程度。可以将式（5 - 1）变换为线性规划，进而求解得到生态效率得分。借鉴现有文献的思路，通过计算松弛变量与实际投入（产出）的比值来测度无效率值。

第 i 种资源的投入无效率为：$I\_IE_{io} = \dfrac{s_{io}}{x_{io}}$，则资源无效率为：

$$I\_IE_o = \frac{1}{m} \sum_{i=1}^{m} \frac{s_{io}}{x_{io}} \tag{5 - 2}$$

第 r 种污染物产出的无效率为：$O\_IE_{or}^b = \dfrac{s_{ro}^b}{y_{ro}^b}$，则环境无效率为：

$$O\_IE_o^b = \frac{1}{s_1} \sum_{r=1}^{s_1} \frac{s_{ro}^b}{y_{ro}^b} \tag{5 - 3}$$

第 r 类经济产出的无效率为：$O\_IE_{or}^g = \dfrac{s_{ro}^g}{y_{ro}^g}$，则经济无效率为：

$$O\_IE_o^g = \frac{1}{s_2} \sum_{r=1}^{s_2} \frac{s_{ro}^g}{y_{ro}^g} \tag{5 - 4}$$

无效率值越高，表明不协调越严重，意味着在产出不变时需要减少更多投入，或者投入不变时，需要降低更多污染物排放（增加更多经济产出），才能完全实现有效率。SBM 模型具有可加性，以上方法测度的无效率值属于相对值，具备可比性，这为考察和比较不协调的来源提供了基础。

此外，前面第三章介绍了经济效率和环境效率等的测度方法，即考虑坏产出的基于共同前沿超效率 SBM（Meta - US - SBM）模型。研究中将本章的方法和 Meta - US - SBM 方法测度的结果进行对比分析，以深入分析不同模型和方法测算无效率的差异，以便进行更稳健性的分析。但在研究无效率来源时，本章仍然选用 U - SBM

---

① 本章基于 VRS 假设下的效率值进行分析。一般地，若 VRS 和规模报酬不变（CRS）两种技术假设得出的结果不相同，运用 VRS 下的结果更好。

模型，原因在于 Meta – US – SBM 测算资源效率、环境效率和经济效率时分别固定了环境产出和经济产出的松弛改进为零、资源投入和经济产出的松弛改进为零、坏产出的松弛改进为零。因而无法利用式（5 – 2）至式（5 – 4）来测算各类无效率和分析无效率的主要来源。

　　实践中，采用平衡面板数据来测算效率。投入变量和好产出变量同第四章，坏产出方面，选取 4 种具有很强代表性的污染物：废水、二氧化硫、烟尘以及二氧化碳的排放量。

第四节　REE 子系统不协调及其来源

　　基于 SBM 模型测度的松弛变量和式（5 – 2）至式（5 – 4）计算了 2001—2014 年各省（市、区）的资源无效率、环境无效率和经济无效率，结合比较分析来打开区域 REE 复杂系统的"黑箱"，考察子系统不协调的来源。同时，还利用 Meta – US – SBM 模型分别测算了这三类无效率，表 5 – 1 报告了两种方法测算三类无效率的差异。结果显示，在 1% 显著水平下，U – SBM 模型测算的无效率显著大于 Me-ta – US – SBM 模型测算的无效率，说明不考虑共同前沿和超效率可能会高估资源无效率、环境无效率和经济无效率。因此，在不考察无效率来源的研究时，为了得到更加准确的无效率测度稳健结果，选择 Meta – US – SBM 模型更好。

表 5 – 1　　　　　　　不同方法测算三类无效率的差异性分析

		Obs.	Mean	Std. Dev.	[95% Conf. Interval]		P value
资源无效率	U – SBM		0.3463	0.1966	0.3274	0.3651	0.0000 (19.7361)
	Meta – US – SBM	420	0.2156	0.1546	0.2008	0.2305	
	两者差异		0.1306	0.1356	0.1176	0.1436	

续表

		Obs.	Mean	Std. Dev.	[95% Conf. Interval]		P value
环境 无效率	U – SBM	420	0.5128	0.2745	0.4865	0.5391	0.0000 (26.2699)
	Meta – US – SBM		0.3261	0.1510	0.3116	0.3406	
	两者差异		0.1867	0.1440	0.1729	0.2006	
经济 无效率	U – SBM	420	0.2349	0.2281	0.2131	0.2568	0.0000 (12.0429)
	Meta – US – SBM		0.1468	0.1355	0.1338	0.1598	
	两者差异		0.0882	0.1500	0.0738	0.1025	

注：由 STATA 输出结果整理得到，括号内为配对 T 检验的 t 值。

进一步比较资源不协调、环境不协调和经济不协调的相对程度，可以揭示各区域中 REE 不协调的主要来源。表 5 – 1 显示，U – SBM 模型下环境无效率、资源无效率和经济无效率的全国均值依次为：0.5128、0.3463 和 0.2349。其含义是平均而言，在其他因素不变时，环境污染物排放必须减少 51.28%，或者资源投入减少 34.63%，再或者经济产出增加 23.49% 才能实现全国 REE 的协调。这意味着中国的 REE 不协调中首要来源是环境不协调，但资源不协调和经济不协调也不容忽视。

一　资源不协调与资源无效率

图 5 – 2 报告了观察期间各样本的资源无效率及其变迁情况。①从 2014 年截面看，资源无效率值最高的依次是：新疆、贵州、广西、云南、甘肃和宁夏等省（区），其资源无效率值均超 0.5。这意味着当产出不变时，这些区域必须减少超过 50% 的资源投入才能实现 REE 的协调。而青海、天津、广东、北京、上海和山东等省（市）的环境无效率值均为 0。②从 2001—2014 年长期变迁看，大多数省（市、区），如新疆、贵州、广西、云南、甘肃和宁夏等均保持了较高的资源无效率水平，而青海、天津、广东和北京等省（市、区）在大多数年份保持了很低的无效率水平。这说明从资源不协调角度看，各区域存在严重的两极分化，而且存在明显的路径依赖现象。

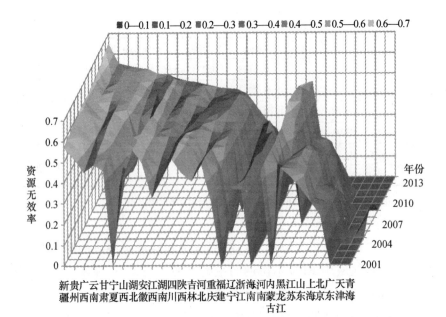

图 5 - 2　各省（市、区）资源无效率三维曲线

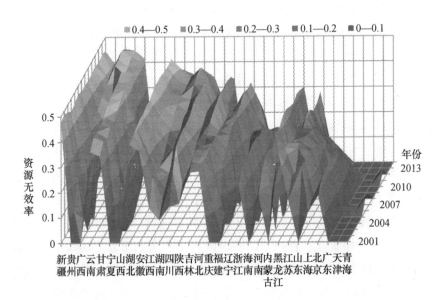

图 5 - 3　各省（市、区）资源无效率三维曲线（Meta - US - SBM 模型）

表 5 - 2 2001—2014 年各类投入和产出的无效率（年均值）

省份	资源无效率	各类资源的投入无效率					环境无效率	各类污染物的产出无效率				经济无效率
		人力资源	固定资本	水	建设用地	能源		废水	二氧化硫	烟尘	二氧化碳	
北京	0.1182	0.1376	0.0000	0.0553	0.3098	0.0882	0.1783	0.1144	0.2824	0.1589	0.1575	0.0008
天津	0.0000	0.0000	0.0000	0.0000	0.0000	0.0000	0.0000	0.0000	0.0000	0.0000	0.0000	0.0000
河北	0.4658	0.6830	0.0443	0.5274	0.3996	0.6749	0.6993	0.2696	0.8846	0.9129	0.7299	0.2406
山西	0.4320	0.6166	0.0348	0.3332	0.4496	0.7256	0.7827	0.4332	0.9009	0.9264	0.8703	0.2791
内蒙古	0.3382	0.2830	0.0496	0.5083	0.3373	0.5127	0.5255	0.0877	0.7009	0.6855	0.6280	0.3265
辽宁	0.3068	0.3395	0.0013	0.2020	0.4604	0.5310	0.5880	0.1330	0.7866	0.8309	0.6015	0.0672
吉林	0.4402	0.4968	0.1121	0.5019	0.6219	0.4681	0.6418	0.2292	0.8001	0.8369	0.7011	0.3658
黑龙江	0.2084	0.2106	0.0000	0.3520	0.2643	0.2151	0.2769	0.0770	0.3077	0.4235	0.2995	0.0636
上海	0.1617	0.0739	0.0098	0.2936	0.2080	0.2230	0.3530	0.2663	0.5060	0.4046	0.2350	0.0129
江苏	0.3213	0.4316	0.0265	0.5788	0.2648	0.3047	0.4775	0.2833	0.6305	0.5966	0.3998	0.1237
浙江	0.3294	0.5306	0.0397	0.4064	0.3447	0.3257	0.5109	0.2989	0.6903	0.6437	0.4106	0.1244
安徽	0.4753	0.7585	0.0005	0.6899	0.5042	0.4235	0.6503	0.3366	0.7639	0.8448	0.6559	0.2698
福建	0.1524	0.2729	0.0023	0.2881	0.0588	0.1402	0.3078	0.2110	0.4501	0.3888	0.1813	0.0019
江西	0.4447	0.7118	0.0200	0.7406	0.4623	0.2889	0.6483	0.4275	0.8324	0.8303	0.5028	0.2702
山东	0.2908	0.4971	0.0068	0.2158	0.2970	0.4372	0.4562	0.0308	0.6707	0.6232	0.4999	0.0877
河南	0.4493	0.7321	0.0612	0.5090	0.4258	0.5186	0.6637	0.3838	0.8126	0.8185	0.6400	0.3051
湖北	0.5321	0.7308	0.0191	0.7362	0.6268	0.5473	0.6975	0.4968	0.8271	0.8339	0.6322	0.3955
湖南	0.4485	0.7141	0.0055	0.7300	0.3235	0.4695	0.6496	0.4434	0.8108	0.8486	0.4954	0.1204
广东	0.0029	0.0036	0.0000	0.0039	0.0041	0.0031	0.0070	0.0080	0.0110	0.0044	0.0047	0.0000
广西	0.5131	0.7582	0.1057	0.8108	0.5027	0.3880	0.7439	0.6348	0.8928	0.9019	0.5461	0.4074
海南	0.0057	0.0080	0.0119	0.0016	0.0030	0.0038	0.0060	0.0000	0.0021	0.0038	0.0180	0.0190
重庆	0.4118	0.6429	0.0454	0.3537	0.5361	0.4809	0.6922	0.4876	0.9019	0.8069	0.5725	0.3036
四川	0.4738	0.7600	0.0004	0.5976	0.4536	0.5574	0.6406	0.3743	0.8467	0.8275	0.5140	0.2048
贵州	0.5533	0.7839	0.1529	0.5937	0.5341	0.7022	0.7664	0.4610	0.9479	0.8435	0.8134	0.5874
云南	0.5310	0.7965	0.1338	0.6781	0.4991	0.5476	0.6993	0.2799	0.9005	0.8725	0.7443	0.4017
陕西	0.4627	0.7223	0.1134	0.4691	0.5049	0.5040	0.7274	0.3071	0.9304	0.9074	0.7648	0.4898
甘肃	0.5117	0.6949	0.0492	0.6567	0.5838	0.5737	0.6069	0.1051	0.8983	0.7344	0.6899	0.4179
青海	0.0155	0.0000	0.0113	0.0119	0.0020	0.0521	0.0614	0.0352	0.1113	0.0498	0.0492	0.0000
宁夏	0.3821	0.0169	0.3301	0.4673	0.5249	0.5714	0.5869	0.4658	0.7702	0.4197	0.6918	0.2909
新疆	0.6089	0.4796	0.2990	0.9217	0.6898	0.6545	0.7392	0.2627	0.9332	0.9320	0.8288	0.8706
平均	0.3463	0.4629	0.0562	0.4412	0.3732	0.3978	0.5128	0.2648	0.6601	0.6304	0.4959	0.2349

　　为深入观察各类资源中哪些资源的投入无效率更为严重，哪些是资源不协调的主要来源，本书测算了人力资源等五种资源的投入无效率。表5-2第3—7列报告了观察期间各省（市、区）投入各种资源时的无效率均值情况。比较可知：

　　（1）不同省（市、区）资源不协调的主要来源各异，例如，江苏的水资源、人力资源和能源的投入无效率相对较高，而内蒙古的能源、水和建设用地的投入无效率相对较高。

　　（2）资源不协调的主要来源具有一些值得关注的区域共性。相对于其他资源投入而言，在30个省（市、区）中有11个人力资源投入无效率值最高，且大部分地区位于中西部，这说明人力资源的低效率是中西部地区中资源不协调的首要来源。原因可能在于：东部地区的区位优势等拉力因素导致劳动力的跨地区流动，即大量中西部劳动力流向东部地区以寻求更好的发展，使中西部地区的人力资源严重不足。表5-3还给出了各类资源投入无效率对资源不协调的贡献度情况。对资源不协调影响最大的依次是：人力资源、水、能源、建设用地和固定资本的投入无效率。前三者的贡献度合计超过70%，说明这三者的投入无效率是资源不协调的主要来源，也是实现协调的关键。

表5-3　　　2001—2014年各类投入无效率和产出无效率的贡献　　　单位：%

| 年份 | 各类投入无效对资源无效率的贡献 | | | | | | 各类污染物产出无效对环境无效率的贡献 | | | | |
	人力资源	固定资本	水	建设用地	能源	合计	废水	二氧化硫	烟尘	二氧化碳	合计
2001	30.46	0.49	27.20	22.01	19.84	100	16.46	31.01	30.50	22.04	100
2002	27.92	0.89	25.41	22.01	23.77	100	15.34	31.77	29.93	22.96	100
2003	27.48	0.76	26.27	22.61	22.88	100	14.56	31.91	30.51	23.02	100
2004	27.15	0.82	25.53	22.21	24.28	100	13.84	31.87	30.50	23.78	100
2005	26.25	1.03	25.18	22.36	25.17	100	13.77	32.58	29.58	24.07	100
2006	25.26	1.30	25.75	21.08	26.61	100	11.15	33.82	30.61	24.42	100
2007	25.28	2.57	24.12	19.89	28.15	100	12.14	33.35	29.81	24.70	100

续表

年份	各类投入无效率对资源无效率的贡献						各类污染物产出无效率对环境无效率的贡献				
	人力资源	固定资本	水	建设用地	能源	合计	废水	二氧化硫	烟尘	二氧化碳	合计
2008	25.44	2.13	25.15	21.29	25.99	100	12.16	33.19	29.83	24.82	100
2009	26.64	2.57	26.06	21.23	23.49	100	12.92	32.96	30.34	23.78	100
2010	25.63	3.90	25.47	21.32	23.68	100	11.74	33.09	30.98	24.19	100
2011	24.52	4.97	25.14	21.36	24.00	100	11.47	33.28	31.33	23.91	100
2012	25.01	7.72	24.23	20.98	22.06	100	10.00	36.68	29.84	23.48	100
2013	25.42	7.10	24.70	21.55	21.22	100	10.37	33.22	32.32	24.09	100
2014	26.78	11.07	21.91	21.15	19.09	100	8.91	31.71	33.03	26.36	100
平均	26.37	3.38	25.15	21.50	23.59	100	12.49	32.89	30.65	23.97	100

注：根据 U – SBM 模型结果测算，最后合计结果做了四舍五入处理。

二　环境不协调与环境无效率

图 5 – 4 报告了观察期间各样本的环境无效率及其变迁情况。①从2014 年截面看，环境无效率值最高的依次是：山西、贵州、陕西、新疆和广西等，其无效率值均超过 0.6，这与资源无效率（见图5 -2）和经济无效率（见图 5 -6）的前 5 位排名不同；而天津、广东、青海、北京和上海等省（市）的环境无效率值均为 0，与资源无效率和经济无效率的排名差异不大。②2001—2014 年，与资源无效率的分布类似，大多数省（市、区），如山西、贵州和陕西等长期保持了较高的环境无效率水平，而天津、广东和青海等省（市）在大多数年份保持了很低的无效率水平。这说明环境不协调也存在着严重的两极分化和路径依赖现象。

进一步考察环境不协调的来源。表 5 – 2 第9—12 列报告了 4 类污染物的产出无效率情况。①不同省（市、区）中各种污染物的产出无效率情况有明显差异，且大部分省（市、区）二氧化硫和烟尘的产出无效率值相对较高，如黑龙江、江苏等，宁夏则是二氧化硫和二氧化碳的产出无效率值相对较高。②各区域的环境无效率的主要来源具有

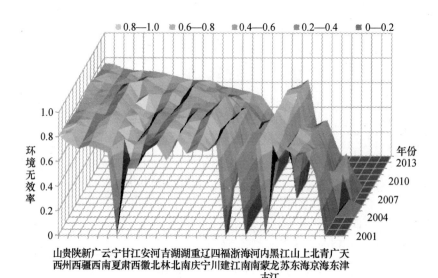

图5-4 各省（市、区）环境无效率三维曲线

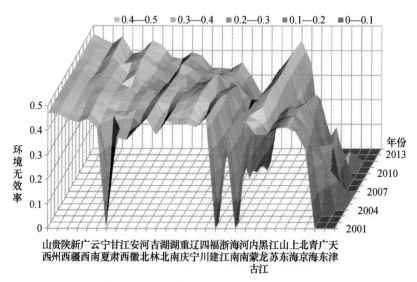

图5-5 各省（市、区）环境无效率三维曲线（Meta - US - SBM 模型）

明显共性，较其他几种污染物而言，样本中有18个省（市、区）的二氧化硫产出无效率值相对最高，有26个省（市、区）的废水产出无效率值相对最低。这说明环境不协调的主要来源是二氧化硫（其次

是烟尘）的过度排放而非碳排放。这一发现为解释近年来弥漫全国许多城市的雾霾现象提供了新的依据，也说明当前环境管制的重中之重应该是二氧化硫和烟尘排放，而非碳排放。

表5-3给出了各类污染物产出无效率对环境无效率的贡献度情况。就全国而言，二氧化硫的过度排放对环境不协调的贡献最大，超过了1/3，其次是烟尘和二氧化碳的过度排放，而废水排放的贡献居末，仅约12.5%。烟尘和二氧化硫的贡献合计超过60%。并且，各类污染物产出无效率的贡献度跨期变化不大，说明前述结论是稳健的。

三　经济不协调与经济无效率

图5-6报告了观察期间各样本的经济无效率及其变迁情况。①从2014年截面看，经济无效率值最高的依次是新疆、贵州、云南、内蒙古和广西等省（区），经济无效率值均大于0.6，而青海、广东、天津、北京、上海和山东等省（市）的经济无效率值均为0。这说明新疆等地区存在严重的经济不协调，而广东等省（区）则实现了完全协调。②从2001—2014年长期变化看，青海、广东、天津、北京、上海和山东等省（市）在各年度均实现了完全协调。新疆的无效率值总体呈现下降趋势，但始终处于相对最高水平，说明与其他省（市、区）相比，新疆的经济不协调最严重。值得注意的是，贵州、云南、内蒙古、广西和陕西等省（区）的经济无效率均呈稳定上升态势，这说明其经济不协调变得更严重了。不难注意到这些省（市、区）具有较高的经济增长率，但这是不考虑资源耗用和环境损害代价时的情形。若不降低其资源消耗和环境污染水平，其经济产出必须大幅度增加才能实现REE协调。

比较图5-6和图5-2可知，经济不协调的跨期分布图与资源不协调的情况有明显差异，前者呈较为平缓的倾斜下降态势，且跨期波动幅度较大，后者则呈突变式的"横折转"结构，跨期波动幅度不大，这说明资源不协调的两极分化相对更严重，路径依赖特征更明显。环境不协调的跨期分布图与资源不协调的情况相似，可得出类似结论。最后，结合表5-3可知，相对而言，新疆、贵州、广西和甘肃省（区）同时处于严重的经济不协调和资源不协调，但其他许多省（市、区）主要是资源不协调，如辽宁、黑龙江、山西和山东，其经济不协调相对不严重。可见，不同区域的不协调状态有明显差异。

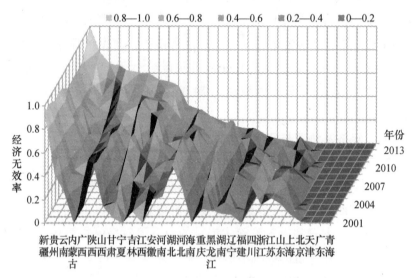

图 5 - 6　各省（市、区）经济无效率三维曲线

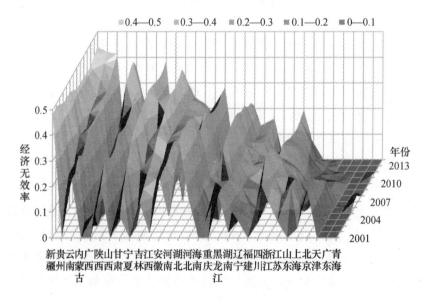

图 5 - 7　各省（市、区）经济无效率三维曲线（Meta - US - SBM 模型）

四　REE 子系统不协调的比较

本章观察期包括"十五"和"十一五"两个时期以及"十二五"初期。为观察阶段性变化，以 2006 年和 2011 年为界，分别绘制三个时段反映各区域资源无效率、环境无效率和经济无效率均值的雷达图。

图 5 - 8 表明：在第一阶段（2001—2005 年）环境无效率最严重，大部分省份在 0.7 附近；其次是资源无效率，许多省份在 0.5 附近；最后是经济无效率，一般低于各省份的环境无效率和资源无效率值。其中，新疆是一个特例，其经济无效率值相对最高（0.92），表明其经济不协调最为严重。有 5 个省（市）（青海、海南、天津、广东和福建）的各类无效率值均接近于 0，说明这些地区同时实现了资源、环境和经济三大子系统的高度协调。

图 5 - 9 报告了第二阶段（2006—2010 年）的情况。与第一阶段比较可知，就全国而言，REE 不协调的来源格局变化不大，环境无效率最严重，其次是资源无效率，最后是经济无效率。并且，不同省（市、区）的变化方向有差异。例如，在第二阶段，山西和河南的 REE 三大子系统的无效率值均高于第一阶段，说明其 REE 不协调的程度加剧了；吉林和甘肃的经济无效率快速上升，与资源无效率值接近；新疆的经济无效率降低了，但仍高于环境无效率和资源无效率；辽宁和湖南的经济无效率较低，但环境无效率仍然较为严重；上海和江苏以及山东的三大子系统的无效率值有显著下降。

图 5 - 10 报告了第三阶段（2011—2014 年）的情况。与前两阶段比较可知，就全国而言，REE 不协调的来源格局稍有变化，但环境无效率仍然最严重，有些地区资源无效率比经济无效率高，如河北、江西和湖北等，有些地区则相反，如贵州、陕西和广西等。此外，不同省（市、区）的变化方向有差异。例如，在第三阶段，宁夏的 REE 三大子系统的无效率值均高于第二阶段，说明其 REE 不协调的程度加剧了；吉林和甘肃的经济无效率与资源无效率值接近，吉林的 REE 三大子效率值均低于第二阶段，说明该地区的 REE 不协调程度降低了；新疆的经济无效率有略微升高，且高于环境无效率和资源无效

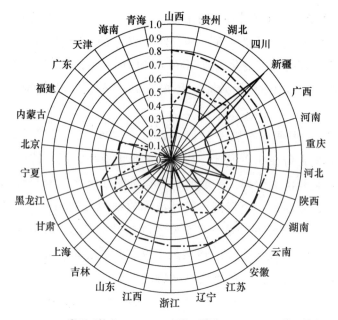

图 5-8　第一阶段各省（市、区）无效率

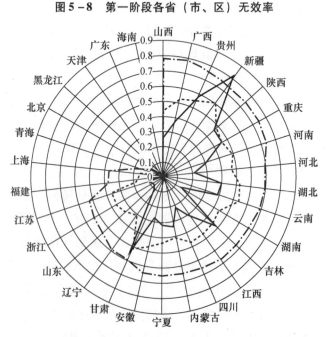

图 5-9　第二阶段各省（市、区）无效率

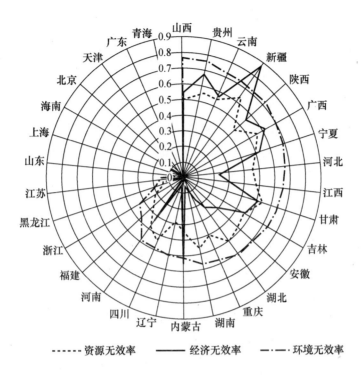

┄┄┄┄ 资源无效率　　──── 经济无效率　　─·─·─ 环境无效率

图 5 - 10　第三阶段各省（市、区）无效率

率；辽宁和湖南的经济无效率较低，但环境无效率仍然较为严重。比较还可发现，资源无效率和经济无效率的变化方向基本一致。

　　需要说明的是，本章基于 DEA 方法测度效率，给出的是区域 REE 协调的相对程度而非绝对水平。要想从更全面的角度观察天津等有效率区域的协调度和不协调来源，还需从国际视野和城市层面进一步开展实证研究。此外，外商直接投资和技术创新等外部因素通过影响环境污染物产出和经济产出等进而影响生态效率的机理也是值得深入研究的方向。

第五节　结论与启示

　　本章利用 U - SBM 和 Meta - US - SBM 模型测算了资源、环境和经济无效率，研究了各类无效率（子系统不协调）的主要来源，以反映各子系统的关键要素及其联系，并探讨了各类无效率在样本期内的变化趋势，为区域可持续发展的评价和定量研究提供了决策依据。

主要研究结论如下：

（1）平均而言，在其他因素保持不变时，由 U－SBM（Meta－US－SBM）模型测算结果可知，环境污染物排放必须减少 51.28%（32.61%），或者资源投入减少 34.63%（21.56%），再或者经济产出增加 23.49%（14.68%）才能实现全国 REE 的协调。

（2）资源不协调、环境不协调和经济不协调存在严重的两极分化和路径依赖现象。即对于部分省市而言，其各类无效率均保持着较高（较低）的水平。

（3）人力资源、水和能源对投入无效率的贡献度合计超过 70%，说明这三者的投入无效率是资源不协调的主要来源，也是实现协调的关键。然而，从全国来看，二氧化硫的过度排放对环境不协调的贡献最大，超过了 1/3，其次是烟尘和二氧化碳的过度排放，而废水排放的贡献居末，仅约 12.5%。

（4）分阶段各类无效率均值的雷达图直观地显示：三个阶段的环境无效率均最严重，且资源无效率和经济无效率的变化方向基本一致，这意味着中国的 REE 不协调中首要来源是环境不协调，但资源不协调和经济不协调也不容忽视。

基于上述结论，在循环经济发展模式下，以清洁生产为途径，为了实现资源、环境与经济社会系统协调发展的目标，本书建议应注重各区域和资源、环境、经济各子系统的协调发展；整合、优化资源配置，提高区域技术创新能力和增强人们的环保意识，培养和凝聚人力资本；以协调、可持续发展为理念，整合资源、保护环境，实现资源、环境和经济的协同发展。

第六章　区域生态效率的影响
因素：增长分解视角

　　生态效率综合考虑了资源、环境和经济的协调发展，反映了绿色发展和生态文明建设的水平。在准确测度生态效率的基础上进一步分析有关的影响因素，可以为提升区域生态效率提供依据和思路。本章和第七章将分别利用增长分解和计量分析方法，对生态效率的影响因素进行量化分析。

第一节　影响因素分析的理论和文献

　　生态效率综合考虑了资源、环境和经济因素，因此其影响因素众多、影响机制复杂。经济发展水平、产业结构、区位条件、环境政策、科技创新等都会对生态效率产生影响。从分析方法看，现有文献主要从两个方面开展生态效率或类似概念（如环境效率、绿色发展效率等）的影响因素研究。

　　第一，将生态效率作为因变量，各类因素作为自变量，运用计量经济模型进行回归分析。例如，武春友等（2015）认为，技术进步和制度变化是导致影响因素对生态效率的作用发生变迁的原因。再如陈傲（2008）、陈武新（2009）、邓波等（2011）、初善冰等（2012）、付丽娜等（2013）等。近期不少文献开始用空间计量经济模型研究生态效率的有关影响因素、空间溢出和作用机制，例如，汪克亮等（2015）、潘兴侠等（2013）等。已有文献中，选取的自变量主要有三类：规模效应、结构效应和技术效应。

第二，利用面板数据测算生态效率的增长，然后进行分解以考察区域生态效率的影响因素，其中常用的是 Malmquist 全要素生产率（Total Factor Productivity，TFP）指数分析。当被评价 DMU 的数据为包含多个时间点观测的面板数据时，就可以对生产率的变动情况、技术效率和技术进步对生产率变动的贡献度进行分析。这一方法源于 Malmquist（1953），因此人们将其命名为 Malmquist 指数。在 Malmquist 指数分解的研究方面，Färe 等（1992）最早采用 CRS 径向 DEA 的方法计算 Malmquist 指数，Malmquist 指数大于 1 表示生产率提高，小于 1 表示生产率降低，并将 Malmquist 指数分解为两个方面的变化：一是被评价 DMU 在两个时期内的技术效率的变化（Technical Efficiency Change，EC）；二是生产技术的变化（Technological Change，TC），在 DEA 分析中反映生产前沿的变动情况。Färe 等（1994）在 Färe 等（1992）分解方法的基础上，通过规模报酬可变（VRS）Malmquist 和规模报酬不变（CRS）Malmquist 得出的不同效率变化值，将 Färe 等（1992）分解方法中的 EC 进一步分解为纯技术效率变化和规模效率变化。关于 Malmquist 指数分解的其他方法，还有 Ray 和 Desli（1997）的分解方法和 Zofio（2007）的分解方法。Chung 等（1997）将包含非期望产出的方向距离函数（Directional Distance Function，DDF）应用于 Malmquist 模型，且采用的是相邻前沿交叉参比技术，将得出的 Malmquist 指数称为 Malmquist – Luenberger 生产率指数。本章主要基于 Malmquist – Luenberger 指数的效率增长分解视角考察区域生态效率的影响因素。

第二节　基于 Malmquist – Luenberger 指数的效率增长分解方法

在纵向数据研究中测算 Malmquist – Luenberger 指数时，DDF 模型会出现无可行解的情形（Färe 等，2001）。Arabi 等（2015）将 Malmquist – Luenberger 指数引入 SBM 模型中，以解决无可行解的问题，但未考虑非期望产出和超效率。

本章采用共同前沿 US – SBM 模型［式（3 – 12）］测度生态效率（参见第三章）。群组前沿 US – SBM 模型扼要介绍如下：第 k 组第 o 个决策单元（$o = 1, 2, \cdots, N_k$）相对于群组前沿（Group frontier）的非导向非径向 SBM 效率可以通过求解以下规划得到：

$$[\text{Group} - \text{US} - \text{SBM}]\rho_{ko}^{Group*} = \min \frac{1 + \frac{1}{M}\sum_{m=1}^{M}\frac{s_{mko}^{x}}{x_{mko}}}{1 - \frac{1}{R+J}\left(\sum_{r=1}^{R}\frac{s_{rko}^{y}}{y_{rko}} + \sum_{j=1}^{J}\frac{s_{jko}^{b}}{b_{jko}}\right)}$$

$$s.t. \quad x_{N_k mko} - \sum_{n=1,\neq o}^{N_k}\lambda_n^k x_{mkn} + s_{mko}^x \geq 0$$

$$\sum_{n=1,\neq o}^{N_k}\lambda_n^k y_{rkn} - y_{rko} + s_{rko}^y \geq 0$$

$$b_{jko} - \sum_{n=1,\neq o}^{N_k}\lambda_n^k b_{jkn} + s_{jko}^b \geq 0$$

$$1 - \frac{1}{R+J}\left(\sum_{r=1}^{R}\frac{s_{rko}^y}{y_{rko}} + \sum_{j=1}^{J}\frac{s_{jko}^b}{b_{jko}}\right) \geq \varepsilon$$

$$\lambda_n^k, s^x, s^y, s^b \geq 0$$

$$m = 1, 2, \cdots, M; r = 1, 2, \cdots, R; j = 1, 2, \cdots, J \quad (6-1)$$

式（6 – 1）中，ε 是非阿基米德无穷小，这里添加约束 $1 - \frac{1}{R+J}\left(\sum_{r=1}^{R}\frac{s_{rko}^y}{y_{rko}} + \sum_{j=1}^{J}\frac{s_{jko}^b}{b_{jko}}\right) \geq \varepsilon$ 以确保目标函数的分母不为 0。若假定规模报酬可变（VRS），需添加约束 $\sum_{n=1,\neq o}^{N_k}\lambda_n^k = 1$。

根据两种前沿技术 US – SBM 下测算的生态效率，可以进一步计算被评价单元 DMU_{ko} 的技术缺口比（Technology Gap Ratio, TGR），以反映群组前沿与共同前沿的接近程度：

$$TGR_{ko} = \frac{\rho_{ko}^{Meta*}}{\rho_{ko}^{Group*}} \quad (6-2)$$

为了测度效率增长及其增长分解，本章还利用 Huang 等（2014）提出的 GB – US – SBM（全局参比技术下考虑坏产出和超效率的 SBM

模型)① 进行计算，该模型可以给出跨期可比且全面识别的效率测度结果，且不会出现无可行解的问题。方法如下。

如果第 i 个决策单元 DMU_i（$i = 1, 2, \cdots, N$）在时期 t（$t = 1, 2, \cdots, T$）为 SBM 有效，将其 SBM 超效率定义为：

$$[GB - US - SBM]\rho_{ot}^{G*} = \min \frac{1 + \frac{1}{M}\sum_{m=1}^{M} \frac{s_{mot}^-}{x_{mot}}}{1 - \frac{1}{R+J}\left(\sum_{r=1}^{R} \frac{s_{rot}^g}{y_{rot}^g} + \sum_{j=1}^{J} \frac{s_{jot}^b}{y_{jot}^b}\right)}$$

$$s.t. \quad x_{ot} - \sum_{n=1(n \neq o\ if\ \tau = t)}^{N} \sum_{\tau=1}^{T} \zeta_{n\tau} x_{n\tau} + s_{ot}^- \geq 0$$

$$\sum_{n=1(n \neq o\ if\ \tau = t)}^{N} \sum_{\tau=1}^{T} \zeta_{n\tau} y_{n\tau}^g - y_{ot}^g + s_{ot}^g \geq 0$$

$$y_{ot}^b - \sum_{n=1(n \neq o\ if\ \tau = t)}^{N} \sum_{\tau=1}^{T} \zeta_{n\tau} y_{n\tau}^b + s_{ot}^b \geq 0$$

$$1 - \frac{1}{R+J}\left(\sum_{r=1}^{R} \frac{s_{rot}^g}{y_{rot}^g} + \sum_{j=1}^{J} \frac{s_{jot}^b}{y_{jot}^b}\right) \geq \varepsilon$$

$$\zeta_{ot}, \ s_{ot}^-, \ s_{ot}^g, \ s_{ot}^b \geq 0 \qquad\qquad (6-3)$$

求解上述非线性规划可以获得全局参比下各 DMU 每期的效率值 $\rho^G(t)$。类似于常见的 MI（Malmquist Index），用 GMI（Global Malmquist Index）表示全局参比法下的效率增长，计算公式如式（6 - 4）所示：

$$GMI^{t+1,t} = \frac{\rho^G(t+1)}{\rho^G(t)} \qquad\qquad (6-4)$$

根据 Pastor 等（2005）和 Dong - hyun Oh（2010），规模报酬不变时的 GMI 指数可以分解为纯效率变化、纯技术进步和规模效应。式（6 - 4）即可以分解为：

$$GMI^{t+1,t} = \frac{\rho^G(t+1)}{\rho^G(t)} = \frac{\rho^{t+1}(t+1)}{\rho^t(t)} \times \left(\frac{\rho^G(t+1)/\rho^{t+1}(t+1)}{\rho^G(t)/\rho^t(t)}\right)$$

$$= EC^{t+1,t} \times \left(\frac{BPG^{t+1,G}}{BPG^{t,G}}\right) = EC^{t+1,t} \times BPC^{t+1,t} \qquad (6-5)$$

---

① GB - US - SBM 模型与共同前沿 US - SBM 模型测度的效率值是一致的，前者可进一步测算效率的增长及其分解，后者可进一步得到群组前沿下的效率值和技术缺口比。

式（6-5）中，$EC^{t+1,t}$的含义与传统 MI 中的含义相似，反映了两个时期内的纯效率变化，该值大于 1 表示纯效率增长；反之则相反。这一成分反映的是"追赶效应"（Catch-up effect），即决策单位在不提高技术水平的前提下，通过提升管理能力、熟练运用生产技术等途径，以更靠近前沿面，赶上相对先进的单位。$BPG^{t,G}$称为"最佳实践前沿差异"（Best practice gap），反映了当期参考技术与全局参考技术的差异；$BPC^{t+1,t}$反映了 $t+1$ 期和 t 期参考技术的差异，亦即反映了跨期技术变化，与传统 MI 指数的技术效率相对应，该值大于 1 表示技术进步；反之则相反。技术进步反映了当期技术水平对全局最优技术水平的追赶和接近程度（Oh，2010）。

分别测算规模报酬不变（CRS）和规模报酬可变（VRS）时的 GMI 指数，还可以测算规模效率 $SE^{t+1,t}$以反映投入产出规模提升带来的规模报酬，并将之分解为效率变化的规模效应 $ESE^{t+1,t}$和技术变化的规模效应 $TSE^{t+1,t}$，分别反映效率提升或技术提升带来的规模报酬，见式（6-6）。

$$SE^{t+1,t} = \frac{GMI_c^{t+1,t}}{GMI_v^{t+1,t}} = \frac{EC_c^{t+1,t}}{EC_v^{t+1,t}} \times \frac{BPC_c^{t+1,t}}{BPC_v^{t+1,t}} = ESE^{t+1,t} \times TSE^{t+1,t} \quad (6-6)$$

式（6-6）中，下标 c 和 v 分别表示 CRS 和 VRS。联立式（6-5）和式（6-6），可以将效率增长分解为纯效率变化、纯技术进步、效率变化的规模效应和技术变化的规模效应四个部分，即：

$$GMI_c^{t+1,t} = GMI_v^{t+1,t} \times SE^{t+1,t} = EC_v^{t+1,t} \times BPC_v^{t+1,t} \times (ESE^{t+1,t} \times TSE^{t+1,t}) \quad (6-7)$$

利用对数分解法来量化观测各成分对效率增长的贡献度。该方法简要表述如下：

对具有相乘结构的 $GMI = \prod_{i=1}^{I} F_i$，$i=1,2,\cdots,I$，第 i 个成分 F_i 对 GMI 的贡献度计算式为：

$$c_i = \frac{\ln F_i}{\sum_{i=1}^{I} \ln F_i}, i = 1,2,\cdots,I \quad (6-8)$$

第三节　生态效率增长及其成分贡献分析

一　区域生态效率的增长及其分解

基于前述方法，以实际地区生产总值为"好"产出，反映6种环境污染物排放水平的环境污染指数（EI）为"坏"产出，以固定资本存量、从业人员数、建成区面积、水资源利用总量和能源消费总量作为投入变量，本章测度了30个省级行政区域的生态效率及其增长（有关投入产出变量和样本数据来源与第四章相同，这里不再详述），进一步计算了东部、中部、西部和东北四个区域的生态效率均值及其增长。

图6-1报告了观察期间各样本的生态效率及其变迁情况。初步发现，研究样本期的平均生态效率大于1的省份只有海南和天津。直观地，我们有如下发现：①从2014年截面看，生态效率值最高的依次是：天津、山东、上海、广东、江苏、北京和青海等（省、市），其生态效率值均超过1。而新疆和贵州等省（区）的生态效率较低，平

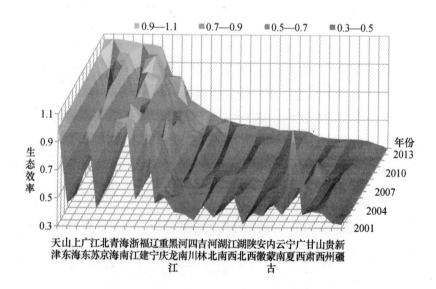

图6-1　各省（市、区）生态效率三维曲线

均值在 0.3 左右。②从 2001—2014 年长期变迁看，大多数省（市），如天津、山东、上海、广东、江苏、北京和青海等均保持了较高的生态效率水平，而新疆、贵州、山西和甘肃等省（区）在大多数年份保持了很低的生态效率水平。这说明从绿色发展的角度看，各区域在生态效率上存在着严重的两极分化和明显的路径依赖现象。

为进一步观察不同区域生态效率与共同前沿面的差距，利用式（3-12）、式（6-1）和式（6-2）分别测算了共同前沿生态效率、群组前沿生态效率和技术缺口比。图 6-2 主要报告了不同区域生态效率和 TGR 在研究样本期内的变化趋势。此外，东部地区的 TGR 高于其他三个地区，且明显高于全国平均水平。西部、东北地区和全国生态效率的变化趋势呈先增后减的变化趋势。且西部地区生态效率和全国生态效率在 2002 年和 2007—2009 年基本保持一致。2010 年后两者的差距逐渐增大。

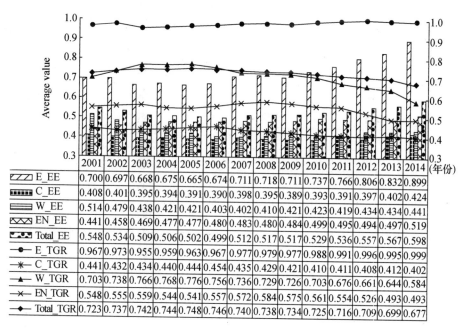

	2001	2002	2003	2004	2005	2006	2007	2008	2009	2010	2011	2012	2013	2014 (年份)
E_EE	0.700	0.697	0.668	0.675	0.665	0.674	0.711	0.718	0.711	0.737	0.766	0.806	0.832	0.899
C_EE	0.408	0.401	0.395	0.394	0.391	0.390	0.398	0.395	0.389	0.393	0.391	0.397	0.402	0.424
W_EE	0.514	0.479	0.438	0.421	0.421	0.403	0.402	0.410	0.421	0.423	0.419	0.434	0.434	0.441
EN_EE	0.441	0.458	0.469	0.477	0.477	0.480	0.483	0.480	0.484	0.499	0.495	0.494	0.497	0.519
Total_EE	0.548	0.534	0.509	0.506	0.502	0.499	0.512	0.517	0.517	0.529	0.536	0.557	0.567	0.598
E_TGR	0.967	0.973	0.955	0.959	0.963	0.967	0.977	0.979	0.977	0.988	0.991	0.996	0.995	0.999
C_TGR	0.441	0.432	0.434	0.440	0.444	0.454	0.435	0.429	0.421	0.410	0.411	0.408	0.412	0.402
W_TGR	0.703	0.738	0.766	0.768	0.776	0.756	0.736	0.729	0.726	0.703	0.676	0.661	0.644	0.584
EN_TGR	0.548	0.555	0.559	0.544	0.541	0.557	0.572	0.584	0.575	0.561	0.554	0.526	0.493	0.493
Total_TGR	0.723	0.737	0.742	0.744	0.748	0.746	0.740	0.738	0.734	0.725	0.716	0.709	0.699	0.677

图 6-2 不同区域生态效率与技术缺口比

注：E_EE、C_EE、W_EE、EN_EE、Total_EE 分别表示东部、中部、西部、东北地区和全国层面的生态效率，TGR 的标注与之类似。

表 6-1 报告了 2001—2014 年 GMI 指数及其成分的累计增长。从全国来看，2001—2014 年 CRS 和 VRS 下效率分别累计增长约 44.4% 和 15.4%，年均分别增长 2.58% 和 0.61%，而反映规模效应的规模效率累计增长 35%，这说明 14 年间中国的平均效率有一定程度提升，且投入规模的提升对效率提升的影响巨大（下文将进一步给出贡献度）。比较发现，四大区域中：

（1）东部地区累计增幅最大，CRS 和 VRS 下生态效率分别累计增长约 76% 和 46.4%，年均增长分别为 4% 和 2.33%。

（2）东北地区次之，中部地区的增速明显低于前两者。

（3）西部地区增长最慢，VRS 下生态效率甚至累计下降约 8.5%，是唯一出现负增长的区域。值得注意的是，西部地区的规模效率累计增长高达 42.75%，注意到表 6-2 中显示西部地区在各类资源投入的增长率均相对较高，这暗示着西部地区通过快速提升投入规模，获得了较高的规模报酬。

表 6-1　各区域 GMI 指数及其成分的累计变化（2001—2014 年）　单位：%

	GMI (CRS)	GMI (VRS)	纯效率变化	纯技术进步	规模效率	效率变化的规模效应	技术变化的规模效应
东部	76.01	46.38	-5.93	53.77	37.95	-13.06	56.02
中部	28.98	6.14	-18.45	30.01	22.85	0.43	22.22
西部	24.38	-8.51	-20.04	15.28	42.75	4.42	38.72
东北	43.39	17.81	-20.60	57.66	22.40	-3.34	26.58
全国	44.41	15.35	-15.07	35.29	35.13	-2.98	39.97

进一步根据式（6-7）将 GMI 指数分解为四个部分：纯效率变化、纯技术进步、效率变化的规模效应和技术变化的规模效应。可以看到，就全国而言，纯技术进步和技术变化的规模效应增长最为明显，累计增长达到 35.29% 和 39.97%，但纯效率变化和效率变化的规模效应分别为累计负增长（-15.07% 和 -2.98%）。这初步说明技术进步因素是全国生态效率提升的主要来源之一。

从具体区域来看，东部地区的纯技术进步和技术变化的规模效应增长非常明显，累计增长达到53.77%和56.02%，但纯效率变化的累计增长为负（-5.93%），说明东部地区的生态效率主要靠技术进步推动。东北地区的纯技术进步高于东部地区，但技术变化的规模效应却显然比东部地区低。西部地区的纯技术进步最低，其累计增长为15.28%，明显低于规模效率的累计增长率（42.75%），暗示着技术进步因素不是西部地区效率提升的主要来源。

表6-2　　　　　2014年各区域投入产出变量占全国的份额　　　单位:%

区域	劳动投入	资本投入	水资源投入	土地投入	能源投入	GRP	EI
全国	100.00	100.00	100.00	100.00	100.00	100.00	100.00
东部	39.00	47.82	33.84	46.23	42.32	53.12	39.18
中部	28.01	20.30	23.63	20.40	21.16	19.03	22.91
西部	25.64	22.82	32.00	22.15	27.59	18.37	27.51
东北	7.34	9.06	10.54	11.22	8.93	9.49	10.40

二 生态效率增长的成分贡献和机理分析

下文利用对数分解法［式（6-8）］测算各个成分对生态效率增长的贡献度，以量化观测纯效率变化、规模效率和纯技术进步对生态效率增长的贡献，并进而分析各区域生态效率增长的机理。

表6-3　　　　　各成分对生态效率增长的累计贡献度　　　单位:%

区域	GML（CRS）	GML（VRS）	规模效率	纯效率变化	纯技术进步	效率变化的规模效应	技术变化的规模效应
东部	100.00	57.41	42.59	-16.02	73.52	-31.10	73.60
中部	100.00	18.37	81.63	-85.72	104.06	1.13	80.52
西部	100.00	-23.93	123.93	-114.47	54.51	13.27	146.68
东北	100.00	44.26	55.74	-70.31	115.27	-9.56	64.60
全国	100.00	23.48	76.52	-54.66	78.04	-13.63	90.26

从表6-3可知，就全国而言，规模效率和纯技术进步对生态效率的贡献分别为 76.52% 和 78.04%，而纯效率变化的贡献为 -54.66%，这说明规模因素和技术进步是中国生态效率增长的主要来源。而且技术进步因素的贡献度略大，说明全国生态效率提升的第一要素不是投入规模的提升，而是技术进步水平的提升。并且，与管理效率提升相联系的纯效率变化的贡献非常低，这暗示着中国的发展仍然是粗放型的。不过，全国四大区域的情况则明显不同。东部和东北地区的规模效率贡献分别为 42.59% 和 55.74%，而纯技术进步的贡献分别为 73.52% 和 115.27%，且规模效率的提升中主要来自技术变化，由此可知，这两个区域的生态效率增长的主要驱动力来自技术进步，其次才是投入规模的提升。与西部地区的情况相反，中部地区的纯技术进步贡献了 104.06% 的增长，是第一推动力，规模效率发挥了次要但重要的作用。但该区域纯效率变化的贡献却为负（-85.72%），说明该区域并未实现较好的"追赶效应"，也暗示着中部地区具有较好的潜力，可以通过提升管理能力等途径来改善生态效率。最后，西部地区生态效率的增长绝大部分来自规模效率（123.93%），纯效率变化的贡献为负（-114.47%），纯技术进步的贡献很小，可见西部地区的生态效率增长基本上靠投入规模的提升，但西部地区生态效率的低增长说明这种模式显然不是效率增长的最佳路径。此外，四个区域中，纯效率变化的贡献度按照东部、东北、中部和西部的顺序快速降低，这暗示着其通过加强管理等途径提升效率的能力依次降低。

第四节　结论与启示

本章研究发现，全国层面上，促进生态效率提升的第一要素是技术进步。但全国四大区域的情况有所不同。东部和东北地区的生态效率增长的主要驱动力来自技术进步，其次才是投入规模的提升。但西部地区的生态效率增长基本上靠投入规模的提升。我们可以这样来解释前述发现，东部地区经济发达，经济已经处于较高规模，逐步进入规模报酬不变或者递减阶段，因此规模效应发挥的贡献有限。同时，在先富起来之后，该区域有更强的实力和动力来增加技术研发投入，更新采用先进设备和技术，借助技术进步的力量实现经济增长和环境变化的协调发展。东北地区的情况与之类似。中西部尤其是西部地区则处于较低的经济发展水平，此时增加投入的规模效应明显。中西部地区治理污染和生产产品的技术水平较低，不但缺乏资金来购置先进的技术和设备，同时也缺乏动力和资金来改造高污染的设备。因此，生态效率提升十分有限，且主要靠规模效应。并且，由于经济开放和发展程度以及效率意识的巨大差异，东部、东北、中部和西部在管理效率等方面的差距巨大，其纯效率变化的贡献也出现了巨大差异。

在东部区域，技术进步是生态效率的主要推动力。而中西部区域生态效率增长则主要源于规模因素，全国的总体特征与之相似。其直接原因也许十分简单，中西部有 17 个省（市、区）且行政面积巨大，而东部仅 10 个省市。但这一现象具有重要的政策含义：中西部区域生态效率的提升对全国具有重要影响，该区域应是中国可持续发展和生态文明建设的重点和难点区域。

综上所述，不同地域之间生态效率的差距主要是由于技术差异引起的。而且可以得出一个重要推论：技术进步尤其是技术变化的规模效率是更有效的效率"推升剂"，也是未来中西部地区提升生态效率的关键和有效途径。并且即使技术进步难以在短期内实现，中西部还可通过大幅度增强管理能力和效率意识来提升生态效率。

第七章 区域生态效率受影响机制分析及其空间计量检验

前文介绍了生态效率的测算方法并对中国的生态效率时空特征做了详细分析。然而，区域生态效率究竟受到哪些因素的影响？各类因素对于生态效率的具体作用情况是否因时因地而不同？区域生态效率是否还会受到周边地区相关因素的影响？如何有效提升区域生态效率？本章尝试回答前述重要问题。逻辑上，生态效率可能受产业结构、技术创新、金融发展、环境规制、人口规模、能源结构、产权结构和外资利用等多种因素的影响。产业结构、技术创新和金融发展等对经济的影响是管理者和学术界关注的热点，但这些因素与区域生态效率之间的关系却未得到足够关注。因此，本章重点以产业结构、技术创新和金融发展为研究对象，考察其与生态效率之间的关系。

第一节 影响机制分析与关键变量选取

下面分别分析产业结构、技术创新和金融发展影响生态效率的机制，并选取相应的代理变量。

一 产业结构与生态效率

已有研究中，产业结构影响经济增长的观点已被国内外学者广泛认可。经济发展理论中的结构主义学说在这一领域做出了先驱性的贡献，代表性成果包括"配第—克拉克定律"（Clark，1940）、"库兹涅茨假说"（Kuznets，1959）、"三次产业结构变迁理论"（Kuznets，1971）、"发展模式理论"（Chenery，1956）、"经济增长阶段论"

（Rostow，1959）等。结构主义学说抛弃了传统经济理论中的平衡增长假设，注意考察经济增长中的结构因素，描述和总结了世界各国产业结构上经济增长关系的规律。

学者们经常利用结构红利理论来阐述产业结构与生产率的关系。由于各产业生产率的水平和增长率具有系统性差异，投入要素从生产率低或生产率增长水平低的产业部门向生产率高或生产率增长水平高的产业部门流动，会促进区域总生产率增长（张少辉等，2014）。而总生产率增速超过各产业生产率增速加权和的余值就是结构变化对生产率增长的贡献，即"结构红利"（吕铁，2002）。该理论假说的思想可以追溯到克拉克（Clark）和库兹涅茨（Kuznets）等关于经济发展和产业结构关系的研究。"结构红利"效应强调要素流动对生产率增长具有正向作用（张军等，2009）。然而，围绕结构红利效应是否显著存在这一问题，实证研究结论并不一致（渠慎宁、吕铁，2016）。一些研究发现，结构红利不仅有利于提升社会生产率，其也是经济持续增长的来源之一（Peneder，2003；干春晖等，2011），中国的资本和劳动要素在总体上均实现了结构红利效应（王鹏，2015）。刘伟和张辉（2008）发现产业结构转型对生产率提升和经济增长具有带动作用，但随着时间推移，结构红利带来的边际收益逐步减少。吕铁（2002）通过测算产业结构转型过程中制造业全要素生产率的变化，发现中国制造业的结构变化对劳动生产率增长存在影响，但"结构红利"效应并不显著。本书发现已有文献很少将环境污染因素纳入结构红利理论，因而难以直接将结构红利理论用于解释产业结构与生态效率之间的关系。

产业结构优化主要包括产业结构合理化和产业结构高度化两个维度：产业结构高度化是指通过技术进步，产业结构的整体素质和效率从低水平向高水平发展；而产业结构合理化是指产业与产业之间协调能力的加强和关联水平的提高（王耀中、陈洁，2012）。这两个方面内容是产业结构相关文献的主要研究对象，故本书也从产业结构高度化和产业结构合理化两个方面来探讨和检验产业结构优化影响生态效率的若干机制，具体机制如图 7-1 所示：

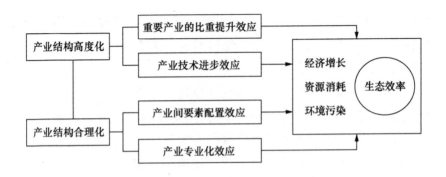

图7-1 产业结构影响生态效率的机制

（一）产业结构高度化影响生态效率的机制和相关变量选取

观察产业结构高度化时一般侧重于分析单一产业在整个区域经济中的地位。例如，在工业化时代，产业结构高度化是指工业部门在经济体系中的重要性和贡献增加；而在后工业化时代，产业结构高度化则是指服务业在经济体系中的重要性和贡献增加。产业结构高度表面上是对不同产业的份额和比例关系的一种度量，本质上则是对劳动生产率的衡量（刘伟等，2008）。产业结构高度化实际上包含了两重内涵，即比例关系的演进和劳动生产率的提高，前者是产业结构高度化的量的内涵，后者才是产业结构高度化的质的内涵（张辉，2015）。借鉴前述文献思路，本书认为，产业结构高度化至少可以通过两个方面的机制影响生态效率。

第一，重要产业的比重提升效应。单个产业在整个区域经济体系中的份额和贡献增加，其经济产出、资源利用能力以及污染物的排放对整个区域的影响也随之增加，进而影响到整个区域的经济增长、资源节约和环境污染水平，使区域生态效率发生变化。具体到代理变量选取方面，早期许多文献根据克拉克定律用非农业产值比重变化刻画产业结构升级或者高度化过程。但在信息技术革命等因素影响下，主要工业化国家出现了"经济服务化"趋势，经济结构的服务化成为产业结构升级的重要特征之一。在此背景下，一些文献用工业占GDP比重（彭水军等，2006；曾贤刚，2011）、服务业占GDP比重（袁晓玲、仲云云，2010；邓波等，2011）等指标来度量产业结构高度化水平，以考察产业结构是否朝着"服务化"的方向发展。为了全面进行考察，本书考虑了工业增加值、服务业增加值分别占 GDP 的比重以及重工业总产值占工业总产值的比重这三个指标，力求从不同产业角度实证考察产业比重提升效应的存在性及其影响方向。当工业属于高投入、高能耗、高污染而低附加值的粗放类型时，区域产业结构中工业占比越高，则区域生态效率越低。而服务业则具有高附加值、低污染等特征，因此预期服务业占比增加有助于生态效率的提升。特别地，重工业一方面属于高技术含量和高经济产出行业，另一方面往往也具有高能耗、高污染特征，因此可能会导致两种情况：其一，区域重工业发达，但因环境治理力度不足而产生日益严重的环境污染问题，故其比重上升将导致生态效率水平降低；其二，重工业发达的同时也较好地实现了能源集约利用和环境污染治理，环境减排措施效果明显，有效降低了污染物排放量，因此重工业比重的提升反而可能有助于提高生态效率水平。

第二，产业技术进步效应。单个产业的技术创新和技术进步有利于产业内资源利用效率和劳动生产率的提升，进而对整个区域的资源利用效率和劳动生产率产生积极影响。产业内新技术尤其是节能技术、污染物控制技术的应用将有助于降低能耗和减少污染排放，进而提升生态效率。并且，技术进步的贡献可以体现在劳动生产率的增长上，一个经济体的产业结构高度与该经济体中劳动生产率较高的产业所占份额大小呈正向关系（刘伟等，2008）。根据数据可得性，本书利用三次产业的相关数据测算以产出占比为权重的加权总体劳动生产率：

$$WPL_j = \sum_{i=1}^{3} \left(\frac{Y_i}{Y} \cdot \frac{Y_i}{L_i} \right) \tag{7-1}$$

式（7-1）中，$i(i=1, 2, 3)$ 表示产业；j 表示第 j 个省（市、区）；Y 表示总产出，为各产业的产出 Y_i 之和。加权总体劳动生产率越高，说明经济体中劳动生产率较高的产业所占份额越大，同时也意味着产业技术进步对经济增长的贡献越大，所以本书用加权总体劳动生产率反映产业技术进步效应，并预期加权总体劳动生产率的提高有利于提升地区的生态效率水平。

（二）产业结构合理化影响生态效率的机制和相关变量选取

在观察产业结构合理化情况时，本书侧重于分析多个产业之间的关系及其发展的综合效应。本书认为，产业结构合理化至少通过两个方面的机制影响效率。

第一，产业间要素配置效应。产业结构合理化的核心目标之一是实现生产要素在部门间的合理配置，而实现要素有效配置的关键是让资源从利用效率低的部门流向效率高的部门，使高效率部门加快发展并发挥更重要的作用，因此实现产业结构合理化的关键不是使各产业的产出比重或者要素利用效率相同，而是要使高效率的产业在区域经济中占有更高比重。

参考已有文献（Fagerberg，2000；Timmer，2000；Peneder，2003；刘伟、张辉，2008；张辉，2015），运用转换份额分析（Shift - Share Analysis）方法可将第 t 期劳动生产率 LP 的增长率（与初始第 0 期相比）分解如下：

$$\frac{LP^t - LP^0}{LP^0} = \frac{\sum_{i=1}^{n}(S_i^t - S_i^0)LP_i^0}{LP^0} + \frac{\sum_{i=1}^{n}(LP_i^t - LP_i^0)(S_i^t - S_i^0)}{LP^0} +$$

$$\frac{\sum_{i=1}^{n}(LP_i^t - LP_i^0)S_i^0}{LP^0} \qquad\qquad (7-2)$$

式（7-2）中，S_i^t 表示第 t 期 i 产业的劳动所占份额，LP_i^t 表示第 t 期 i 产业的劳动生产率，余者类推。式（7-2）表明劳动生产率的增长可以分解为三个部分：该式右边第一项度量了在各部门劳动生产率保持不变的前提下，劳动要素从劳动生产率较低的产业流向劳动生产率较高的产业所引起的总体劳动生产率变化，称为静态结构变迁效应；右边第二项度量了在各部门劳动生产率发生变化的同时，劳动要素在劳动生产率不同的部门间流动所引起的总体劳动生产率变化，称为动态结构变迁效应；右边第三项度量了各产业内部技术效率变化和技术进步等因素导致的各产业内劳动生产率的变化，称为生产率增长效应（刘伟、张辉，2008）。

式（7-2）等号右边前两项之和即为结构变迁效应（SCE），具体计算公式为：

$$SCE_j = \frac{\sum_{i=1}^{n} (S_{ij}^t - S_{ij}^0) LP_{ij}^0 + \sum_{i=1}^{n} (LP_{ij}^t - LP_{ij}^0)(S_{ij}^t - S_{ij}^0)}{LP_j^0} \qquad (7-3)$$

在经济发展的过程中，各部门劳动生产率水平均会有不同程度的提升，且高效率部门的劳动生产率增幅通常大于低效率部门的劳动生产率增幅，与此同时低效率部门的劳动力要素不断流入高效率部门。所以，式（7-3）中的 SCE 数值越大，意味着产业间的要素配置越合理，而要素配置的合理化能够有力地推动社会经济的发展、资源的集约利用以及环境污染的集中治理，所以本书预期该变量对生态效率的影响方向为正。

第二，产业专业化效应。区域生产专业化是指一个区域利用其在某类产业或产品生产的特殊有利条件，大规模集中地发展某个行业或某些行业并将其产品对外输出，以形成专业化优势并最大限度地获得经济效益。例如，资源禀赋丰裕型区域可以集中发展资源开发和加工等相关产业，从而形成资源类产业占优势地位的产业结构。以 Marshall 为代表的专业化外部性理论认为，由于知识溢出主要发生在同一产业内不同企业之间，专业化产业在地理空间上的集聚有利于企业间知识的传递、运输成本的下降和劳动力市场的获得（王耀中、陈洁，2012；颜礁，2012）。专业化对生态效率的影响具有双重性：一方面，专业化有助于资源和要素集聚，有利于同行业企业之间进行信息共享和知识溢出，有利于技术创新和资源的节约利用，从而促进经济增长和生产效率提升；另一方面，生产集聚也可能带来污染的集中，产业结构单一化将导致区域经济抗风险能力偏弱，当宏观经济下行或者产品价格下跌时可能不利于保持经济稳定增长，而狭窄的技术专业化甚至会阻碍新知识的产生并抑制技术创新（程开明，2011）。因此，在理论上难以判断产业专业化对生态效率的总体影响方向。

本书采用工业赫芬达尔指数来观察地区生产专业化情况：

$$HHI_j = 10000 \cdot \left[\sum_{k=1}^{27} \left(\frac{L_k}{L} \right)^2 \right] \qquad (7-4)$$

式（7-4）中，HHI_j 表示第 j 个省（市、区）的工业赫芬达尔指数，HHI_j 越大表明地区产业专业化程度越高；$k = 1, 2, \cdots, 27$，表示 27 个工业细分行业；[①] L_k 表示第 k 个细分行业的就业人数；L 表示上述 27 类工业细分行业的就业人数之和。

二 技术创新与生态效率

对内生增长理论的早期发展做出重要贡献的保罗·罗默（Paul M. Romer，1986；1994）和罗伯特·卢卡斯（Robert E. Lucas，1988）均认为，技术进步在经济增长中起决定性作用，而且技术、知识、人力资本具有溢出效应，这种溢出效应的存在是经济实现增长所不可缺少的条件。熊彼特（Schumpeter）在其论著《经济发展理论》（1911）中也指出，技术创新是经济增长和发展的主要动力，创新实现的过程就是经济增长的过程。从严格意义上来说，"技术创新"和"技术进步"这两个表述的内涵是有差异的。"技术创新"强调过程，而"技术进步"更强调结果。"技术创新"更突出人的主动性和能动性，故分析技术创新与经济增长、资源消耗与环境污染之间的关系更能反映技术这一重要生产要素对于人类社会以及生态环境的影响。

一些学者利用 Malmquist 生产率法来衡量技术发展水平。李廉水、周勇（2006），赵楠、贾丽静和张桥军（2013）均将运用 Malmquist 生产率方法得到的全要素生产率作为总体技术进步的代理变量。还有些学者通过分解 Malmquist 指数来考察技术进步对生态效率的贡献，如王兵等（2010）、Huang 等（2014）。然而，技术发展和全要素生产率毕竟是两个不同的概念，尽管两者之间存在紧密联系。相对而言，

---

① 包括煤炭开采和选洗业、石油和天然气开采业、黑色金属矿采选业、有色金属矿采选业、非金属矿采选业、农副食品加工业、食品制造业、饮料制造业、烟草制品业、纺织业、纺织服装鞋帽制造业、造纸及纸制品业、石油加工及炼焦加工业、化学原料及化学制品制造业、医药制造业、化学纤维制造业、非金属矿物制品业、黑色金属冶炼及压延加工业、有色金属冶炼及压延加工业、金属制品业工业、通用设备制造业、专用设备制造业、交通运输设备制造业、电气机械及器材制造业、通信设备计算机及其他电子设备制造业、仪器仪表及办公机械制造业以及电力、热力的生产和供应业。

全要素生产率既是一个更具综合性的概念和变量，也是技术创新和技术进步的目标与结果之一。Mogee（1991）认为，专利能较好地表示创新活动程度。Paci 等（1997）进一步阐明，在产业和国家层面上，专利能够提供关于技术标准来源的客观信息，从而可以揭示技术发展趋势以及说明当前的技术创新水平和发展速度。Kyungpyo 和 Sungjoo（2013）在其文章中指出，专利注册数量是目前用于衡量技术创新水平最为常见的指标。因此本书认为，较之全要素生产率，专利及其相关指标能够更好地描述技术创新情况。

社会和经济活动的环境效应深受技术变革速率和方向的影响，新技术既可能产生或加剧污染，又可能减缓或取代现存的污染活动（Jaffe，2003）。Khazzom（1980）界定了技术的"回弹效应"（Rebound effect）：生产技术的进步一方面可能有利于降低能源消耗和开支，从而降低环境污染程度；另一方面技术的发展也推动了经济增长，进而可能引致对资源产生更多需求，导致资源消耗量增长，从而对环境产生更严重的负面影响。由于"回弹效应"的存在，技术创新对涵盖经济、资源、环境三方面内容的生态效率作用方向需通过实证予以观察。

目前，已有大量研究者对于技术创新与经济、资源、环境之间的实证关系进行了有益的探讨，得到一系列有价值的研究成果。本书对这些研究成果进行了整理，并将一些代表性文献汇总在表 7 - 1 中。

表 7 - 1　　　　　　　　　　　相关代表性文献总结

作者	技术创新代理变量（主要解释变量）	被解释变量	计量模型	主要结论
朱勇 张宗益（2005）	每万人科技活动人员数量 R&D 人员 R&D 经费 专利申请受理量 发明专利申请授权量	地区 GDP 地区人均 GDP 工业增加值 全员劳动生产率	固定效应模型	地区经济发展水平的80%都可由技术创新能力来解释，但是由于各区域技术创新能力的差异也导致了区域经济发展水平存在差异

续表

作者	技术创新代理变量（主要解释变量）	被解释变量	计量模型	主要结论
涂正革 刘磊珂 (2011)	大中型工业企业的科技经费支出强度 大中型工业企业技术改造经费支出强度 大中型工业企业技术引进经费支出强度	SBM 环境效率	OLS、固定效应、随机效应模型	自主研发投入（自主研发投入强度，即大中型工业企业科技活动经费支出与规模工业增加值的比值）可有效提高 SBM 环境效率；技术引进（技术引进投入强度为大中型工业企业技术引进经费支出与规模工业增加值的比值）有利于提升 SBM 环境效率；技术改造（技术改造投入强度为大中型工业企业技术改造经费投入与规模工业增加值的比值）对 SBM 环境效率有显著的负效应
赵树宽 余海晴 姜红 (2012)	专利申请量	国内生产总值	VAR 模型	技术创新能力对经济增长的促进是有效的，并且具有长期的持续效应
李海东 王善勇 (2012)	R&D 经费支出与 GDP 的比值	通过因子分析法得到的各省份生态效率值	固定效应模型	地区科技水平与生态效率呈正相关关系；加大科技资金投入力度，可以显著提高生态效率

续表

作者	技术创新代理变量（主要解释变量）	被解释变量	计量模型	主要结论
林善浪张作雄刘国平（2013）	创新投入：人力资本（科技从业人员数），资金投入（R&D投入）创新产出：专利申请（专利申请受理数），专利市场化（新产品价值）	碳生产率（GDP与CO_2排放量之比）	空间滞后模型，空间误差模型	技术创新对碳生产率的影响作用趋于增强
付丽娜陈晓红冷智花（2013）	各地区大中型企业研究和实验发展经费支出与工业增加值的比值	通过超效率DEA模型得到的生态效率值	Tobit回归模型	科技投入对于生态效率的影响是积极的；要鼓励大中型工业企业的研发投入积极性，促使企业成为区域内技术研发的投资主体和科技成果转化的主体，鼓励企业积极开展产业关键性技术、低碳生态技术及其他绿色技术的开发，并且有效促使相关技术在产业内、产业间及整个城市区域内的扩散，从而在获得预期经济效益的同时也产生可观的生态效益，最终促使生态效率的显著提升
胡彩梅付伟韦福雷（2014）	省域R&D经费内部支出占全国的比重省域专利申请量占全国的比重	考虑非期望产出的能源效率	固定效应空间Durbin模型	R&D经费支出所表征的技术进步投入要素对中国省域能源效率的影响总体上是消极的，专利申请量所表征的技术进步产出要素对能源效率产生的影响总体上是积极的

作者	技术创新代理变量（主要解释变量）	被解释变量	计量模型	主要结论
王瑾 （2014）	工业技术自主创新（规模以上工业企业R&D经费） 工业技术创新成果转化（各地规模以上工业企业新产品工业总产值） 高技术行业占工业比重（高新技术产业总产值与地区工业总产值的比值）	通过超效率DEA模型计算得到的地区工业生态效率值	变截距固定效应模型	工业自主创新在生态有效地区呈现显著正效应，在生态无效地区和全国范围内均呈显著负效应；衡量创新成果转化的新产品生产在各类型地区中均呈现显著负效应，表明在成果转化和生产过程中仍难摆脱传统的粗放型特征；高技术行业的工业比重对生态效益呈显著正效应，但中西部地区高技术行业的生态正效益并不显著
黄永春 石秋平 （2015）	研发投入强度（研发支出占GDP的比值） 研究结构（基础研究占应用研究的比重） 研发来源（政府投资和企业投资的比值）	环境全要素生产率	Tobit模型	R&D来源和R&D结构对区域环境全要素生产率的影响具有地区差异性，其中东部地区企业研发投入的驱动作用较大，并应提高基础研究投入。而中西部地区政府研发投入的驱动作用较大，并应强化应用研究

可以看到，大部分文献通过实证检验发现了技术创新对于经济增长和环境保护的促进作用。但是也有文献显示技术具有一定的环境负效应，如涂正革、刘磊珂（2011）发现工业企业技术改造对SBM环境效率有显著的负效应，胡彩梅等（2014）发现R&D经费支出所表征的技术投入要素对中国省域能源效率的影响总体上是消极的。同时，已有文献在研究相关问题时很少关注技术创新结构。技术创新总

体水平和技术创新结构对于生态效率的影响方向和力度可能存在差异，因此需要从总体和结构两个方面分别探讨技术创新影响生态效率的途径。

　　本书从技术创新总体和技术创新结构两个层面提出技术创新影响生态效率的若干机制，其中技术创新结构分别通过投入结构效应和产出结构效应对生态效率产生影响。具体如图7－2所示。

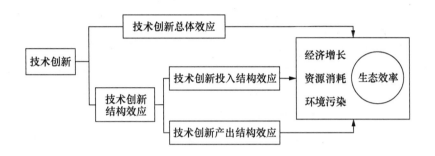

图7－2　技术创新影响生态效率的机制

（一）技术创新总体效应

　　技术创新总体效应反映了区域总体技术水平与生态效率之间的关系。一般地，技术创新活动有助于提升整个区域和产业的技术水平，使新机器、新设备、新方法得以应用，使清洁能源和环境保护技术得以推广、普及，有助于提高劳动生产率和资源能源利用效率，促进经济持续增长以及降低环境成本。

　　然而，技术—环境悖论认为，技术具有双重角色，即技术既是产生环境问题的来源，同时也是解决环境问题的手段（邹成效，2006）。技术发展在给人类带来巨大物质财富的同时，也引发了一系列资源环境问题（GrublerAmulf，2003；李洁，2008）。技术进步背景下的工业化带来了生产力的巨大进步和经济的快速发展，但也带来了严重的资源枯竭、工业污染以及环境恶化问题。为了应对技术的环境资源负效应，人类还需要进一步发展绿色技术，基于技术创新对自然环境进行补救。这就意味着一般意义上的技术水平与生态效率之间存在复杂的关系，可能因时因地而异。如在工业化初级阶段，技术水平的提升往往伴随着愈加突出的环境污染和资源耗用问题。而处于不同发展阶段的各区域，其技术水平与生态效率之间的关系也往往存在差异。因此，实践中技术创新总体效应的方向和大小有待通过实证检验给出。

实证研究中代理变量的选取十分关键。如前所述，许多文献将全要素生产率作为技术创新和技术进步的代理变量。然而，技术、管理、制度和基础设施等因素都有可能对全要素生产率产生影响，故用全要素生产率代理技术创新水平并由此得出的研究结论难以提供具体、明确的政策建议。而且，生态效率实质就是考虑环境等因素后的全要素生产率。有些文献用 R&D 经费投入来反映技术创新整体状况（李海东、王善勇，2012），然而从经费投入技术创新完成并应用于实践这一过程需要耗费较长时间，当期 R&D 经费投入对当期的生产率贡献可能甚微。而专利作为技术开发的高端成果，在授权前需要经历较长时间的申报和审核环节，获得授权时相关技术一般已投入应用，故当期获得授权的专利可以直接促进经济增长和效率提升（黄建欢、许和连，2016）。鉴于此，本书用发明、实用新型和外观设计三项专利的每万人授权总数作为区域技术创新总体水平的代理变量。

（二）技术创新结构效应

一个不容忽视的问题是，不同的技术结构下区域技术创新对生态效率的影响可能不同。技术结构是指一定时期内，区域各经济部门技术体系中各类技术手段之间的比例关系。经济发达国家的技术体系中，先进技术占比较大，初级技术占比较小。而发展中国家技术体系中，初级技术占比往往较大，尖端和先进技术力量则较为薄弱。结合数据可得性和关注重点，本书考虑技术创新投入结构和技术创新产出结构，前者主要考察区域各类创新主体的技术创新投入相对比重情况，后者则主要考察区域技术创新中最具创新价值的技术占比情况。

朱勇、张宗益（2005）指出，研发投入和专利活动是目前用于衡量技术创新投入产出的最常用指标。在区域技术创新体系中，参与技术创新活动的主体有企业、科研院校、个人等。其中，作为追求效益最大化的经济体，企业会高度重视 R&D 投入的经济效益以取得更好的产出效率。当区域内企业 R&D 投入占比较高时，其科研活动及其成果对本地经济产出的贡献应更为有效、直接，同时企业清洁生产技术水平的提高还会对当地资源与环境两大系统产生正面影响，进而有利于该地区生态效率的提升。根据数据可得性，本书引入大中型工业企业 R&D 人员投入占比这个变量，预期该变量对生态效率的影响方向为正。在创新产出结构效应方面，关键是要考察最具创新性技术的占比情况。最具创新价值的技术占比越高，区域的技术结构越高级，则越有可能在促进经济增长的同时减少资源消耗和环境污染。考虑到发明专利是最具创新价值和技术含量的专利类型，其比重越高意味着区域技术创新的质量和水平越高，故本书采用发明专利占当年专利授权数量比重来反映创新产出结构，并预期该比重的提升有助于提高地区的生态效率水平。

三　金融发展与生态效率

目前国内外探讨金融发展对生态效率影响的文献尚不多见。"生态效率"是一个涵盖经济、资源、环境三个方面的综合性概念，不仅反映了区域绿色发展水平，还从投入产出效率角度反映了资源、环境和经济复杂系统的协调程度以及生态文明水平（黄建欢、许和连，2016）。鉴于目前国内外研究者往往将资源消耗问题纳入经济增长或环境保护问题中进行探讨，下面先梳理国内外学界分别在金融发展与经济增长、金融发展与环境保护两个方面的研究成果，在此基础上总结提炼金融发展对区域生态效率的影响机制。

（一）金融发展与经济增长

早在 1911 年，熊彼特在《经济发展理论》一书中提出：由金融中介提供的金融服务对于技术创新和经济发展而言至关重要。自 20 世纪五六十年代以来，金融发展与经济增长之间的关系得到越来越多经济研究者的关注。Goldsmith（1969）率先提出金融结构理论，认为金融发展过程就是金融结构的变化过程，金融资产数量及结构的变化深刻影响着经济增长。几年后，McKinnon（1973）、Shaw（1973）开创性地提出金融抑制理论，强调若政府对金融系统存在过多的干预行为，金融系统则会面临运作缺乏效率、发展滞后的威胁，最终对经济增长产生负面影响。进入 20 世纪 90 年代后，内生金融发展理论逐渐兴起，其主要观点是：金融体系通过风险控制、资源配置、公司治理、储蓄动员、促进交易这五大功能实现改善资本配置、加快资本积累和促进技术创新的目的，进而推动经济增长（Bencivenga，Smith，1991；King，Levine，1993；Levine，1997；2005）。

近十几年来，国内学者对中国金融发展与经济增长之间的相关关系进行了大量的实证分析，许多文献发现金融发展对中国的经济增长具有正向促进作用。谈儒勇（1999）发现中国金融中介体发展和经济增长之间有着显著的正相关关系，周立和王子明（2002）研究显示促进金融发展有利于长期经济增长，张军和金煜（2005）发现金融深化和生产率增长之间的关系显著为正。最近几年，国内学者在研究金融发展与经济增长问题的同时更多地考虑了制度等外在环境对于金融发展的影响。李青原等（2013）一方面发现金融发展促进了中国区域实体经济资本配置效率的提高，另一方面却发现地方政府的干预妨碍了金融系统对实体经济资本配置效率改善功能的有效发挥。李延凯和韩廷春（2013）对 1999—2009 年多国数据的研究结果表明，更为规范和优良的金融环境（法制、政治等环境）会增强金融发展对经济增长的促进作用。

（二）金融发展与环境保护

截至目前，国内外关于金融发展与环境保护问题研究的文献较少。已有文献对于该问题的探讨大多从"环境金融"、"可持续金融"、"绿色金融"等概念出发，侧重对相关概念、意义及作用效果等进行阐述。Joly（2002）指出，"可持续金融"（"绿色金融"）意味着投资者需要寻找那些注重保护环境且通过树立良好环保公益形象获得竞争优势的企业，认为新兴市场国家需要引进与发达国家类似的环境立法使投资者和获资方共同承担环保责任。Perez（2007）认为，"绿色金融"对传统的金融法律体系带来了深刻挑战，"绿色"金融工具使传统的投资行为不得不进行改变，故建议各国政府在绿色金融发展问题上建立协调合作关系。王卉彤和陈保启（2006）认为，在制度层面上构建起"绿色金融"激励机制将有助于实现金融创新和推动循环经济发展。阎庆民（2010）指出以"碳金融"为标志的绿色金融服务体系是低碳经济发展的支撑平台，发展低碳经济需创新"碳金融"服务模式。

（三）金融发展对生态效率的影响机制

总结已有文献研究成果，本章认为，金融发展主要通过资本支持、资源配置和企业监督这三种效应分别影响经济增长和环境保护，进而对生态效率产生影响。金融发展对生态效率的影响机制可归纳如图7-3所示。

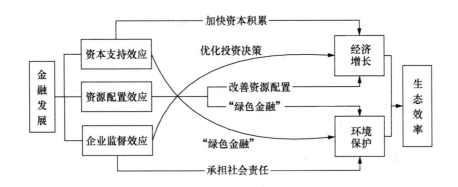

图 7-3　金融发展影响生态效率的机制

1. 资本支持效应

金融体系在现代经济中的地位日益重要，其已成为现代经济的核心（林毅夫等，2009）。因为能有效降低交易费用和信息成本，金融中介和金融市场大幅度提高了资金需求方和资金盈余方的匹配概率，使两方各得所需，同时也加快了储蓄转化为投资的速率。资本积累是经济发展的重要源泉之一，实体经济的发展需要大量的资金支持。在资本实力相对雄厚的区域，微观主体可以获得相对更多的资本要素投入并实现规模经济，因而可能具有相对更高的经济产出和生产率水平（黄建欢等，2014）。另外，可持续发展的重要性日趋凸显，国家陆续出台相关政策鼓励低污染、低能耗的高新技术产业发展以及推动传统重化工业向低碳环保型方向转变，所以清洁生产水平高的企业能获得更多的政策和资金支持从而在市场中拥有更大的竞争优势。其他企业为了获得更多的融资机会以及增强市场竞争力，必然会努力提升自身的清洁生产能力。从而金融发展不仅可以通过加快资本积累推动经济增长，而且还可以通过"绿色金融"途径使企业在生产时更注重减少对环境产生的负面影响。本书选取两个代理变量对资本支持效应进行观测：用人均存款衡量资本支持的潜在能力，用存贷比衡量资本支持强度。本书预期这两个变量均与生态效率具有正向关系。

2. 资源配置效应

白钦先（2006）指出，金融的核心功能是资源配置，金融体系通过进行储蓄动员和项目选择从而达到提高资源配置效率的目的。与"资本支持效应"相比，资源配置效应更为强调金融系统在运作上的主动性和选择性。经济本质上就是价值的生产和流动过程，价值生产直接依赖于资源配置结果，而资源总是稀缺的，于是金融在便利价值生产和流动的同时发挥着重要的资源优化配置作用。在市场机制的作用下，增长型产业能够获得更多的投资和资金流入，而衰退型产业则会出现资金流出的现象（Wurgler，2000）。因此，更多的社会资源被分配到更有经济效率的行业和企业中，从而社会总产出增加。同时，在"碳金融"等"绿色金融"先进理论的指导下，金融系统必然会越来越倾向于为节能环保型企业提供融资服务，引导更多的社会资源向污染少、技术和知识密集度高的行业和企业集中，在促进经济增长的同时也增强了对环境的保护力度。借鉴黄建欢等（2011），本书采用贷款配置效率来考察资本配置效应，其计算方法为：当地GDP占全国比重/当地贷款总额占全国比重，该比重越高意味着该地区的资本配置水平越高。所以，本书预期该比重的增加会对地区生态效率水平的提升起到积极的推动作用。

3. 企业监督效应

公司治理是理解经济增长和金融部门角色的关键（Levine，2005）。金融系统存在监督融资企业生产经营行为的内生动力：在间接融资市场上，银行在放贷之前对于有融资需求的企业盈利能力、财务状况等进行详细调查和了解，从而保证贷款质量及有效控制风险；

而直接融资市场对于企业信息披露有着规范和严格的要求，相关投资者可由此对所投资的公司进行监督。企业在多方面的外部监督下会更加注重公司治理，提高资金利用效率和公司经营业绩，社会经济在微观主体的合力下实现增长。企业不仅是社会生产的主体，其更承担着一定的社会责任，尤其是近年来"企业社会责任"受到越来越广泛的关注。企业为了更为便利地获得资金支持以及提升自己的公众形象，将更加注重自身在环境保护、社会公益等方面的表现。考虑到目前间接融资仍是中国企业获得外部资金支持的主要途径，且企业的负债程度应与其受监管的强度呈正相关关系，故本书用上市公司长短期借款占其总资产的比重来衡量金融对企业的监督效应，并预期该变量对生态效率的影响方向为正。

第二节 计量模型、变量和数据说明

本节首先介绍计量模型的选择依据以及相关检验步骤，然后对所使用的变量和数据来源进行说明。

一 空间计量模型

由于区域之间存在客观的经济或社会联系，区域之间的经济社会环境指标不是独立的，而是在空间上存在相互影响。因此，研究区域发展时需要充分考虑空间关联性，否则得出的结论可能会存在偏误。

（一）空间相关的初步检验

为观测经济现象的空间关联效应，文献中提出了多种方法，其中 Moran's I 指数（Moran，1950）和 Geary's C 指数（Geary，1954）应用最为广泛。

Moran's I 指数的计算方法如式（7 - 5）所示：

$$I_t = \frac{\sum_{i=1}^{N} \sum_{j=1}^{N} w_{ij} (Y_{it} - \overline{Y}_t)(Y_{jt} - \overline{Y}_t)}{S^2 \sum_{i=1}^{N} \sum_{j=1}^{N} w_{ij}} \qquad (7-5)$$

式（7-5）中，$S^2 = \frac{1}{N} \sum_{i=1}^{N} (Y_{it} - \bar{Y}_t)^2$，$\bar{Y}_t = \frac{1}{N} \sum_{i=1}^{N} Y_{it}$，$Y_{it}$表示第 t 期第 i 个区域的观测值，N 为空间个体数量即省（市、区）个数；w_{ij} 为空间权重矩阵 W_N 第 i 行第 j 列元素。本章中的空间权重矩阵 W_N 采用邻接矩阵形式，即若两个省（市、区）i 和 j 在地理上相邻则 w_{ij} 取值为 1，否则 w_{ij} 取值为 0，然后对空间权重矩阵 W_N 做行标准化处理，即使其每行元素之和等于 1。Moran's I 指数实际上是观测值与其空间滞后值之间的相关系数，取值范围为 [-1，1]。Moran's I 指数大于 0 表示正自相关，越接近 1 表明空间正相关性越强；小于 0 表示负自相关，越接近 -1 表明空间负相关性越强；越接近 0 表明空间相关性越弱。

另一常用指标 Geary's C 指数的计算公式如下：

$$C_t = \frac{(N-1) \sum_{i=1}^{N} \sum_{j=1}^{N} w_{ij}(Y_{it} - Y_{jt})^2}{2(\sum_{i=1}^{N} \sum_{j=1}^{N} w_{ij})[\sum_{i=1}^{N}(Y_{it} - \bar{Y}_t)^2]} \tag{7-6}$$

式（7-6）中，C_t 的取值一般为 0—2，大于 1 表示负相关，小于 1 表示正相关，而等于 1 表示不相关。

（二）具体计量模型的选择

空间计量经济学与标准计量经济学的最大区别在于，空间计量经济学充分考虑了不同研究样本之间的空间相关关系。这种空间相关性主要有三种表现形式（Elhorst，2014）：一是不同样本被解释变量之间的空间相关关系；二是样本解释变量对其他样本被解释变量的空间影响；三是误差项之间的空间相关性。所以根据研究样本之间空间相关关系的不同，空间计量模型的具体形式包括空间自回归模型（Spatial autoregressive model）、空间误差模型（Spatial error model）、空间杜宾模型（Spatial Durbin model）等。

依据 Florax 等（2003）、Mur 和 Angula（2009）、Elhorst（2014）等文献，本书采取如图 7-4 所示的检验步骤来确定哪种空间计量模型是最佳的模型。

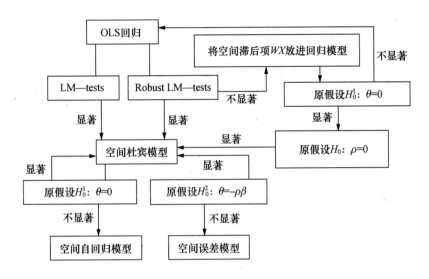

图 7 - 4　参数检验和模型选取的步骤

具体步骤说明如下：

（1）估计如下不考虑空间效应的普通面板数据模型：

$$Y_{it} = a + X_{it}\beta + h_t + \mu_i + u_{it} \qquad (7-7)$$

式（7-7）中，a 表示面板模型的截距项；h_t 和 μ_i 分别对应时间效应和个体效应；u_{it} 为随个体与时间而改变的扰动项。

然后，利用拉格朗日乘数 LM 检验（Anselin，1988）和稳健的 LM 检验（Anselin et al.，1996）判断样本之间是否存在空间误差效应或空间滞后效应，若检验拒绝没有空间效应的原假设，则进入步骤（2），否则进入步骤（3）。

（2）估计如下面板形式的空间杜宾模型：

$$Y_{it} = a + \rho\sum_{j=1}^{N} w_{ij}Y_{jt} + X_{it}\beta + \sum_{j=1}^{N} w_{ij}X_{jt}\theta + h_t + \mu_i + u_{it} \qquad (7-8)$$

式（7-8）中，ρ 为空间自回归系数，用于刻画各地区生态效率之间的空间相关关系；w_{ij} 等参数含义已在前文中进行了交代，故不再赘述。

利用 Wald 统计量检验 H_0^1：$\theta = 0$ 以及 H_0^2：$\theta = -\rho\beta$。若 H_0^1 和 H_0^2 均被拒绝，则选择空间杜宾模型；若 H_0^1 不能被拒绝，则选择空间自回归模型；若 H_0^2 不能被拒绝，则选择空间误差模型。除上述三种情况外，考虑到结果的稳健性，应采用空间杜宾模型。

（3）将自变量的空间滞后项 WX 加入回归模型，检验 H_0^1：$\theta = 0$。如果 H_0^1 不能被拒绝，则意味着应采用最小二乘法进行回归，此时不存在任何形式的空间相关性。否则，还需进一步检验 H_0：$\rho = 0$。若该假设被拒绝，则表明应采用空间杜宾模型；若不能被拒绝，则应在模型中包括自变量的空间滞后项 WX。

另外，是否控制个体固定效应和时间固定效应取决于 Hausman 检验结果和 $Corr^2$ 值①大小：若 Hausman 检验结果的 p 值小于 0.025，则选择控制个体和时间固定效应；若 Hausman 检验结果的 p 值大于 0.025，则进一步观察随机效应模型和固定效应模型各自的 $Corr^2$ 值。如果随机效应模型的 $Corr^2$ 值较大，则选择随机效应模型；反之则选择固定效应模型。

二 变量和数据

根据数据可得性，本章的研究对象是中国 30 个省（市、区），样本中暂不包括台湾省、香港特别行政区、澳门特别行政区和西藏自治区。观测期为 2001—2014 年。在总结已有文献和相关研究成果的基础上，本书将从产业结构、技术创新、金融发展、环境规制、人口规模、能源结构、产权结构、外商投资八个方面对生态效率影响因素进行全面考察。其中，产业结构、技术创新和金融发展三大因素是本章考察的重点对象。在本章的第一小节中，已详细阐述这三大因素分别对于生态效率的理论作用机制，并在此基础上进行了变量选择。所以本小节将介绍环境规制、人口规模、能源结构、产权结构、外商投资五个控制因素代理变量的选取。

（一）环境规制因素

目前已有不少国内外学者（Goldar、Banerjee，2004；Blackman、Kildegaard，2010；沈能，2012；李胜兰等，2014）对于环境规制与

---

① 为了观察空间计量模型的总体拟合优度，Verbeek（2000）提出一个指标 $Corr^2$，是因变量实际值与拟合值之间的相关系数，该指标忽略了空间固定效应所解释的差异。该值越高，意味着随机因素解释的误差相对更大，因此更倾向于随机效应模型。

生态效率之间的关系进行了探讨，但在环境规制是否有效推升了生态
效率这一问题上仍存在一定争议。在设定控制变量时，本书考虑了环
境规制这一重要影响因素，采用工业污染治理完成投资额占工业总产
值的比重来刻画环境规制强度，而其对生态效率的影响方向有待通过
实证检验给出。

（二）人口规模因素

人口规模会对地区经济和环境状况产生重要影响（师博、沈坤
荣，2013；陆铭、冯皓，2014；李鹏飞等，2014）：一方面人口规模
的扩大为当地经济增长提供了更为充足的劳动力资源以及更加旺盛的
商品及服务消费需求；另一方面人口规模的扩大也会对当地生态环境
产生更加沉重的负担，可能会导致更为严重的环境污染问题。因此，
难以从逻辑上推知人口规模的扩大是否有利于生态效率提升。本书用
各省（市、区）年末常住人口总数说明各省（市、区）的人口规模
大小，运用空间计量方法对人口规模与生态效率之间的关系进行实证
检验。

（三）能源结构因素

不同种类的能源产生的环境污染问题在程度上存在差异，中国目
前以煤炭为主的能源结构对中国的生态环境存在巨大的负面效应（王
兵等，2010；黄建欢、许和连，2016），因此有必要在研究中考虑能
源结构对于生态效率的影响。本书用煤炭消费量占能源消费总量的比
重来反映中国的能源结构状况，预期其对生态效率的影响方向为负。

（四）产权结构因素

一些学者认为（田银华等，2011；黄建欢、许和连，2016），一
方面，由于国有企业的经营效率相对较低，故区域内过高的国有企业
比重可能会扭曲该地区的资源配置，从而不利于地方经济产出的增
加；另一方面，国有企业可能更为注重环境保护，因为企业对于环境
保护的贡献会体现为管理者的成绩，而国有企业的环保成本实际由国
家承担。故难以判断产权结构因素对生态效率的影响方向。有鉴于
此，本书用国有企业工业总产值占工业总产值的比重作为产权结构的
代理变量，来实证考察产权结构与生态效率之间的关系。

（五）外商投资因素

大量学者对于外商投资与东道国环境污染之间的关系问题进行了研究（Walter、Ugelow，1979；Taylor 等，2001；苏振东、周玮庆，2010；许和连、邓玉萍，2012）。目前，学术界关于该问题主要有"污染天堂"（Pollution Heaven Hypothesis）和"污染光环"（Pollution Halo Hypothesis）两种假说。"污染天堂"假说认为，发达国家通过外商投资形式将污染密集型产业转移至发展中国家，从而造成东道国环境质量的恶化。"污染光环"假说则认为，外商投资往往将更为先进、环保的生产技术带到东道国，并通过外溢效应带动本地企业进行技术革新，从而有助于改善东道国的环境质量。因此，无法从理论上推知外商投资因素对于生态效率的实际影响方向。本书采用外商及港澳台商投资工业企业工业销售产值占规模以上工业企业工业销售产值比重这一指标来考察外商投资对于中国除港澳台和西藏以外的 30 个省（市、区）生态效率的实际影响情况。

产业结构、技术创新、金融发展、环境规制、人口规模、能源结构、产权结构和外商投资所有解释变量的数据来源情况详见表 7-2。

表 7-2 　　　　　　　　　　解释变量说明

观测因素	代理变量	变量简称	数据来源
产业结构	工业增加值占比	S_indus	《中国统计年鉴》
	服务业增加值占比	S_ser	《中国统计年鉴》
	重工业总产值占比	S_hi	《中国统计年鉴》、各省（市、区）年鉴
	加权总体劳动生产率	WPL	《中国统计年鉴》、中国经济与社会发展统计数据库
	结构变迁效应	SCE	《中国统计年鉴》、中国经济与社会发展统计数据库
	工业赫芬达尔指数	HHI	《中国工业经济统计年鉴》、《中国工业统计年鉴》、各省（市、区）年鉴

续表

观测因素	代理变量	变量简称	数据来源
技术创新	每万人专利数	Patent_per	《中国科技统计年鉴》、《中国统计年鉴》
	大中型工业企业R&D人员投入占比	S_indus_R&D	《中国科技统计年鉴》
	发明专利占比	S_dis	《中国科技统计年鉴》
金融发展	人均存款	Savings_per	《中国城市统计年鉴》、《中国统计年鉴》
	存贷比	SLR	《中国城市统计年鉴》
	贷款配置效率	GRP_loan	《中国统计年鉴》、《中国城市统计年鉴》
	上市公司长短期借款占比	Lsloan	国泰安（CSMAR）数据库、《中国证券期货统计年鉴》
环境规制	工业污染治理完成投资额占比	Inves_output	《中国统计年鉴》、《中国环境年鉴》、各省（市、区）年鉴
人口规模	年末常住人口总数	Pop	《中国统计年鉴》
能源结构	煤炭消费量占比	S_coal	《中国能源统计年鉴》
产权结构	国有企业工业总产值占比	S_soe	《中国工业经济统计年鉴》、《中国工业统计年鉴》、各省(市、区)年鉴
外商投资	外商及港澳台商投资工业企业工业销售产值占比	S_FDI	《中国统计年鉴》、《中国工业经济统计年鉴》、《中国工业统计年鉴》

　　为降低异方差因素的影响，本书对因变量生态效率 EE 和自变量 HHI、Patent_per、Savings_per、Pop 等数据进行了自然对数化转换。变量数据描述性统计情况如表 7-3 所示。

表 7-3　　　　　　　　　数据描述性统计

解释变量	均值	标准差	最小值	最大值	单位
EE	0.531	0.227	0.252	1.066	
S_indus	0.465	0.077	0.213	0.590	

续表

解释变量	均值	标准差	最小值	最大值	单位
S_ ser	0.411	0.078	0.283	0.779	
S_ hi	0.726	0.109	0.398	0.954	
WPL	6.972	4.511	1.289	25.000	
SCE	0.231	0.294	−0.550	1.509	
HHI	862.268	318.874	547.975	2635.415	
Patent_ per	3.529	5.980	0.130	36.804	项每万人
S_ indus_ R&D	0.498	0.163	0.069	0.862	
S_ dis	0.133	0.071	0.015	0.400	
Savings_ per	4.044	5.514	0.359	41.916	万元每人
SLR	0.735	0.118	0.443	1.138	
GRP_ loan	1.039	0.292	0.435	2.279	
Lsloan	0.228	0.055	0.120	0.650	
Inves_ output	0.168	0.139	0.008	1.083	%
Pop	4.365	2.632	0.523	10.724	千万人
S_ coal	0.552	0.144	0.135	0.825	
S_ soe	0.445	0.202	0.107	0.871	
S_ FDI	0.200	0.172	0.015	0.658	

注：1. 凡结构性变量均用当年价计算。

2. 非结构性变量中所用数据若涉及价格因素，则均换算为 2000 年不变价。

3. 描述性统计对象为 2001—2014 年中国 30 个省（市、区）的面板数据。

通过计算每个自变量各年度的 Moran's I 指数和 Geary's C 指数（见表 7 - 4）发现，绝大部分的自变量在观察期内均呈现出一定的空间自相关性，说明在研究中有必要考虑空间计量方法以更好地刻画样本之间的地理相关关系。

表 7 - 4　　　　　　　各变量的空间自相关性（2001 年、
　　　　　　　2005 年、2010 年、2014 年）

变量	Moran's I 指数				Geary's C 指数			
	2001 年	2005 年	2010 年	2014 年	2001 年	2005 年	2010 年	2014 年
Eco_ efficiency	0.153 * [0.092]	0.195 ** [0.038]	0.199 ** [0.037]	0.233 ** [0.018]	0.619 ** [0.011]	0.560 *** [0.005]	0.556 *** [0.002]	0.570 *** [0.001]

续表

变量	Moran's I 指数				Geary's C 指数			
	2001 年	2005 年	2010 年	2014 年	2001 年	2005 年	2010 年	2014 年
S_ indus	0.048	0.088	0.092	0.052	0.636**	0.583**	0.505**	0.536**
	[0.451]	[0.260]	[0.216]	[0.410]	[0.031]	[0.016]	[0.026]	[0.025]
S_ ser	0.041	0.026	0.127*	0.094	0.603	0.591	0.501*	0.537*
	[0.420]	[0.494]	[0.086]	[0.185]	[0.141]	[0.165]	[0.065]	[0.068]
S_ hi	0.358***	0.362***	0.419***	0.363***	0.404***	0.489***	0.515***	0.509***
	[0.000]	[0.000]	[0.000]	[0.000]	[0.000]	[0.000]	[0.002]	[0.001]
WPL	0.199**	0.245***	0.190**	0.192**	0.500**	0.563**	0.849	0.932
	[0.025]	[0.010]	[0.036]	[0.043]	[0.016]	[0.012]	[0.430]	[0.643]
SCE	−0.094	−0.005	−0.016	0.014	1.195	1.115	1.031	0.912
	[0.161]	[0.778]	[0.870]	[0.666]	[0.638]	[0.580]	[0.831]	[0.553]
HHI	−0.074	−0.126	−0.119	−0.079	1.036	1.073	1.141	1.061
	[0.702]	[0.376]	[0.425]	[0.659]	[0.865]	[0.734]	[0.470]	[0.790]
Patent_ per	0.229**	0.205**	0.249**	0.319***	0.571***	0.583***	0.593***	0.506***
	[0.017]	[0.032]	[0.011]	[0.002]	[0.008]	[0.005]	[0.004]	[0.001]
S_ indus _ R&D	−0.120	0.007	0.065	0.234**	0.915	0.735*	0.715*	0.582***
	[0.441]	[0.709]	[0.363]	[0.016]	[0.566]	[0.091]	[0.080]	[0.006]
S_ dis	0.332***	0.112	0.086	−0.004	0.488***	0.716*	0.585**	0.802
	[0.001]	[0.186]	[0.260]	[0.783]	[0.001]	[0.073]	[0.026]	[0.229]
Savings_ per	0.249***	0.235**	0.237***	0.209**	0.483***	0.478***	0.470***	0.430***
	[0.007]	[0.011]	[0.010]	[0.022]	[0.009]	[0.008]	[0.007]	[0.004]
SLR	0.175*	−0.096	−0.065	−0.100	0.649**	0.972	0.819	0.931
	[0.053]	[0.582]	[0.784]	[0.550]	[0.049]	[0.850]	[0.214]	[0.664]
GRP_ loan	0.124	0.048	0.194**	−0.051	0.743*	0.844	0.647**	0.837
	[0.154]	[0.461]	[0.039]	[0.878]	[0.086]	[0.281]	[0.021]	[0.374]
Lsloan	0.035	−0.098	0.029	0.101	0.366*	0.985	0.809	0.794
	[0.370]	[0.562]	[0.563]	[0.226]	[0.058]	[0.927]	[0.257]	[0.134]
Inves_ output	0.056	0.076	0.344***	0.243***	0.639	0.872	0.865	0.555*
	[0.274]	[0.326]	[0.000]	[0.003]	[0.254]	[0.332]	[0.453]	[0.098]
Pop	0.188**	0.183**	0.176*	0.179*	0.602**	0.610**	0.626**	0.629**
	[0.044]	[0.049]	[0.055]	[0.051]	[0.011]	[0.014]	[0.022]	[0.025]

续表

变量	Moran's I 指数				Geary's C 指数			
	2001 年	2005 年	2010 年	2014 年	2001 年	2005 年	2010 年	2014 年
S_ coal	0.179 *	0.226 **	0.258 ***	0.255 ***	0.729 *	0.632 **	0.514 ***	0.563 ***
	[0.056]	[0.019]	[0.008]	[0.009]	[0.060]	[0.013]	[0.002]	[0.004]
S_ soe	0.340 ***	0.384 ***	0.361 ***	0.370 ***	0.576 ***	0.525 ***	0.625 ***	0.570 ***
	[0.001]	[0.000]	[0.000]	[0.000]	[0.005]	[0.001]	[0.009]	[0.003]
S_ FDI	0.267 ***	0.321 ***	0.377 ***	0.340 ***	0.506 ***	0.495 ***	0.383 ***	0.386 ***
	[0.006]	[0.001]	[0.000]	[0.001]	[0.004]	[0.002]	[0.000]	[0.000]

注：1. 方括号中为 p 值。

2. *、**和***分别表示在10%、5%和1%水平上显著。

第三节 计量结果与机制检验

本章实证思路安排如下：首先，对全国30个省（市、区）2001—2014年的数据进行拟合。然后，鉴于2008年发端于美国次贷危机的全球性金融危机对中国经济发展等产生了深刻持久的影响，以2008年为分界点，分别对30个省（市、区）在金融危机前后即2001—2007年和2008—2014年两个时段上的情况进行回归分析。最后，为更好地区分中国不同区域的异质性特征，本章将全国样本分为东部地区和中西部地区①两个子样本，其中东部地区经济发展水平目前总体高于中西部地区，中部和西部地区的差异相对不大。

本节将主要从空间直接效应、间接效应和总效应角度依次深入探讨产业结构、技术创新和金融发展这三大因素对于生态效率的具体影

---

① 在本章中，东部地区的省（市、区）样本包括北京、天津、河北、辽宁、上海、江苏、浙江、福建、山东、广东和海南，中西部地区的省（市、区）自治区样本包括吉林、黑龙江、山西、河南、安徽、江西、湖北、湖南、内蒙古、青海、宁夏、陕西、四川、重庆、贵州、云南、广西、甘肃和新疆。西藏、香港、澳门、台湾因数据可得性原因未纳入样本。

响情况，然后再分析除三大关键观测因素之外的五个控制变量空间计量回归结果。采用共同前沿超效率 SBM 模型测算因变量生态效率，具体方法详见本书第三章。

一　产业结构与生态效率

本小节分析产业结构如何通过产业比重提升、产业技术进步、产业间要素配置以及产业专业化四种效应影响生态效率。在计量回归中同时考虑产业结构的四种效应，其中选取工业增加值占比、服务业增加值占比和重工业总产值占比这三个变量从不同视角刻画产业比重提升效应，故在计量研究中让这三个变量依次与其他三种效应的代理变量共同进入模型。

相关检验结果表明，空间杜宾面板模型是本小节实证研究的合适计量模型。根据检验步骤，首先需对数据进行不考虑空间效应的普通面板回归。以用工业增加值占比反映产业比重提升效应的普通面板回归结果（见表 7 – 5）为例：在全国（2001—2014 年）、全国（2008—2014 年）和东部地区（2001—2014 年）这三个模型中，LM 及稳健 LM 检验均拒绝了无空间效应的原假设，故需进一步进行空间杜宾模型估计，并利用 Wald 检验判断空间杜宾模型形式是否可以弱化为空间自回归模型或空间误差模型形式；对无法拒绝稳健 LM 检验原假设的全国（2001—2007 年）和中西部地区（2001—2014 年）模型进行后续检验，发现 H_0^1：$\theta = 0$ 和 H_0：$\rho = 0$ 均被拒绝，表明应采用空间杜宾模型进行估计。

表 7 – 5　以工业增加值占比反映产业比重提升效应的普通面板回归结果

变量	全国 （2001— 2014 年）	全国 （2001— 2007 年）	全国 （2008— 2014 年）	东部地区 （2001— 2014 年）	中西部地区 （2001— 2014 年）
S_ indus	– 2. 243 *** （– 11. 043）	– 1. 878 *** （– 5. 828）	– 1. 938 *** （– 6. 078）	– 5. 305 *** （– 14. 876）	– 0. 476 * （– 1. 806）
WPL	0. 017 *** （5. 046）	0. 022 ** （2. 569）	0. 017 *** （4. 122）	0. 029 *** （5. 064）	0. 005 （1. 379）
SCE	0. 079 ** （1. 998）	– 0. 052 （– 0. 588）	0. 190 *** （3. 733）	0. 053 （0. 675）	0. 038 （0. 941）

续表

变量	全国 (2001— 2014年)	全国 (2001— 2007年)	全国 (2008— 2014年)	东部地区 (2001— 2014年)	中西部地区 (2001— 2014年)
HHI	−0.121** (−2.263)	−0.104 (−1.201)	−0.032 (−0.420)	0.036 (0.266)	−0.128** (−2.547)
Patent_ per	0.129*** (5.794)	0.157*** (4.502)	−0.026 (−0.902)	0.002 (0.043)	0.076*** (2.873)
Savings_ per	−0.070 (−1.142)	−0.336*** (−3.663)	0.099 (1.510)	−0.120 (−1.100)	−0.115* (−1.948)
Inves_ output	0.149*** (2.651)	0.161*** (3.195)	0.096 (1.190)	−0.500*** (−4.034)	0.160*** (3.050)
Pop	−0.472*** (−2.859)	−0.437 (−1.585)	−0.589** (−2.088)	−1.553*** (−5.872)	−1.571*** (−6.154)
S_ coal	−1.042*** (−6.093)	−0.117 (−0.515)	−0.886*** (−3.667)	−0.582** (−2.085)	−0.330 (−1.496)
S_ soe	0.008 (0.071)	0.160 (1.187)	0.528*** (2.786)	0.478*** (2.699)	−0.038 (−0.359)
S_ FDI	−0.051 (−0.362)	0.273 (1.349)	−0.259 (−1.099)	0.534*** (3.025)	0.545** (2.277)
LM空间滞后检验	16.386*** [0.000]	3.549* [0.060]	34.204*** [0.000]	2.965* [0.085]	0.606 [0.436]
稳健LM空间滞后检验	38.812*** [0.000]	0.017 [0.896]	32.855*** [0.000]	13.163*** [0.000]	1.103 [0.294]
LM空间误差检验	1.892 [0.169]	3.774* [0.052]	13.648*** [0.000]	0.929 [0.335]	1.566 [0.211]
稳健LM空间误差检验	24.318*** [0.000]	0.242 [0.623]	12.299*** [0.000]	11.127*** [0.001]	2.064 [0.151]
个体固定效应	控制	控制	控制	控制	控制
时间固定效应	控制	控制	控制	控制	控制
Obs	420	210	210	154	266
R^2	0.395	0.358	0.363	0.721	0.331

注：1. 圆括号中为t值，方括号中为p值。

2. *、**和***分别表示在10%、5%和1%水平上显著。

3. 限于篇幅不报告截距项，如有需要可来函索取。

　　许多实证研究采用一个或多个空间模型的点估计方法来考察空间溢出效应。本书中以工业增加值占比反映产业比重提升效应的空间点估计回归结果如表 7 - 6 所示。可以看到，全国（2001—2014 年）、全国（2008—2014 年）和东部地区（2001—2014 年）这三个模型的 Wald 空间滞后及空间误差检验值均在 1% 的显著性水平上拒绝了原假设，说明应采用空间杜宾模型形式对数据进行拟合分析。

表 7 - 6　以工业增加值占比反映产业比重提升效应的空间点估计回归结果

变量	全国（2001—2014 年）	全国（2001—2007 年）	全国（2008—2014 年）	东部地区（2001—2014 年）	中西部地区（2001—2014 年）
S_indus	- 1.541 *** (- 8.077)	- 0.831 *** (- 2.671)	- 1.785 *** (- 5.748)	- 4.166 *** (- 12.056)	- 0.528 (- 1.550)
WPL	0.014 *** (4.018)	0.015 * (1.792)	0.011 *** (2.591)	0.016 *** (3.420)	0.006 (1.454)
SCE	0.060 (1.497)	0.0004 (0.004)	0.157 *** (2.928)	0.115 * (1.742)	0.094 * (1.908)
HHI	- 0.146 *** (- 2.894)	- 0.045 (- 0.574)	- 0.087 (- 1.158)	- 0.143 (- 1.101)	- 0.159 *** (- 2.929)
$Patent\_per$	0.063 *** (2.851)	0.132 *** (3.751)	- 0.073 ** (- 2.415)	0.015 (0.507)	0.046 (1.604)
$Savings\_per$	- 0.068 (- 1.304)	- 0.224 *** (- 3.170)	0.154 ** (2.295)	- 0.008 (- 0.081)	- 0.061 (- 0.950)
$Inves\_output$	0.187 *** (3.409)	0.132 ** (2.365)	0.158 ** (2.009)	- 0.270 *** (- 2.682)	0.173 *** (3.217)
Pop	- 0.143 ** (- 2.428)	- 0.216 *** (- 3.672)	- 0.777 ** (- 2.217)	- 0.526 ** (- 2.120)	- 0.971 *** (- 2.812)
S_coal	- 0.726 *** (- 4.556)	- 0.121 (- 0.595)	- 0.387 (- 1.636)	- 0.789 *** (- 3.608)	- 0.318 (- 1.373)
S_soe	- 0.029 (- 0.303)	0.057 (0.452)	0.445 ** (2.255)	0.170 (0.884)	- 0.015 (- 0.119)

续表

变量	全国 (2001— 2014 年)	全国 (2001— 2007 年)	全国 (2008— 2014 年)	东部地区 (2001— 2014 年)	中西部地区 (2001— 2014 年)
S_ FDI	0.225 * (1.671)	0.413 ** (2.166)	-0.409 * (-1.716)	0.589 *** (3.494)	0.552 ** (2.287)
$W \times S\_indus$	-1.455 *** (-3.626)	-0.779 (-1.315)	-1.192 * (-1.791)	-1.405 * (-1.744)	0.611 (0.768)
$W \times WPL$	0.002 (0.338)	0.037 ** (2.365)	0.001 (0.188)	-0.004 (-0.400)	-0.008 (-1.072)
$W \times SCE$	0.400 *** (4.540)	0.774 *** (3.903)	0.252 ** (2.141)	0.286 (1.616)	0.166 (1.425)
$W \times HHI$	-0.495 *** (-4.255)	-0.244 (-1.282)	0.035 (0.188)	-0.254 (-1.051)	-0.067 (-0.475)
$W \times Patent\_per$	-0.013 (-0.279)	-0.082 (-1.013)	0.014 (0.233)	-0.109 ** (-2.345)	-0.096 (-1.471)
$W \times Savings\_per$	0.032 (0.252)	0.048 (0.292)	0.008 (0.044)	0.405 ** (2.383)	-0.091 (-0.482)
$W \times Inves\_output$	0.062 (0.452)	-0.092 (-0.687)	0.084 (0.374)	-0.292 (-1.402)	-0.077 (-0.589)
$W \times Pop$	-0.019 (-0.164)	0.025 (0.206)	0.328 (0.491)	-0.770 (-1.359)	1.076 (1.201)
$W \times S\_coal$	-0.361 (-1.126)	-0.458 (-1.030)	-0.826 (-1.525)	0.286 (0.682)	0.280 (0.537)
$W \times S\_soe$	-0.427 ** (-2.354)	-0.216 (-0.978)	0.058 (0.147)	-0.847 ** (-2.372)	-0.791 *** (-3.118)
$W \times S\_FDI$	0.457 (1.418)	0.789 * (1.773)	0.829 * (1.695)	0.389 (0.977)	1.205 ** (2.385)
Wald 空间滞后检验	73.657 *** [0.000]	40.140 *** [0.000]	26.570 *** [0.005]	114.086 *** [0.000]	34.028 *** [0.000]
Wald 空间误差检验	89.788 *** [0.000]	40.070 *** [0.000]	43.542 *** [0.000]	128.018 *** [0.000]	34.191 *** [0.000]

续表

变量	全国 (2001— 2014 年)	全国 (2001— 2007 年)	全国 (2008— 2014 年)	东部地区 (2001— 2014 年)	中西部地区 (2001— 2014 年)
Log 似然值	365. 451	213. 734	318. 079	243. 956	332. 945
Corr²	0. 541	0. 580	0. 510	0. 855	0. 421
Hausman 检验	30. 208 [0. 144]	36. 459 ** [0. 037]	88. 685 *** [0. 000]	41. 025 ** [0. 012]	12. 609 [0. 960]
个体固定效应	不控制	不控制	控制	控制	控制
时间固定效应	不控制	不控制	控制	控制	控制
Obs	420	210	210	154	266
R²	0. 948	0. 967	0. 982	0. 978	0. 925

注：1. 圆括号中为 t 值，方括号中为 p 值。

2. *、**和***分别表示在 10%、5% 和 1% 水平上显著。

3. 限于篇幅不报告截距项和空间自回归系数，如有需要可来函索取。

4. 最右边一列采用固定效应模型，因 Hausman 检验不显著而固定效应模型的 Corr² 值更大。

　　但由于使用点估计衡量空间溢出效应容易产生偏误，LeSage 和 Pace（2009）建议，从求解偏微分的角度得到自变量对相邻区域产生的平均溢出效应，然后进行统计检验。Elhorst（2010）认为，这种区分自变量直接、间接及总效应的方法为度量和检验空间溢出效应提供了更有效的思路和更坚实的基础。所谓"直接效应"是指，某地区自变量的变动对该地区因变量产生的影响。"间接效应"（"空间溢出效应"）是指其他地区自变量的变动对于该地区因变量产生的影响，也可以说是某地区自变量的变动对其他地区因变量产生的影响。总效应是直接效应和间接效应加总后的结果。鉴于三大效应估计结果较之于点估计结果更为准确，本小节将通过分析各自变量的三大效应来说明其对生态效率的作用情况，而不再详细分析对应的点估计结果。表 7 - 7、表 7 - 8、表 7 - 9 分别报告了以工业增加值占比、服务业增加值占比和重工业总产值占比反映产业比重提升效应的空间直接效应、间接效应及总效应回归结果。

表7-7　　以工业增加值占比反映产业比重提升效应的空间计量结果

变量	全国 (2001— 2014 年)	全国 (2001— 2007 年)	全国 (2008— 2014 年)	东部地区 (2001— 2014 年)	中西部地区 (2001— 2014 年)
直接效应					
S_ indus	-1.601 *** (-8.764)	-0.841 ** (-2.659)	-2.014 *** (-5.686)	-4.284 *** (-11.369)	-0.524 (-1.553)
WPL	0.014 *** (4.008)	0.015 * (1.881)	0.011 ** (2.561)	0.016 *** (3.289)	0.006 (1.425)
SCE	0.074 * (1.795)	0.004 (0.040)	0.194 *** (3.178)	0.131 * (1.806)	0.093 * (1.898)
HHI	-0.162 *** (-3.224)	-0.043 (-0.543)	-0.087 (-0.981)	-0.163 (-1.184)	-0.162 ** (-2.809)
Patent_ per	0.063 *** (2.840)	0.132 *** (3.679)	-0.076 ** (-2.341)	0.009 (0.323)	0.046 (1.599)
Savings_ per	-0.068 (-1.346)	-0.228 *** (-3.262)	0.162 ** (2.384)	0.013 (0.135)	-0.058 (-0.893)
Inves_ output	0.190 *** (3.377)	0.129 ** (2.313)	0.172 * (2.008)	-0.287 ** (-2.772)	0.176 *** (3.231)
Pop	-0.144 ** (-2.472)	-0.220 *** (-3.804)	-0.783 ** (-2.356)	-0.575 ** (-2.350)	-0.985 *** (-2.875)
S_ coal	-0.744 *** (-4.854)	-0.115 (-0.548)	-0.495 * (-2.034)	-0.776 *** (-3.435)	-0.305 (-1.358)
S_ soe	-0.045 (-0.493)	0.047 (0.381)	0.475 ** (2.199)	0.115 (0.542)	-0.007 (-0.054)
S_ FDI	0.241 * (1.769)	0.412 ** (2.228)	-0.329 (-1.271)	0.619 *** (3.389)	0.554 ** (2.286)
间接效应					
S_ indus	-1.858 *** (-4.558)	-0.751 (-1.300)	-3.078 ** (-2.617)	-2.138 ** (-2.644)	0.576 (0.740)
WPL	0.004 (0.676)	0.036 ** (2.472)	0.009 (0.743)	-0.003 (-0.219)	-0.008 (-1.071)

续表

变量	全国 (2001— 2014 年)	全国 (2001— 2007 年)	全国 (2008— 2014 年)	东部地区 (2001— 2014 年)	中西部地区 (2001— 2014 年)
间接效应					
SCE	0.460***	0.770***	0.511**	0.336	0.158
	(4.505)	(3.907)	(2.424)	(1.674)	(1.383)
HHI	-0.580***	-0.250	0.010	-0.32	-0.070
	(-4.358)	(-1.338)	(0.031)	(-1.157)	(-0.514)
Patent_ per	-0.006	-0.082	-0.024	-0.116**	-0.098
	(-0.118)	(-1.001)	(-0.245)	(-2.228)	(-1.532)
Savings_ per	0.035	0.043	0.119	0.438**	-0.082
	(0.239)	(0.263)	(0.390)	(2.285)	(-0.451)
Inves_ output	0.096	-0.094	0.225	-0.353	-0.081
	(0.602)	(-0.714)	(0.599)	(-1.519)	(-0.642)
Pop	-0.043	0.026	0.060	-0.884	1.094
	(-0.346)	(0.224)	(0.060)	(-1.403)	(1.252)
S_ coal	-0.499	-0.479	-1.550*	0.193	0.254
	(-1.412)	(-1.090)	(-1.807)	(0.406)	(0.511)
S_ soe	-0.472**	-0.205	0.385	-0.901*	-0.773***
	(-2.372)	(-0.929)	(0.612)	(-2.163)	(-3.022)
S_ FDI	0.545	0.802*	1.094	0.523	1.165**
	(1.499)	(1.780)	(1.287)	(1.149)	(2.354)
总效应					
S_ indus	-3.459***	-1.592**	-5.092***	-6.422***	0.052
	(-7.899)	(-2.637)	(-3.602)	(-6.449)	(0.053)
WPL	0.018**	0.052***	0.020	0.014	-0.002
	(2.441)	(3.230)	(1.391)	(0.965)	(-0.269)
SCE	0.533***	0.774***	0.705***	0.467*	0.250*
	(4.411)	(3.359)	(2.800)	(1.932)	(1.775)
HHI	-0.742***	-0.293	-0.076	-0.484	-0.232
	(-4.724)	(-1.364)	(-0.194)	(-1.302)	(-1.385)

续表

变量	全国 (2001— 2014年)	全国 (2001— 2007年)	全国 (2008— 2014年)	东部地区 (2001— 2014年)	中西部地区 (2001— 2014年)
总效应					
Patent_ per	0.057 (0.978)	0.050 (0.569)	-0.099 (-0.890)	-0.107 (-1.585)	-0.052 (-0.720)
Savings_ per	-0.033 (-0.222)	-0.185 (-1.142)	0.281 (0.854)	0.451* (2.009)	-0.140 (-0.712)
Inves_ output	0.286 (1.568)	0.035 (0.239)	0.396 (0.932)	-0.641** (-2.268)	0.095 (0.653)
Pop	-0.187 (-1.455)	-0.193 (-1.626)	-0.724 (-0.701)	-1.460* (-2.147)	0.108 (0.100)
S_ coal	-1.243*** (-3.406)	-0.595 (-1.183)	-2.045** (-2.141)	-0.582 (-1.002)	-0.051 (-0.088)
S_ soe	-0.517** (-2.393)	-0.158 (-0.643)	0.861 (1.160)	-0.787 (-1.339)	-0.780** (-2.806)
S_ FDI	0.786* (1.866)	1.214** (2.310)	0.765 (0.769)	1.142* (1.998)	1.718*** (3.071)
$Corr^2$	0.541	0.580	0.510	0.855	0.421
Hausman 检验	30.208 [0.144]	36.459** [0.037]	88.685*** [0.000]	41.025** [0.012]	12.609 [0.960]
个体固定效应	不控制	不控制	控制	控制	控制
时间固定效应	不控制	不控制	控制	控制	控制
Obs	420	210	210	154	266
R^2	0.948	0.967	0.982	0.978	0.925

注：1. 圆括号中为 t 值，方括号中为 p 值。

2. *、**和***分别表示在10%、5%和1%水平上显著。

3. 限于篇幅不报告截距项和空间自回归系数，如有需要可来函索取。

4. 最右边一列采用固定效应模型，因 Hausman 检验不显著而固定效应模型的 $Corr^2$ 值更大。

表7-8　　以服务业增加值占比反映产业比重提升效应的空间计量结果

变量	全国 (2001— 2014年)	全国 (2001— 2007年)	全国 (2008— 2014年)	东部地区 (2001— 2014年)	中西部地区 (2001— 2014年)
直接效应					
S_ser	1.409*** (6.346)	0.937** (2.419)	2.031*** (5.033)	4.516*** (9.591)	-0.324 (-0.902)
WPL	0.013*** (3.773)	0.017* (1.954)	0.010** (2.388)	0.028*** (5.123)	0.003 (0.756)
SCE	0.068 (1.662)	-0.070 (-0.675)	0.179*** (2.889)	-0.057 (-0.659)	0.088* (1.782)
HHI	-0.180*** (-3.285)	-0.095 (-0.969)	-0.151* (-1.761)	-0.156 (-1.041)	-0.123** (-2.138)
控制变量	控制	控制	控制	控制	控制
间接效应					
S_ser	2.224*** (4.403)	1.192 (1.122)	2.407* (1.742)	1.901 (1.443)	-1.247 (-1.390)
WPL	0.011* (1.808)	0.047** (2.139)	0.008 (0.653)	0.020 (1.492)	-0.004 (-0.574)
SCE	0.474*** (4.430)	0.887*** (3.269)	0.537** (2.498)	0.051 (0.219)	0.175 (1.488)
HHI	-0.709*** (-4.958)	-0.112 (-0.386)	-0.374 (-1.119)	-0.455 (-1.453)	-0.038 (-0.274)
控制变量	控制	控制	控制	控制	控制
总效应					
S_ser	3.633*** (6.691)	2.128* (1.730)	4.437** (2.734)	6.417*** (4.119)	-1.571 (-1.392)
WPL	0.025*** (3.369)	0.064** (2.684)	0.018 (1.258)	0.048** (2.962)	-0.001 (-0.118)
SCE	0.542*** (4.310)	0.816** (2.548)	0.715*** (2.795)	-0.005 (-0.019)	0.263* (1.814)
HHI	-0.889*** (-5.154)	-0.206 (-0.622)	-0.524 (-1.355)	-0.611 (-1.490)	-0.161 (-0.944)

续表

变量	全国 （2001— 2014 年）	全国 （2001— 2007 年）	全国 （2008— 2014 年）	东部地区 （2001— 2014 年）	中西部地区 （2001— 2014 年）
控制变量	控制	控制	控制	控制	控制
Wald 空间 滞后检验	91.959 *** [0.000]	33.996 *** [0.000]	24.645 ** [0.010]	164.275 *** [0.000]	32.454 *** [0.001]
Wald 空间 误差检验	110.715 *** [0.000]	32.718 *** [0.001]	40.113 *** [0.000]	192.665 *** [0.000]	32.516 *** [0.001]
Log 似然值	356.539	298.110	314.201	229.515	331.104
Corr^2	0.576	0.433	0.467	0.823	0.413
Hausman 检验	17.311 [0.794]	93.438 *** [0.000]	290.048 *** [0.000]	2.803 [1.000]	13.088 [0.950]
个体固定效应	不控制	控制	控制	控制	控制
时间固定效应	不控制	控制	控制	控制	控制
Obs	420	210	210	154	266
R^2	0.945	0.973	0.982	0.973	0.924

注：1. 圆括号中为 t 值，方括号中为 p 值。

2. * 、* * 和 * * * 分别表示在 10%、5% 和 1% 水平上显著。

3. 控制变量包括 Patent_ per、Savings_ per、Inves_ output、Pop、S_ coal、S_ soe 和 S_ FDI，限于篇幅不报告截距项、空间自回归系数和控制变量回归系数等具体情况，如有需要可来函索取。

4. 最右边两列采用固定效应模型，因 Hausman 检验不显著而固定效应模型的 Corr^2 值更大。

表 7 - 9　以重工业总产值占比反映产业比重提升效应的空间计量结果

变量	全国 （2001— 2014 年）	全国 （2001— 2007 年）	全国 （2008— 2014 年）	东部地区 （2001— 2014 年）	中西部地区 （2001— 2014 年）
直接效应					
S_ hi	0.006 (0.028)	0.253 (1.184)	0.139 (0.335)	− 0.252 (− 0.551)	0.195 (0.853)
WPL	0.013 *** (3.467)	0.013 (1.490)	0.004 (0.906)	0.017 ** (2.215)	0.001 (0.225)

续表

变量	全国 （2001— 2014 年）	全国 （2001— 2007 年）	全国 （2008— 2014 年）	东部地区 （2001— 2014 年）	中西部地区 （2001— 2014 年）
直接效应					
SCE	0.037	−0.070	0.213***	0.255*	0.074
	(0.836)	(−0.714)	(2.931)	(2.010)	(1.538)
HHI	−0.105*	−0.035	−0.288***	−0.347	−0.107*
	(−1.759)	(−0.417)	(−3.203)	(−1.677)	(−1.968)
控制变量	控制	控制	控制	控制	控制
间接效应					
S_hi	0.701	0.491	1.255	1.490	−1.286***
	(1.284)	(1.036)	(0.996)	(1.645)	(−2.993)
WPL	0.016*	0.037**	0.006	0.018	0.002
	(1.989)	(2.404)	(0.453)	(0.954)	(0.330)
SCE	0.430***	0.641***	0.516**	0.416	0.332**
	(3.184)	(2.875)	(2.050)	(1.269)	(2.772)
HHI	−0.628***	−0.330	−0.478	−0.648	−0.123
	(−3.458)	(−1.550)	(−1.325)	(−1.431)	(−0.934)
控制变量	控制	控制	控制	控制	控制
总效应					
S_hi	0.707	0.744	1.394	1.238	−1.091**
	(1.200)	(1.543)	(0.917)	(1.041)	(−2.438)
WPL	0.028***	0.050***	0.011	0.034	0.003
	(2.949)	(2.860)	(0.641)	(1.490)	(0.387)
SCE	0.468***	0.571**	0.730**	0.671	0.406***
	(2.958)	(2.184)	(2.394)	(1.605)	(2.879)
HHI	−0.732***	−0.365	−0.766*	−0.995	−0.230
	(−3.424)	(−1.470)	(−1.840)	(−1.650)	(−1.448)
控制变量	控制	控制	控制	控制	控制
Wald 空间滞后检验	77.615*** [0.000]	53.631*** [0.000]	25.262*** [0.008]	127.044*** [0.000]	40.223*** [0.000]

续表

变量	全国 （2001— 2014 年）	全国 （2001— 2007 年）	全国 （2008— 2014 年）	东部地区 （2001— 2014 年）	中西部地区 （2001— 2014 年）
Wald 空间误差检验	92.072 *** [0.000]	53.998 *** [0.000]	36.792 *** [0.000]	144.087 *** [0.000]	40.028 *** [0.000]
Log 似然值	328.600	210.279	299.984	188.032	334.723
Corr^2	0.606	0.625	0.392	0.699	0.428
Hausman 检验	0.612 [1.000]	28.209 [0.208]	61.469 *** [0.000]	1572.331 *** [0.000]	22.325 [0.501]
个体固定效应	不控制	不控制	控制	控制	控制
时间固定效应	不控制	不控制	控制	控制	控制
Obs	420	210	210	154	266
R^2	0.936	0.966	0.979	0.955	0.926

注：1. 圆括号中为 t 值，方括号中为 p 值。

2. *、** 和 *** 分别表示在 10%、5% 和 1% 水平上显著。

3. 控制变量包括 Patent_ per、Savings_ per、Inves_ output、Pop、S_ coal、S_ soe 和 S_ FDI，限于篇幅不报告截距项、空间自回归系数和控制变量回归系数等具体情况，如有需要可来函索取。

4. 最右边一列采用固定效应模型，因 Hausman 检验不显著而固定效应模型的 Corr^2 值更大。

首先，在全国层面上，2001—2014 年期间工业增加值占比的增加会显著（在 1% 水平上）降低生态效率水平，服务业增加值比重的提高则会显著（在 1% 水平上）提高生态效率值，而重工业总产值占比的变化对生态效率影响并不显著。在空间溢出效应方面，工业产出和服务业产出占比的增加分别会对周边地区生态效率产生显著的负向和正向影响，且这两者的空间溢出影响力度均大于其分别对应的直接影响力度，而重工业产出占比变化的空间溢出效应不显著。

其次，通过比较 2001—2007 年和 2008—2014 年两个时段上全国层面回归结果，可以发现，2008 年后，工业增加值比重的提高对于生态效率的显著负向影响程度远远超过 2008 年之前；类似地，2008 年后服务业增加值占比的提升对生态效率的显著正向影响程度也远远超过 2008 年之前；重工业总产值占比的变化在 2008 年前和 2008 年后对于生态效率的影响均不显著。在间接效应方面，2008 年前工业和服务业产出占比变化的空间溢出影响均不显著，2008 年后工业产出占比的增加开始显现出显著的负向空间溢出效应，而服务业增加值比重的提升 2008 年后开始显著有利于周边区域生态效率水平的提高。重工业产出比重的变化在 2008 年前和 2008 年后均没有对生态效率产生显著的空间溢出影响。

最后，在分区域的回归结果中，工业增加值比重的增加在东部地区对生态效率呈现出显著的负向直接和间接影响，且这两种影响的程度均超过全国平均的影响程度，而在中西部地区工业产出占比的变化对生态效率无显著的直接和空间溢出影响。服务业增加值占比的提升会在 1% 的水平上显著提高东部地区的生态效率水平，且其力度远远超过全国平均水平，但是服务业产出比重的变化在东部地区的空间溢出效应不显著，另外其对中西部地区生态效率无显著的直接和间接影响。重工业总产值比重的变化从直接和间接两个角度均对东部地区的生态效率无明显影响，但值得注意的是，在中西部地区内部重工业比重的提升会产生强烈的负面空间溢出效应，即在其他条件保持不变的前提下，某一中西部省份重工业越发达，其周边省份的生态效率值越趋于下降。

以上分析说明，产业比重提升效应具有典型的时间异质性和区域异质性特征。时间异质性主要表现为：2008 年后主要产业比重提升对于生态效率的直接影响程度远远超过 2008 年前，其对于生态效率的空间溢出影响在 2008 年前不显著而在 2008 年后开始变得显著。产生这一现象的原因可能是，2008 年金融危机后我国为保持经济持续稳定增长而进行了大规模的工业项目和基础设施建设投资，于是大量资源被投入经济活动中，同时一些区域为了保证经济增长而放松了环境规制，在此背景下工业发展对于环境的负面影响程度加剧。产业比重提升效应的区域异质性主要表现为：该效应在东部地区对于生态效率的影响程度和显著性明显超过中西部地区，这说明东部地区密集的经济建设活动对于环境的影响力度远大于中西部地区。

　　同时，回归结果也印证了以下几点：①目前中国工业总体仍处于粗放型发展阶段，对资源的消耗量较大对环境的污染程度较重。在空间溢出效应的作用下，一地区经济结构中工业占比越大，不仅该地区的生态效率越趋于下降，其周边地区的生态效率也会受到明显的负面影响，从而导致该区域整体生态效率水平的降低。②化工、能源和钢铁等重工业一方面可能产生了严重的环境污染问题，另一方面也为经济增长做出了重要贡献，而生态效率是一个综合考虑经济增长和环境质量的概念，所以一地区重工业比重的增加不一定会导致该地区生态效率水平降低。但是由于污染物跨界扩散现象的存在，重工业发达地区的周边省（市、区）生态环境遭受污染的同时却享受不到重工业发达地区经济发展所带来的红利，所以重工业发达地区的周边省（市、区）生态效率水平可能会因此下降。③相对而言，服务业对环境的负面影响较低，所以提升服务业在国民经济中的份额和地位对于提升中国生态效率具有积极意义。

　　在包含不同产业比重提升效应代理变量的模型中，反映其他产业结构效应的变量回归系数结果均显示出较强的稳健性。

　　中国东部地区的产业技术进步效应有力地推升了当地的生态效率，产业技术进步效应在全国总体层面上发挥了显著的正向溢出作用；2001—2007 年地区产业技术水平的提升有助于提高相邻地区的生态效率，而 2008 年后该正向作用不再显著。2008 年后产业技术进步对于生态效率的边际贡献减弱，其原因可能是 2008 年后在全球经济增速放缓的大背景下中国企业为了在市场上赢得更多的竞争优势而降低了对节能环保的重视程度，产业技术研发的重点也集中在如何提高产量而不是提高清洁生产能力上。

　　2008 年后产业间要素配置合理化开始显现出对地区生态效率的正向作用，而产业间要素配置合理化的正向溢出效应只在全国总体水平上显著，而在东部和中西部地区内部不显著。一个可能的解释是：说明要素配置的合理化往往体现在东部与中西部地区之间，如中西部大量的农村剩余劳动力在市场机制作用下流入资源利用效率更高的东部地区第二、第三产业部门，横跨东部与中西部的产业间要素配置趋于合理的同时也带动了全国总体层面生态效率水平的提升。

关于产业专业化效应的回归结果则显示：在其他条件保持不变的前提下，中国中西部地区产业专业化程度越高，其地区生态效率水平越低，且在全国总体层面上越高的产业专业化水平越会显著降低周边省（市、区）的生态效率。其原因可能是多方面的，例如，地区产业专业化程度越高，意味着某种污染物的排放强度越大，对污染治理的要求也越高；再如，地区专业化程度越高，越是依赖于某些产业尤其是资源型产业，其应对宏观经济下滑的能力可能越弱。

二　技术创新与生态效率

本小节分析技术创新与生态效率之间的关系。技术创新从总体和结构两个方面对生态效率产生影响，而不同方面产生的作用方向和大小可能并不相同。在计量分析中，本小节同时考虑技术创新的总体效应、创新投入结构效应和创新产出结构效应。

通过检验发现，空间杜宾模型为进行本小节计量研究的合适模型形式。表 7 - 10 报告了以每万人专利授权总数反映技术创新总体效应的空间直接效应、间接效应及总效应回归结果，接下来进行详细分析。

表 7 - 10　　以每万人专利授权总数反映技术创新总体效应的空间计量结果

变量	全国 (2001— 2014 年)	全国 (2001— 2007 年)	全国 (2008— 2014 年)	东部地区 (2001— 2014 年)	中西部地区 (2001— 2014 年)
直接效应					
$Patent\_per$	0.080 *** (3.569)	0.134 *** (3.166)	-0.061 * (-1.969)	-0.019 (-0.468)	0.111 *** (4.370)
$S\_indus\_R\&D$	-0.067 (-0.890)	0.025 (0.250)	0.097 (0.853)	-0.431 *** (-3.281)	-0.044 (-0.512)
S_dis	0.184 (1.156)	0.141 (0.651)	0.067 (0.344)	-0.365 (-1.594)	0.346 * (1.872)
S_ser	1.126 *** (4.807)	0.739 * (1.775)	1.620 *** (4.979)	4.215 *** (8.462)	-0.004 (-0.014)

续表

变量	全国 (2001— 2014 年)	全国 (2001— 2007 年)	全国 (2008— 2014 年)	东部地区 (2001— 2014 年)	中西部地区 (2001— 2014 年)
直接效应					
Savings_ per	-0.084 * (-1.785)	-0.420 *** (-4.075)	0.178 *** (3.265)	0.229 * (1.962)	-0.057 (-1.120)
Inves_ output	0.164 ** (2.695)	0.192 *** (3.552)	0.123 (1.393)	-0.279 * (-2.026)	0.195 *** (3.732)
Pop	-0.061 (-0.934)	-0.193 (-0.548)	0.008 (0.101)	-0.383 (-1.625)	-0.350 *** (-5.429)
S_ coal	-0.656 *** (-4.075)	-0.405 (-1.544)	-0.550 *** (-2.822)	-0.675 ** (-2.587)	-0.563 *** (-3.248)
S_ soe	0.101 (1.088)	0.226 (1.444)	0.152 (0.866)	0.430 (1.374)	-0.161 (-1.479)
S_ FDI	0.290 * (1.950)	0.195 (0.772)	-0.176 (-0.737)	0.713 ** (2.933)	0.579 ** (2.624)
间接效应					
Patent_ per	0.001 (0.011)	0.018 (0.161)	0.026 (0.285)	-0.225 ** (-2.716)	-0.137 ** (-2.773)
S_ indus_ R&D	0.473 *** (2.865)	0.443 * (1.768)	0.283 (1.113)	-0.164 (-0.618)	0.040 (0.230)
S_ dis	-0.369 (-0.920)	0.611 (1.068)	1.539 ** (2.447)	-0.786 * (-1.962)	-0.352 (-0.977)
S_ ser	1.238 ** (2.062)	0.570 (0.521)	2.204 ** (2.135)	2.904 * (2.127)	-0.443 (-0.869)
Savings_ per	-0.047 (-0.335)	0.173 (0.580)	-0.216 (-1.170)	0.900 *** (3.382)	-0.005 (-0.036)
Inves_ output	0.119 (0.684)	-0.061 (-0.366)	0.089 (0.288)	-0.202 (-0.654)	-0.080 (-0.666)
Pop	-0.230 * (-1.757)	-0.530 (-0.747)	0.037 (0.196)	-1.747 ** (-2.832)	0.116 (1.044)

续表

变量	全国 (2001— 2014年)	全国 (2001— 2007年)	全国 (2008— 2014年)	东部地区 (2001— 2014年)	中西部地区 (2001— 2014年)
间接效应					
S_coal	-1.029*** (-2.870)	-1.224* (-1.745)	-1.583*** (-2.913)	-0.297 (-0.471)	0.014 (0.050)
S_soe	-0.467** (-2.195)	-0.231 (-0.592)	-0.449 (-0.975)	-0.623 (-1.076)	-0.633** (-2.840)
S_FDI	1.283*** (2.966)	1.234* (1.814)	1.077 (1.671)	1.329** (2.225)	1.357*** (3.271)
总效应					
Patent_per	0.080 (1.439)	0.152 (1.264)	-0.035 (-0.333)	-0.244* (-2.160)	-0.026 (-0.518)
S_indus_R&D	0.405** (2.085)	0.468 (1.544)	0.380 (1.280)	-0.595 (-1.691)	-0.004 (-0.018)
S_dis	-0.184 (-0.411)	0.753 (1.162)	1.606** (2.241)	-1.151** (-2.208)	-0.006 (-0.013)
S_ser	2.364*** (3.445)	1.309 (1.005)	3.824*** (3.129)	7.118*** (4.227)	-0.447 (-0.734)
Savings_per	-0.131 (-0.875)	-0.248 (-0.763)	-0.038 (-0.190)	1.128*** (3.471)	-0.062 (-0.462)
Inves_output	0.283 (1.390)	0.131 (0.701)	0.212 (0.592)	-0.482 (-1.239)	0.115 (0.850)
Pop	-0.291* (-2.039)	-0.723 (-0.952)	0.045 (0.206)	-2.129** (-2.969)	-0.234** (-2.177)
S_coal	-1.685*** (-4.472)	-1.629* (-1.951)	-2.133*** (-3.682)	-0.972 (-1.232)	-0.549* (-1.901)
S_soe	-0.367 (-1.576)	-0.004 (-0.009)	-0.297 (-0.586)	-0.193 (-0.225)	-0.794*** (-3.393)
S_FDI	1.573*** (3.189)	1.428* (1.747)	0.901 (1.213)	2.042** (2.592)	1.936*** (4.118)

续表

变量	全国 (2001— 2014 年)	全国 (2001— 2007 年)	全国 (2008— 2014 年)	东部地区 (2001— 2014 年)	中西部地区 (2001— 2014 年)
总效应					
Wald 空间 滞后检验	62.770*** [0.000]	27.871*** [0.002]	35.404*** [0.000]	164.370*** [0.000]	40.113*** [0.000]
Wald 空间 误差检验	74.837*** [0.000]	26.073*** [0.004]	48.064*** [0.000]	187.730*** [0.000]	41.068*** [0.000]
Log 似然值	335.980	289.733	210.589	220.850	270.042
Corr²	0.526	0.392	0.532	0.802	0.414
Hausman 检验	12.362 [0.929]	100.339*** [0.000]	25.651 [0.220]	5.770 [1.000]	14.074 [0.866]
个体固定效应	不控制	控制	不控制	控制	不控制
时间固定效应	不控制	控制	不控制	控制	不控制
Obs	420	210	210	154	266
R²	0.940	0.971	0.975	0.971	0.911

注：1. 圆括号中为 t 值，方括号中为 p 值。

2. *、** 和 *** 分别表示在 10%、5% 和 1% 水平上显著。

3. 限于篇幅不报告截距项和空间自回归系数，如有需要可来函索取。

4. 倒数第二列采用固定效应模型，因 Hausman 检验不显著而固定效应模型的 Corr² 值更大。

2001—2014 年期间在全国总体层面上：技术创新总体水平对生态效率水平的提升在 1% 的水平上起到了显著促进作用，不过其正向影响较微弱，即每万人专利数每增加 1%，生态效率仅提升 0.08%，同时其对生态效率的空间溢出影响不显著；创新投入结构对生态效率的影响不够显著，但对生态效率的间接影响在 1% 的水平上显著为正；创新产出结构对生态效率的直接和间接影响均不显著。

比较 2008 年前和 2008 年后全国样本回归结果可知：在其他条件保持不变的前提下，2008 年前每万人专利授权总数每增长 1%，生态效率水平提升 0.134%，但是 2008 年后每 1% 的每万人专利数的增加反而会使得生态效率下降 0.061%，这说明技术创新总体水平对于生态效率的促进作用仅在 2008 年前成立，2008 年后其对生态效率的影响方向已由正转负。这说明技术创新总体效应存在明显的时间异质性。在创新结构效应方面，2008 年前后技术创新投入结构和技术创新产出结构对生态效率均无明显的直接影响，而创新投入结构在 2008 年前对于生态效率的空间溢出影响显著为正，2008 年后这一影响仍为正向但已不显著，创新产出结构则在 2008 年前对生态效率的间接影响不显著，而 2008 年后其对生态效率开始产生显著的正向空间溢出作用。这说明创新结构效应的时间异质性特征也较为突出。

在分地区的回归结果中，东部地区的每万人专利授权数对生态效率的直接效应不显著，说明技术创新总体效应不明显。但其对生态效率的间接影响显著为负，即某一东部省份的每万人专利授权数量每增加 1%，该省份周边地区的生态效率值将下降 0.225%。技术创新总体效应在中西部地区对生态效率的作用显著为正，且其贡献程度高于全国平均水平，但是技术创新总体水平对于中西部地区生态效率的间接效应却显著为负，不过这一空间负向影响程度小于东部地区。在总效应上，东部地区每万人专利数的增加与生态效率之间存在显著的负相关关系，在中西部地区内部这一关系也为负向但并不显著。这体现了技术创新总体效应存在一定的地区异质性特征，即东部地区技术的环境负效应程度要大于中西部地区。在创新结构效应方面，东部地区的创新投入结构效应对其生态效率的直接影响显著为负，间接影响则不显著，而中西部地区的创新投入结构效应对于生态效率的直接和间接影响均不显著；在东部地区内部，创新产出结构效应对于生态效率直接影响不显著，而其对于周边省市的生态效率则呈现出显著的负向溢出作用，中西部地区的创新产出结构效应对生态效率虽然没有产生明显的空间溢出作用，但是其对生态效率的直接影响显著为正。这也说明技术创新结构效应同样存在一定的空间异质性，其在东部地区主要表现为对于生态效率存在负向影响，技术创新产出结构效应对于生态效率水平提升的作用机制仅在中西部地区明显成立。

为了检验回归结果的稳健性，运用同样的计量方法对技术创新总体、创新投入结构和创新产出结构这三大机制依次单独进行研究，结果显示单独回归中关键变量系数符号及显著性情况与同时考虑三大机制的相关回归系数情况无明显差异，说明表 7-10 报告的计量回归结果具有较高的可靠性。

以上实证结果表明，技术创新在推升区域生态效率方面有一定效果，但不够显著。本书认为，技术创新本质中的"经济增长驱动性"可能是导致这一现象的主要原因。技术创新历来被视为促进经济增长的重要源泉之一，在人类社会发展历程中技术创新紧紧围绕着如何有效提高生产力和生产效率而展开。在工业化初级阶段，技术创新所带来的产出增长正效应远远超过生产力发展对生态环境造成的负效应，2001—2014 年技术创新总体效应在中西部地区对生态效率的影响显著为正也印证了这一观点。而随着工业化进程的深化，人们在推动经济增长的同时，污染物排放量也急剧上升，对环境的破坏程度也在不断加深，技术创新所带来的环境负效应增幅逐渐超过技术创新所带来的经济正效应增幅，故而资源消耗、环境污染问题对人类社会产生的负面影响日渐突出。近几年，中国许多城市尤其是技术相对发达的沿海城市出现的严重雾霾现象也充分说明了问题的严重性和急迫性。如何使技术创新真正成为解决环境问题的有效手段是我们需要仔细思考的问题。

三　金融发展与生态效率

前文理论分析认为，金融发展主要通过资本支持、资源配置和企业监督三大效应对生态效率产生影响，下面进行实证检验。选取人均存款和存贷比两个变量代理金融发展的资本支持效应，用贷款配置效率来考察金融发展的资源配置效应，用上市公司长短期借款占比衡量金融对企业的监督效应。本小节在计量研究中同时考察金融发展这三大效应对于生态效率的影响。相关检验结果表明（表 7-11），应拒绝无空间滞后或空间误差效应的原假设，本小节应采用空间杜宾面板模型估计各变量对生态效率的影响。

以人均存款和存贷比反映资本支持效应的空间直接效应、间接效应及总效应回归结果分别依次如表 7-11 和表 7-12 所示。

表 7 – 11　　　　以人均存款代理资本反映效应的空间计量结果

变量	全国 (2001— 2014 年)	全国 (2001— 2007 年)	全国 (2008— 2014 年)	东部地区 (2001— 2014 年)	中西部地区 (2001— 2014 年)
直接效应					
Savings_ per	0.038 (0.623)	− 0.062 (− 0.704)	0.174 * (1.772)	0.543 *** (4.253)	− 0.009 (− 0.111)
GRP_ loan	0.175 *** (3.719)	0.404 *** (4.914)	− 0.019 (− 0.265)	0.542 *** (5.277)	0.118 ** (2.200)
Lsloan	0.125 (0.990)	0.282 * (1.994)	0.156 (0.745)	0.085 (0.535)	0.010 (0.062)
S_ ser	1.363 *** (6.491)	1.099 *** (3.570)	2.085 *** (5.321)	3.601 *** (7.865)	− 0.538 (− 1.589)
Patent_ per	0.064 *** (2.964)	0.118 *** (3.505)	− 0.083 ** (− 2.602)	0.001 (0.031)	0.052 * (1.949)
Inves_ output	0.149 ** (2.418)	0.162 *** (3.251)	0.110 (1.110)	− 0.251 * (− 2.032)	0.147 ** (2.754)
Pop	− 0.061 (− 0.950)	− 0.177 *** (− 2.947)	− 0.689 * (− 1.999)	− 0.203 (− 0.979)	− 1.150 *** (− 3.532)
S_ coal	− 0.634 *** (− 4.145)	− 0.176 (− 0.910)	− 0.586 ** (− 2.674)	− 0.491 * (− 1.955)	− 0.419 ** (− 2.165)
S_ soe	0.166 * (1.723)	0.247 ** (2.140)	0.233 (1.082)	0.483 * (1.799)	0.020 (0.175)
S_ FDI	0.255 (1.619)	0.328 * (1.761)	0.209 (0.660)	0.637 ** (2.805)	1.001 *** (4.315)
间接效应					
Savings_ per	− 0.091 (− 0.612)	− 0.198 (− 1.206)	− 0.456 (− 1.051)	0.747 ** (2.873)	− 0.453 ** (− 2.370)
GRP_ loan	0.081 (0.804)	− 0.234 (− 1.697)	− 0.414 (− 1.627)	0.196 (1.214)	− 0.244 ** (− 2.471)
Lsloan	− 0.496 (− 1.399)	1.118 *** (2.794)	0.112 (0.164)	0.110 (0.368)	− 0.862 ** (− 2.448)

变量	全国 (2001— 2014 年)	全国 (2001— 2007 年)	全国 (2008— 2014 年)	东部地区 (2001— 2014 年)	中西部地区 (2001— 2014 年)
间接效应					
S_ ser	2. 004 ***	1. 211	2. 269	1. 966	− 1. 269
	(3. 752)	(1. 576)	(1. 627)	(1. 616)	(− 1. 582)
Patent_ per	0. 081 *	0. 082	− 0. 037	− 0. 034	− 0. 146 **
	(1. 804)	(1. 030)	(− 0. 338)	(− 0. 559)	(− 2. 742)
Inves_ output	0. 161	− 0. 116	0. 091	− 0. 137	− 0. 114
	(0. 914)	(− 0. 912)	(0. 221)	(− 0. 485)	(− 0. 860)
Pop	− 0. 134	0. 096	− 0. 209	− 1. 231 **	− 0. 902
	(− 1. 023)	(0. 764)	(− 0. 195)	(− 2. 526)	(− 1. 031)
S_ coal	− 1. 061 ***	− 0. 946 **	− 2. 734 ***	− 0. 212	− 0. 382
	(− 2. 834)	(− 2. 195)	(− 3. 658)	(− 0. 369)	(− 0. 992)
S_ soe	− 0. 532 **	− 0. 183	− 0. 194	− 0. 305	− 0. 898 ***
	(− 2. 492)	(− 0. 762)	(− 0. 262)	(− 0. 621)	(− 3. 657)
S_ FDI	0. 653	0. 559	2. 730 **	1. 165 *	1. 071 *
	(1. 637)	(1. 273)	(2. 453)	(2. 135)	(2. 090)
总效应					
Savings_ per	− 0. 053	− 0. 260	− 0. 282	1. 290 ***	− 0. 462 **
	(− 0. 328)	(− 1. 644)	(− 0. 580)	(4. 317)	(− 2. 303)
GRP_ loan	0. 256 **	0. 170	− 0. 432	0. 738 ***	− 0. 126
	(2. 235)	(1. 328)	(− 1. 440)	(4. 082)	(− 1. 134)
Lsloan	− 0. 372	1. 400 ***	0. 269	0. 196	− 0. 852 *
	(− 0. 949)	(3. 433)	(0. 323)	(0. 510)	(− 2. 018)
S_ ser	3. 366 ***	2. 310 **	4. 354 **	5. 567 ***	− 1. 807 *
	(5. 802)	(2. 656)	(2. 683)	(3. 808)	(− 1. 763)
Patent_ per	0. 145 ***	0. 200 **	− 0. 121	− 0. 033	− 0. 094
	(3. 022)	(2. 343)	(− 0. 947)	(− 0. 421)	(− 1. 646)
Inves_ output	0. 309	0. 045	0. 201	− 0. 387	0. 033
	(1. 495)	(0. 313)	(0. 421)	(− 1. 093)	(0. 214)

续表

变量	全国 (2001— 2014 年)	全国 (2001— 2007 年)	全国 (2008— 2014 年)	东部地区 (2001— 2014 年)	中西部地区 (2001— 2014 年)
总效应					
Pop	-0.195 (-1.364)	-0.081 (-0.627)	-0.898 (-0.833)	-1.434** (-2.612)	-2.052* (-2.044)
S_ coal	-1.696*** (-4.237)	-1.122** (-2.308)	-3.320*** (-3.996)	-0.703 (-1.011)	-0.801* (-1.761)
S_ soe	-0.366 (-1.535)	0.064 (0.234)	0.040 (0.047)	0.178 (0.248)	-0.878*** (-3.219)
S_ FDI	0.908* (1.919)	0.887 (1.686)	2.939** (2.236)	1.802** (2.516)	2.072*** (3.586)
Wald 空间滞后检验	42.045*** [0.000]	45.092*** [0.000]	29.805*** [0.001]	100.004*** [0.000]	32.127*** [0.000]
Wald 空间误差检验	60.083*** [0.000]	46.395*** [0.000]	40.306*** [0.000]	120.976*** [0.000]	32.220*** [0.000]
Log 似然值	336.208	219.706	306.769	226.773	332.653
Corr²	0.557	0.573	0.442	0.819	0.420
Hausman 检验	13.617 [0.886]	35.008** [0.028]	74.625*** [0.000]	0.511 [1.000]	1.966 [1.000]
个体固定效应	不控制	不控制	控制	控制	控制
时间固定效应	不控制	不控制	控制	控制	控制
Obs	420	210	210	154	266
R²	0.940	0.970	0.981	0.972	0.925

注：1. 圆括号中为 t 值，方括号中为 p 值。

2. *、**和***分别表示在10%、5%和1%水平上显著。

3. 限于篇幅不报告截距项和空间自回归系数，如有需要可来函索取。

4. 最右边两列采用固定效应模型，因 Hausman 检验不显著而固定效应模型的 Corr² 值更大。

表 7 – 12　　　以存贷比代理资本支持效应的空间计量结果

变量	全国 (2001— 2014 年)	全国 (2001— 2007 年)	全国 (2008— 2014 年)	东部地区 (2001— 2014 年)	中西部地区 (2001— 2014 年)
直接效应					
SLR	- 0. 801 *** (- 8. 040)	0. 356 ** (2. 215)	- 0. 750 *** (- 5. 910)	- 0. 948 *** (- 4. 754)	- 0. 539 *** (- 4. 236)
GRP_ loan	- 0. 048 (- 1. 060)	0. 576 *** (6. 752)	- 0. 103 ** (- 2. 114)	0. 0002 (0. 002)	0. 002 (0. 043)
Lsloan	0. 197 (1. 546)	0. 287 ** (2. 047)	0. 135 (0. 790)	0. 206 (1. 255)	0. 221 (1. 453)
控制变量	控制	控制	控制	控制	控制
间接效应					
SLR	- 0. 754 ** (- 2. 504)	0. 416 (1. 220)	- 1. 496 *** (- 3. 068)	- 0. 998 ** (- 2. 489)	0. 012 (0. 041)
GRP_ loan	- 0. 196 (- 1. 543)	- 0. 023 (- 0. 117)	- 0. 120 (- 0. 801)	- 0. 430 * (- 1. 911)	- 0. 142 (- 1. 229)
Lsloan	- 0. 066 (- 0. 181)	1. 226 *** (3. 055)	0. 659 (1. 264)	0. 265 (0. 842)	- 0. 212 (- 0. 657)
控制变量	控制	控制	控制	控制	控制
总效应					
SLR	- 1. 555 *** (- 4. 651)	0. 773 * (1. 958)	- 2. 246 *** (- 4. 013)	- 1. 947 *** (- 3. 528)	- 0. 527 (- 1. 700)
GRP_ loan	- 0. 244 (- 1. 667)	0. 554 ** (2. 535)	- 0. 223 (- 1. 247)	- 0. 430 (- 1. 475)	- 0. 140 (- 1. 093)
Lsloan	0. 131 (0. 323)	1. 513 *** (3. 712)	0. 794 (1. 284)	0. 471 (1. 165)	0. 009 (0. 023)
控制变量	控制	控制	控制	控制	控制
Wald 空间滞后检验	58. 322 *** [0. 000]	43. 125 *** [0. 000]	40. 353 *** [0. 000]	70. 262 *** [0. 000]	22. 744 ** [0. 012]
Wald 空间误差检验	76. 346 *** [0. 000]	44. 695 *** [0. 000]	56. 845 *** [0. 000]	94. 808 *** [0. 000]	22. 450 ** [0. 013]

续表

变量	全国 （2001— 2014 年）	全国 （2001— 2007 年）	全国 （2008— 2014 年）	东部地区 （2001— 2014 年）	中西部地区 （2001— 2014 年）
Log 似然值	460.835	221.129	321.324	227.195	339.348
$Corr^2$	0.516	0.578	0.547	0.817	0.447
$Hausman$ 检验	6.805 [0.999]	23.787 [0.304]	30.086 * [0.090]	6.092 [0.999]	21.082 [0.454]
个体固定效应	控制	不控制	控制	控制	控制
时间固定效应	控制	不控制	控制	控制	控制
Obs	420	210	210	154	266
R^2	0.954	0.970	0.983	0.973	0.928

注：1. 圆括号中为 t 值，方括号中为 p 值。

2. *、**和***分别表示在 10%、5% 和 1% 水平上显著。

3. 控制变量包括 S_ser、$Patent\_per$、$Inves\_output$、Pop、S_coal、S_soe 和 S_FDI，限于篇幅不报告截距项、空间自回归系数和控制变量回归系数等具体情况，如有需要可来函索取。

4. 第二列和最右边两列采用固定效应模型，因 $Hausman$ 检验不显著而固定效应模型的 $Corr^2$ 值更大。

在东部地区，人均存款（$Savings\_per$）与生态效率显著正相关，在其他条件不变的前提下，东部地区人均存款每增加 1%，生态效率水平可显著上升 0.543%；同时，该因素还在东部地区内部发挥着积极的空间溢出作用。而在中西部地区，以人均存款表示的资本支持效应对生态效率的直接影响为负但不显著，对生态效率的空间间接影响也为负且在 5% 的水平上显著。人均存款对于东部地区生态效率的总效应显著为正，而对于中西部地区生态效率的总效应显著为负。这说明资本支持效应存在典型的地区异质性特征，东部地区普遍较高的人均存款水平（2001—2014 年年均 7.34 万元/人）为东部地区的经济增长和环境保护提供了有力的资金支持，而中西部地区较低的人均存款水平（2001—2014 年年均 2.14 万元/人）不能很好地满足其为发展经济及保护生态环境所产生的资金需求。

　　资本支持强度方面，存贷比的提高仅在 2001—2007 年对全国总体层面的生态效率起到正向的直接和间接影响，2008 年后存贷比提高对于生态效率的直接、间接及总效应全部显著为负。类似地，用于刻画资源配置效应的贷款配置效率（GRP_loan）在 2007 年前对生态效率具有显著的正向作用，而 2008 年后其对生态效率的直接效应则显著为负。同时，地区贷款配置效率（GRP_loan）的提高对于周边地区的生态效率存在负向影响，即一地区贷款配置效率的提高可能会导致周边地区生态效率水平的下降。2008 年前后，以存贷比反映的资本支持效应和资源配置效应对于生态效率的影响均体现出明显的时间异质性特征。2008 年全球金融危机导致世界经济增长低迷，在此背景下中国的出口贸易受到一定负面影响，为保持经济的稳定增长中国政府不断加大投资和信贷力度，这一举措虽然在推动经济增长方面见效较快，但同时也对资源和环境产生了更为不利的影响。所以，2008 年后存贷比的提高不但没有提升中国的生态效率，反而对生态效率产生显著的负面影响。而贷款配置效率的提高并不意味着资金利用效率的提高，在大规模投资的背景下资金利用效率往往是下降的，并且地方政府在政绩考核压力之下可能会进行竞争，争夺更多的信贷配额和建设项目以发展当地经济，故一地区贷款配置效率的提高往往意味着周边地区在经济增长竞争中的落后，所以一地区的贷款配置效率可能与周边地区的生态效率之间存在负相关关系。

　　金融发展的企业监督效应方面，上市公司长短期借款占比的提高在 2001—2007 年期间对当地及其周边地区的生态效率产生了显著正向影响，而 2007 年后其对生态效率的直接、间接及总效应虽为正但均已不显著，这说明 2007 年后融资贷款对于企业的监督效应实际上是减弱的。2007 年后企业监督效应无法有力地提升生态效率，这说明，为了经济增长而放松金融系统对企业监管的做法不可取。

四　其他因素与生态效率

　　本书在考察产业结构、技术创新、金融发展三大因素与生态效率之间的关系情况时，还加入了环境规制、人口规模、能源结构、产权结构和外商投资等因素，下面简要分析其对生态效率的影响。通过观察表 7 - 7 至表 7 - 12 中相关控制变量的回归系数及其显著性情况可知：

第一，工业污染治理完成投资额占比在全国层面以及中西部地区内部对当地生态效率具有显著的正影响，而对东部地区生态效率的影响显著为负；不论是从全国整体还是分别从东部、中西部地区角度来看，环境规制的空间溢出效应均不明显。产生上述现象的原因可能是，在工业发展初期及中期，工业污染治理投资对减少经济发展的环境负影响具有显著的积极作用，而随着工业化进程的深化，仅仅依靠工业污染治理投资已无法有效满足经济发展带来的环境治理需求，即治污的速度赶不上排污的速度，从而产生愈加严重的环境污染问题。

第二，人口规模的增加会对生态效率产生负向影响，这一点在中西部地区尤为显著。比如在产业结构提升效应的空间计量回归结果中，在其他条件不变时，人口规模每增长 1%，全国层面的生态效率水平将下降 0.144%，中西部地区的生态效率水平将下降 0.985%。这说明控制人口规模对于目前提升中国的生态效率而言具有积极意义。

第三，自 2008 年以来，中国以煤炭为主的能源结构对生态环境产生的负面压力日益凸显，且高煤炭占比的能源利用结构也对周边地区的环境产生不利影响，所以改善能源消费结构是当务之急。

第四，国有企业比重的提升总体上不利于地区生态效率的提高，其原因可能是国有企业在为中国经济增长做出重要贡献的同时也排放了大量的环境污染物，且其经济贡献度未能超过其造成的环境负效应程度。

第五，外商投资规模的扩大不仅能有效改善当地的生态效率，还能对周边地区的生态效率产生积极影响，这与涂正革等（2011）、黄建欢等（2016）所得结论一致。该结果也支持了"污染光环"假说，表明外商企业在中国开展活动的同时也带来更先进的清洁生产技术和理念，并通过溢出效应带动其他企业进行更节能环保的生产，从而对生态效率产生显著正面影响。

第四节　结论与启示

本章就生态效率受影响机制问题进行了理论分析和实证检验，重点分析了产业结构、技术创新和金融发展对生态效率产生影响的理论机制，同时还控制了环境规制、人口规模、能源结构、产权结构和外商投资等因素对生态效率的影响，在此基础上利用空间杜宾面板模型进行了机制检验。本章主要结论与启示如下：

第一，产业结构对生态效率的影响具有时间异质性或区域异质性特征，其中产业比重提升效应在 2008 年后对于生态效率的影响程度远超过 2008 年前，且该效应在东部地区对于生态效率的影响程度和显著性明显超过中西部地区，产业技术进步效应仅在 2008 年前对于生态效率显现出显著的正向空间溢出作用，而产业间要素配置合理化的正向溢出效应只在全国总体水平上显著而在东部和中西部地区不显著。不同类型产业比重的提升对于生态效率的影响也不同，产业技术进步效应和产业间要素配置合理化对于全国总体生态效率水平的提升具有积极的推动作用，而就目前来看地区产业专业化程度的加深可能会使当地和周边地区生态效率水平下降。由此可得出如下启示：①产业结构高度化是影响生态效率水平的重要因素，不仅是对不同产业份额和比重的衡量，产业结构高度化水平的提升更是意味着整体经济的劳动生产率在高效率产业获得更快发展的前提下得到有力提高。所以，在调整产业结构的过程中，不仅要扩大低能耗、低污染产业在国民经济中的比重，更要积极通过产业技术进步等来提高清洁产业的劳动生产率及附加值。②在市场机制的作用下，低效率部门的劳动力会向高效率部门流动，因此高效率部门获得更充足的劳动力资源从而得到更快发展。然而目前中国仍存在一些不利于要素自由流动的行政管制，从而对中国产业间的要素配置合理化产生了一定的负面影响。如何使市场机制在资源配置中充分发挥决定性作用是一个需要深入思考的问题。③过高的地区产业专业化程度会对当地的资源环境产生沉重压力。本书发现，单一产业比重过大地区的主导产业往往属于资源初级开发和加工类型，而仅靠开发当地资源进行发展的经济增长模式注定是不可持续的。合理提高地区产业的多样性，以主导产业为核心积极拓延发展上游、下游及其关联产业，打造健康、可持续的产业群生态环境，对于促进中国各地区经济、资源和环境的协调发展具有积极意义。

第二，技术创新在提升区域生态效率的作用偏弱。在全国层面上，技术创新总体效应对于生态效率水平提升的正向作用较微弱，创新投入结构效应和创新产出结构效应对于生态效率的直接影响均不显著。技术创新总体效应对生态效率的促进作用仅在2008年前成立，2008年后其对生态效率的影响方向已由正转负，2008年前后技术创新投入结构效应和技术创新产出结构效应对生态效率均无明显的直接影响。这在很大程度上印证了技术"回弹效应"的存在，即生产技术的进步一方面可能有利于节能减排，但另一方面也引致了对于资源的更多需求，以及加强了人类对于生态环境的破坏能力，加剧环境污染程度。通过计量检验发现，技术创新动力最强的企业主体以及最具创新价值的发明专利均没有对提升地区生态效率产生显著的积极作用，甚至在一定程度上还导致了生态效率水平的下降。本书认为，导致这一问题产生的根本原因是长期以来人类技术创新的主要目的是提高生产力和促进经济增长而不是保持经济、资源、环境的协调发展。在社会发展初期，技术创新带来的经济正效应远远超过其带来的资源环境负效应，而随着工业化进程的不断深入，人们对于资源、环境的使用和破坏程度已接近资源、环境的承受极限，而技术创新并没有充分发挥其对于资源节约和环境保护的积极作用。技术创新是人类能动性和主动性的体现，如何让技术创新由产生环境问题的工具转变为解决环境问题的手段，是摆在中国人面前的严峻问题。

第三，人均存款反映的资本支持效应对于东部地区生态效率的总效应显著为正，但对于中西部地区生态效率的总效应显著为负；存贷比反映的资本支持效应的增强仅在2001—2007年对全国总体层面的生态效率起到正向影响，2008年后其对于生态效率的直接、间接和总效应全部显著为负；2008 年后金融发展的资源配置效应和企业监督效应均无法对生态效率的提升起到正面影响。本书推测这可能与 2008 年全球金融危机后中国政府大力扩大投资和信贷规模有关。2008 年发端于美国次贷危机的全球金融海啸对世界各国经济都产生了不同程度的负面影响，海外消费需求量的下降对中国的出口贸易产生一定冲击。为应付金融危机挑战，中国政府出台了一系列扩大投资和拉动国内消费的政策措施，这些政策中包括取消对商业银行的信贷规模限制、合理扩大信贷规模等内容。在这一系列政策措施的作用下，中国经济在金融危机后几年里保持了较高的增长速度，但是资源、环境问题也逐渐凸显出来。截至 2012 年中国有 69 个城市进入资源枯竭型城市名单，近年来雾霾天气和泥石流等自然灾害出现的频率均呈现上升趋势等。为了能让金融发展对生态效率产生切实的提升作用，政府、金融机构及企业在发挥金融的产出增长正效应的同时，也要充分利用金融力量降低人类生产活动对于资源环境的负面影响，加强金融对于资源节约和环境保护的支持力度，让绿色金融真正发挥实效，积极促进经济、资源与环境三大系统的协调发展。

本章的实证研究主要基于省级数据进行分析，利用城市层面的大样本数据也许能够得出更细致和可信的发现。这是笔者后续努力方向。

第八章　生态效率视角下"资源诅咒"现象与低效成因[*]

在关于资源丰裕地区发展的理论中，"资源诅咒"理论颇具代表性。Auty（1993）提出了"资源诅咒"假说，即丰裕的自然资源反而不利于一个国家或者区域的经济增长，引起了学术界的积极关注和探讨。但在环境和资源问题日益凸显的背景下，局限于关注单一维度的经济增长是远远不够的，而应从多维度视角观察区域的绿色发展。在新时代背景下，更值得研究的可能是：如果将环境污染、资源消耗等因素也考虑进来，"资源诅咒"是否存在？原因为何？本章基于中国省级面板数据，对此进行探讨。

第一节　"资源诅咒"假说：文献与理论

许多文献对"资源诅咒"假说进行了实证研究。如 Sachs 和 Warner（1997），徐康宁和王剑（2006）。但迄今为止，现有文献的观点并不一致。特别地，就中国而言，一些文献认为，"资源诅咒"现象在中国大陆的省级行政区域存在（胡援成、肖德勇，2007；邵帅、齐中英，2008，李强等，2013，赵康杰等，2014）。但也有一些文献认为"资源诅咒"并不成立（丁菊红等，2007；方颖等，2011）。还有一些文献认为，"资源诅咒"是否存在与资源价格波动

---

* 本章部分内容曾发表于《中国管理科学》2015 年第 1 期，较之刊物论文，本书采用新的效率测度方法，数据更新至 2014 年。

相关（胡华，2013）。同时也有一些文献研究不同区域"资源诅咒"的情况，西部地区的"资源诅咒"与国家的制度政策有关，西部实行大开发战略能够在一定程度上缓解其"资源诅咒"的困境（夏飞等，2014）。对民族地区运用固定效应变截距模型和层次分析法探讨"资源诅咒"对经济增长效率的影响，表明民族地区存在"资源诅咒"的现象（陈祖海等，2015）。学者也从不同的分析角度考察"资源诅咒"的形成机制：资源型区域特殊的"核心边缘"结构和要素流动特征，导致核心区域集聚效应弱化及偏态的城市功能，反过来又制约制造业集聚、现代服务业发展，强化了反工业化倾向，促使区域发展落入"资源诅咒"陷阱（郭文炯，2014）；在经济不发达的地区，自然禀赋与腐败之间存在显著的正相关，自然资源通过引致腐败，弱化地方政府的治理质量，阻碍了资源富集地区的经济增长，从而导致"资源诅咒"现象（彭爽，2015）；对资源消耗和环境成本的绿色GDP与"资源诅咒"现象进行探讨，发现原来"资源诅咒"的高危区"资源诅咒"现象更加明显（安锦、王建伟，2015）。然而，大部分实证研究都将国内生产总值（GDP）增长或人均国内生产总值增长率作为考察"资源诅咒"的关键变量，而对于生态效益、居民福利等指数的关注较少（黄悦等，2013）。在环境和资源问题日益凸显的背景下，局限于关注单一维度的经济增长是远远不够的，而应从多维度视角观察区域的绿色发展。在新时代背景下，更值得研究的可能是：如果将环境污染、资源消耗等因素也考虑进来，"资源诅咒"是否存在？具体而言，资源丰裕区域是否具有相对更低的绿色发展水平？

　　本章发现，将环境污染、资源消耗和国内生产总值一起考虑进来，"资源诅咒"也是存在的，即资源丰裕区域具有相对更低的绿色发展水平。资源丰裕区域大多以矿产、石油或有色金属开采的工业为主，是典型的资源工业主导型经济。地区的资源优势在一定程度上导致产生资源依赖型经济模式。一方面，使资源粗放型产业急剧膨胀，而其他的一些行业如高新技术行业、制造业、轻工业发展动力不足，产业结构很长时期得不到调整，导致资源丰裕的地区长期经济增长仅仅依靠资本和劳动投入粗放式来维持经济增长，对高技术的行业产生挤出效应，同时也会对技术进步和人力资本的投资产生挤出效应（余鑫等，2016），随着资源的大量消耗与经济发展动力不足，从而产生"资源诅咒"。另一方面，单一的产业结构，特别是以资源开采为主资源丰裕地区，其工业活动产生的污染物比较多，尤其是一些对环境破坏较大的污染气体，由于产业的单一且对高技术行业的挤出，用于环境保护的技术和资金的缺乏以及资源保护可持续政策落后，导致大规模的资源浪费（安锦、王建伟，2015），使资源丰裕地区的资源优势并没有对经济发展产生明显的促进作用。

生态效率（Eco-efficiency）是资源与环境约束下的区域投入产出效率。该概念综合考虑了经济、资源和环境等多方面因素，反映了资源节约和环境友好等绿色发展的核心要求，因此可以从效率层面反映绿色发展。为研究资源丰裕区域是否存在"资源诅咒"现象，本节将中国省级行政区域分为资源开发型和资源利用型两类，然后利用改进的测度方法以获得跨期可比、区分全部评价对象的生态效率得分，通过统计比较以回答以下问题：首先，两类区域的生态效率是否具有显著差异？从多维视角来看"资源诅咒"理论是否成立？其次，资源开发型区域效率偏低的原因是什么？或者说生态效率差异中有多大成分是由资源开发造成的，有多大成分是由资源利用造成的？规模因素的作用有多大？最后，提升生态效率的重点在哪里？本章力图从三个方面拓展现有文献：第一，不再局限于经济增长这个层面，而是从多维视角出发，同时考虑经济、资源和环境等因素，基于生态效率来考察两类区域的发展差异；第二，提出并利用结构控制法，深入到资源开发型区域内部考察其部门结构，结合贡献度的测算，量化分析其生态效率偏低的原因；第三，分析指出"资源诅咒"的关键原因是资源利用效率低下，进而为破解该问题提出了简单但明确的思路。

第二节　资源开发型和资源利用型区域的识别与生态效率差异

一　两类区域的识别与单一视角下的"资源诅咒"

一些区域资源相对丰裕，资源开发行业相对较为发达，资源采掘业所占比重相对较高，对外输出各种资源，属于资源开发型区域。而有些区域的资源相对匮乏，资源采掘业所占比重相对较低，主要通过进口资源再进一步加工和利用，属于资源利用型区域。本节按照资源开发行业所占比重来识别两类区域。资源开发行业主要指采掘业，包括煤炭开采和洗选业、石油和天然气开采业、黑色金属矿采选业、有色金属矿采选业和非金属矿采选业。其余工业行业均视为资源利用行业，主要涉及22个子行业。借鉴现有文献，利用采掘业从业人数占全部从业人数比重来判断区域的资源丰富程度及其类型。本节以省级行政区域（含自治区和直辖市）为观测对象，根据数据可得性，研究样本暂不包括香港、澳门、台湾和西藏，故共有30个样本，观测期为2001—2014年。有关数据来源于历年《中国统计年鉴》、《中国工业经济统计年鉴》、《中国环境统计年鉴》、《中国能源统计年鉴》、《中国区域经济统计年鉴》、《中国城市统计年鉴》以及各省（市、区）历年的统计年鉴。

为使两类区域更具可比性，采用三分法，即按照每年样本区域采掘业从业人数占全部从业人数比重，把所有样本从高到低排序，将前10个视为资源开发型区域，后10个视为资源利用型区域，其他视为混合型。以2014年为例，资源开发型区域有：山西、贵州、黑龙江、内蒙古、新疆、宁夏、青海、陕西、甘肃和云南；资源利用型区域有：上海、浙江、广东、江苏、福建、天津、湖北、北京、广西和海南。由表8-1可知，资源开发型区域采掘业的从业人数占比（25.44%）远远高于资源利用型区域的水平（2.40%）。因数据不服从正态分布，故采用 Wilcoxon 秩和检验。样本分组检验表明，两者具有显著差异。其中，山西省的采掘业人员占比最高,达到 49.50%,而上海最低,仅为 0.008%。

表 8 - 1 两类区域的差异比较

观察期		项目	采掘从业人数占比	人均 GDP(万元)	人均 GDP 增长	GDP 增长	环境污染指数
2014 年	平均值	资源利用型	2.40%	4.692	6.86%	7.81%	25.424
		资源开发型	25.44%	2.334	7.11%	7.63%	24.56
	Wilcoxon 秩和检验	z 值	-3.78	3.175	-0.568	-0.189	-0.151
		p 值	0.0002	0.0015	0.57	0.8499	0.8798
2001—2014 年	平均值	资源利用型	3.23%	2.78	10.28%	11.78%	27.569
		资源开发型	25.63%	1.277	11.31%	11.72%	23.377
	Wilcoxon 秩和检验	z 值	-13.973	8.953	-2.228	0.639	1.611
		p 值	0.0000	0.0000	0.0259	0.5227	0.1071

注:人均 GDP 以 2000 年为不变价,采用商权法综合五种污染物排放信息获得环境污染数据。

表 8 - 1 对两类区域的人均 GDP 及其增长进行了统计比较。2014 年资源开发型区域的人均 GDP(2.334 万元)远远低于资源利用型区域的相应水平(4.692 万元)。但资源开发型区域的人均 GDP 增长(7.11%)却显著高于资源利用型区域的水平(6.86%),且资源开发型区域 GDP 增速与资源利用型区域的 GDP 增速也相差不大。进一步基于混合样本(2001—2014 年)的分组比较结果也印证了前述结论。这说明单从经济增长维度看,"资源诅咒"的证据并不充分。值得指出的是,资源开发型区域的环境污染指数略低于资源利用型区域的水平,暗示着两类区域的环境污染物排放水平差异不大,资源开发并非主要污染来源。

二 两类区域生态效率的比较与多维视角下的"资源诅咒"

为获得客观赋权、跨期可比、能够区分所有观测对象的效率测度结果,且避免出现无可行解现象,本节采用第六章给出的模型(GB - US - SBM)来测度生态效率。相关的投入产出变量同第四章。在稳健性检验(见表 8 - 4)中,还测算了 5 种污染物排放量〔包括废水总量、废水中的化学需氧量和氨氮、二氧化硫、烟（粉）尘、二氧化碳］作为非期望产出时的效率。

利用 MaxDEA 软件求解 GB – US – SBM 模型可以获得样本区域各年度的生态效率得分。根据规模报酬可变（VRS）或规模报酬不变（CRS）假设，可以获得两组测度结果。为比较各年度资源开发型和资源利用型区域的生态效率是否具有显著差异并获得稳健结果，进行非配对样本的统计检验。检验发现，样本数据不服从正态分布，故采用 Wilcoxon 秩和检验。

表 8 - 2   规模报酬可变（VRS）假设下两类区域生态效率的差异

项目 年份	资源开发型区域 效率均值	资源利用型 区域效率均值	效率均值比 资源利用型/资源开发型	Wilcoxon 秩和检验 z 值	p 值
2001	0.519	0.637	1.228	1.324	0.186
2002	0.492	0.630	1.283	1.512	0.130
2003	0.457	0.611	1.339	1.739	0.082
2004	0.440	0.613	1.391	1.663	0.096
2005	0.448	0.599	1.337	1.55	0.121
2006	0.428	0.610	1.425	1.853	0.064
2007	0.427	0.642	1.503	1.89	0.059
2008	0.436	0.649	1.489	1.853	0.064
2009	0.442	0.640	1.448	1.966	0.049
2010	0.445	0.658	1.480	2.004	0.045
2011	0.434	0.681	1.568	2.192	0.028
2012	0.446	0.716	1.606	2.005	0.045
2013	0.441	0.735	1.667	2.269	0.023
2014	0.451	0.788	1.746	2.649	0.008
平均	0.450	0.658	1.456		

表 8 - 2 报告了 VRS 假设下区域生态效率的比较结果。①除 2001年、2002 年、2005 年外，其他年度中 Wilcoxon 秩和检验的 p 值均小于 10%，这说明两类区域的生态效率分布至少在 10% 水平下具有显

著差异。②从均值大小来看，资源开发型区域的生态效率均值介于
0.427—0.519，总体均值为0.450，而各年度资源利用型区域与资源
开发型区域的效率均值比介于1.228—1.746，总体平均为1.456，表
明资源利用型区域的生态效率远远超过资源开发型区域的相应水平。
③效率均值比呈上升趋势（从2001年的1.228逐步上升到2014年的
1.746），说明两类区域的生态效率差距在逐渐扩大。故可初步得出结
论：资源利用型区域的生态效率显著高于资源开发型区域的水平，且
随时间推移，差异逐渐加大。

表8-3　规模报酬不变（CRS）假设下两类区域生态效率的差异

项目 / 年份	资源开发型区域效率均值	资源利用型区域效率均值	效率均值比 资源利用型/资源开发型	Wilcoxon 秩和检验 z 值	p 值
2001	0.251	0.446	1.774	3.100	0.002
2002	0.255	0.497	1.951	3.175	0.001
2003	0.257	0.460	1.792	2.873	0.004
2004	0.262	0.472	1.803	2.873	0.004
2005	0.266	0.472	1.777	2.836	0.005
2006	0.270	0.499	1.848	2.797	0.005
2007	0.279	0.548	1.963	2.797	0.005
2008	0.282	0.592	2.095	3.025	0.002
2009	0.283	0.596	2.101	2.948	0.003
2010	0.293	0.623	2.130	2.948	0.003
2011	0.298	0.642	2.151	2.948	0.003
2012	0.305	0.680	2.229	2.949	0.003
2013	0.307	0.689	2.248	3.024	0.002
2014	0.319	0.719	2.253	3.025	0.002
平均	0.281	0.567	2.008		

表8-3进一步报告了CRS假设下两类区域生态效率的差异比较
结果。比较可知：①与VRS下的p值相比，CRS下的p值更小，意味
着CRS下两类区域的生态效率差异更具有统计显著意义。②CRS下资

源开发型区域效率均值介于0.251—0.319，平均值仅为0.281，远远小于VRS下的水平，说明如果不考虑规模效应，资源开发型区域效率均值更低，这暗示着该类区域中规模效应具有积极影响。③资源利用型区域与资源开发型区域的效率均值比介于1.774—2.253，总体平均值为2.008，表明资源利用型区域的生态效率远远超过资源开发型区域的相应水平。④效率均值比呈上升趋势（从2001年的1.774逐步上升到2014年的2.253），说明两类区域的效率差距在逐渐扩大。这些发现不仅印证了前文基于VRS的发现，而且揭示出两个重要信息：一是不考虑规模效应时，两类区域的生态效率具有更大且更显著的差异；二是规模效应对于两类区域的影响可能具有明显差异。本节将在第三部分进一步报告有关结果。

为了获得稳健的、不依赖于模型或数据处理方式的结论，将前述截面比较结果作为基本模型，进一步更换变量或模型获得新的生态效率测度和比较结果。

（1）以各年度的混合数据作为总体进行分组比较，结果见表8-4模型1；

（2）不采用环境污染指数，而是将5种污染物（废水、化学需氧量、氨氮、二氧化硫、烟尘）直接作为坏产出，见表8-4模型2；

（3）不采用环境污染指数，根据相关性程度选取3种代表性污染物（废水、烟尘和二氧化碳）作为坏产出，见表8-4模型3；

（4）GB-US-SBM中通过最大化决策单元到前沿面的距离来求解效率，另一种值得考虑的思路是利用最小化决策单元到前沿面的距离来求解效率，该思路的测算结果见表8-4模型4；

（5）考虑到三分法未比较全部样本，本节还利用二分法（将30个样本区域平分为两类）进行识别。

表8-4汇总了有关的效率均值测度和统计比较结果。比较可知，无论采用何种变量组合、模型或识别方法，资源利用型区域的生态效率始终显著高于资源开发型区域的相应水平。换言之，资源丰裕区域反而具有更低的绿色发展水平，多维视角下"资源诅咒"现象的确存在。

表8-4 不同变量和模型以及方法下两类区域生态效率的统计比较

项目		三分法					二分法				
		模型1		模型2	模型3	模型4	模型1		模型2	模型3	模型4
假设		VRS	CRS	VRS	VRS	VRS	VRS	CRS	VRS	VRS	VRS
资源开发型区域效率均值		0.450	0.281	0.457	0.469	0.943	0.443	0.307	0.431	0.447	0.942
资源利用型区域效率均值		0.658	0.567	0.631	0.642	0.966	0.620	0.497	0.597	0.611	0.962
效率均值比（资源利用型/资源开发型）		1.460	2.020	1.383	1.368	1.025	1.401	1.620	1.385	1.368	1.021
Wilcoxon秩和检验	z值	7.288	11.108	5.317	6.068	5.204	7.827	9.849	5.972	6.872	5.406
	p值	0.000	0.000	0.000	0.000	0.000	0.000	0.000	0.000	0.000	0.000

第三节 规模效应与生态效率的区域差异

一 两类区域的规模效应比较

根据规模报酬不变和规模报酬可变假设下的效率可测算规模效应（Cooper，2011）：

$$规模效应 = \frac{CRS\ 下的效率}{VRS\ 下的效率} \tag{8-1}$$

表8-5报告了两类区域的规模效应的统计比较结果。①2001—2014年资源开发型区域规模效应总体平均为0.691，低于资源利用型区域的水平（0.862）。②2002—2014年的p值均小于10%，说明此期间两类区域的规模效应具有显著差异。③资源利用型区域与资源开发型区域的规模效应均值比介于1.185—1.308，总体平均值为1.249，表明资源利用型区域的规模效应相对更显著，这是两类区域生态效率差异的来源之一。④从长期变迁来看，规模效应呈上升态势，说明这些区域处于规模报酬递增阶段，规模效应是效率提升的主要来源。然而规模效应的贡献究竟有多大，还需要进一步测算。

二 规模效应对生态效率的贡献度

一般地，对具有相乘结构的因素：$y = ab$，采用对数法进行贡献分解可能更精确。即 a 的贡献度为 $C_a = \ln(a)/\ln(y)$；b 的贡献度为 $C_b = \ln(b)/\ln(y)$。然而，当 $y = 1$ 时，$\ln(y) = 0$。当数据取值小于等于 1 时，贡献度可能会出现异常值。本节中效率值大多介于 0—1，采用对数分解得出的结果可能并不准确。因此本节采用以下分解方法：令 $C_a = a/y$；$C_b = b/y$。为解决贡献之和不等于 1 的问题，对之进行归一化，即：

$$C_a^* = \frac{a/y}{a/y + b/y} = \frac{a}{a+b} \qquad (8-2)$$

$$C_b^* = \frac{b/y}{a/y + b/y} = \frac{b}{a+b} \qquad (8-3)$$

表 8 - 5　　　　　　　　**两类区域规模效应及其贡献的差异比较**

项目 \ 年份	资源开发型区域均值	资源利用型区域均值	均值比 资源利用型/资源开发型	Wilcoxon 秩和检验		规模效应的贡献度	
				z 值	p 值	资源开发型	资源利用型
2001	0.587	0.730	1.243	1.512	0.131	0.539	0.544
2002	0.605	0.792	1.308	2.117	0.034	0.552	0.568
2003	0.628	0.774	1.232	1.663	0.096	0.577	0.569
2004	0.646	0.792	1.225	1.739	0.082	0.588	0.575
2005	0.658	0.810	1.231	1.814	0.070	0.592	0.585
2006	0.677	0.835	1.233	1.965	0.049	0.604	0.589
2007	0.691	0.861	1.246	1.965	0.049	0.608	0.586
2008	0.699	0.903	1.291	2.495	0.013	0.606	0.595
2009	0.711	0.922	1.298	2.646	0.008	0.612	0.604
2010	0.726	0.936	1.290	2.874	0.004	0.617	0.601
2011	0.745	0.932	1.250	2.419	0.016	0.626	0.593
2012	0.756	0.937	1.239	2.268	0.023	0.627	0.582
2013	0.765	0.930	1.217	2.117	0.034	0.631	0.572
2014	0.774	0.917	1.185	2.192	0.028	0.629	0.552
平均	0.691	0.862	1.249			0.601	0.579

由此可测度规模效应对 CRS 假设下的生态效率的贡献。表 8 - 5 最后两列报告了相关结果。规模效应对资源开发型区域生态效率的贡献从 2001 年的 53.9% 上升到 2014 年的 62.9%，均值达到 60.1%。对资源利用型区域生态效率的贡献从 2001 年的 54.4% 上升到 2014 年的 55.2%。可见两类区域均主要靠规模效应来提升生态效率，其中资源开发型区域对规模效应的依赖性更大，而且近年来这种依赖性呈增强态势。

第四节　部门结构与资源开发型
区域的生态效率

一　结构控制法与对照样本选取

前面研究显示，资源开发型区域的生态效率远低于资源利用型区域，从多维视角看存在"资源诅咒"现象。下面考察其深层次的原因，进一步观察部门结构因素对资源开发型区域的区域生态效率的影响。最直接的办法是测度每个部门或行业的生态效率，进而观察其对区域生态效率的贡献。但遗憾的是，尽管可以获取每个区域或者每个行业的投入产出数据，但每个区域中每个行业的投入产出数据却难以获取，尤其是无法获取各种污染物数据。故只能采用间接方法。近年来出现的合成控制法（Abadie et al.，2010）为我们提供了新思路。其基本思想是：现实中很难找到一个经济体作为对照样本（Control sample）符合观测样本（Observe sample）的基本特征，但若干经济体的加权组合却可拟合出一个符合观测样本基本特征的对照样本。

借鉴该思路，我们提出结构控制法来构造对照样本并测度产业部门层面的生态效率。总体思路如下：①以资源开发型区域的资源利用部门为整体，以其内部各行业的工业总产值占比来衡量其产业结构。②通过规划求解等方法求得资源利用型区域的最优加权组合，为每个资源开发型区域的资源利用部门构造一个虚拟对照样本，其资源利用部门结构完全一样或者高度接近，因此可认为观测样本的资源利用部门与对照样本具有相同的效率。③基于最优权重组合,测度对照样本的加权生态效率并将之作为资源开发型区域的资源利用部门的生态效率。④测算资源开发部门的生态效率。

结构控制法的具体过程如下。用 i 表示资源利用型部门第 i 个行业, $i=1$, 2 , …, n , n 为需要控制结构的行业数,即资源利用型行业数,本节中一般为22个(因数据缺失,个别年份如2002年只有21个)。采用三分法,每年选取10个资源开发型区域作为观测样本,取当年10个资源利用型区域来构造对照样本。用 c 表示资源利用型区域。对每年第 k 个观测样本, $k=1$, 2 , …, $K(K=10)$, S_{ki} 表示第 k 个观测样本第 i 个行业的工业总产值占比, S_{cij} 表示第 j 个资源利用型区域第 i 个行业的工业总产值占比, $j=1$, 2 , …, $N(N=10)$,为用于构造对照样本的资源利用型区域数)。限定权重组合满足 $\sum_{j=1}^{N} w_{kj} = 1, w_{kj} \geq 0$ 时,规划求解容易出现无可行解。为获得近似可行解,本节采用回归求解方法,把权重视为回归系数,把观测样本的行业结构视为被解释变量,把 N 个资源利用型区域的行业结构视为解释变量,以拟合误差最小为目标,近似求解最优权重组合。建立如下方程:

$$S_k = \sum_{j=1}^{N} w_{kj}S_{cj} + \varepsilon_k \tag{8-4}$$

式(8-4)中, $S_k = (S_{k1}, S_{k2}, \cdots, S_{kn})'$,是观察样本 k 各资源利用行业工业总产值占比, w_{kj} 为回归系数,亦即权重, $S_{cj} = (S_{c1j}, S_{c2j}, \cdots, S_{cnj})'$ 为资源利用型区域 j 内部各资源利用行业工业总产值占比, ε_k 为随机误差向量。为约束 $w_{kj} \geq 0$ 且权重之和为1,可令:

$$w_{k1} = \frac{1}{1 + \sum_{j=2}^{N} \exp(\beta_{kj})}, w_{k2} = \frac{\exp(\beta_{k2})}{1 + \sum_{j=2}^{N} \exp(\beta_{kj})}, \cdots, w_{kN} = \frac{\exp(\beta_{kN})}{1 + \sum_{j=2}^{N} \exp(\beta_{kj})} \tag{8-5}$$

式(8-5)中, β_{kj} 为待估计的系数。获得其估计值后即可测算最优权重组合。

二 资源利用部门和资源开发部门生态效率的测度与比较

利用求解的最优权重组合和资源利用型区域的生态效率 E_{uj} ,可以求得对照样本的生态效率，将之作为资源开发型区域 k 中资源利用部门的生态效率 E_{k,e_u}，计算公式如下：

$$E_{k,e\_u} = \sum_{j=1}^{N} w_{kj} E_{uj} \qquad (8-6)$$

式（8-6）中，下标 e 和 u 分别代表资源开发（Explore）和资源利用（Utilization）。因加法假设下测算出的资源开发部门效率可能会小于 0，会影响进一步分析，故采用乘法假设。假定资源开发型区域 k 的生态效率 $E_{k,e}$ 是两个部门效率的乘积，则其资源开发部门的生态效率为：

$$E_{k,e\_e} = \frac{E_{k,e}}{E_{k,e\_u}} \qquad (8-7)$$

表 8-6 报告了有关测度结果。因为 2001—2014 年工业总产值的数据口径不一致①，故表 8-6 报告时间为 2001—2011 年。少数样本无法实现迭代收敛求解，剔除后部分年份有效观察样本数低于 10 个。根据乘法假设，总体效率是两个部门效率的乘积，故大多数情况下总体效率值低于部门效率。根据表 8-6，两种假设（VRS/CRS）下，资源开发型区域中资源开发部门的平均效率（0.943/0.657）均远远高于资源利用部门的效率（0.497/0.428）。并且，分年度截面的比较结果与之相同。Wilcoxon 秩和检验表明：VRS 或 CRS 假设下，两大部门的生态效率在 5% 水平下均具有显著差异。因此，资源利用部门效率偏低可能是资源开发型区域效率低的重要来源。从纵向角度看，2001—2011 年，规模报酬可变假设下资源开发部门的效率总体呈下降趋势，而资源开发部门的效率则呈上升趋势，两者综合导致资源开发型区域总体效率呈下降趋势。与之不同的是，规模报酬不变假设下，资源开发部门的效率仍然呈下降趋势，资源利用部门的效率呈上升趋势，但两者综合却导致资源开发型区域总体效率略有上升。可见规模效应具有重要影响。进一步比较可知，资源开发型区域的规模效应有明显上升，而这种上升更多地来自资源利用部门（见表 8-6 第 9

---

① 2001—2012 年《中国工业统计年鉴》中有工业总产值，2012 年后没有工业总产值这一项，只有工业销售产值。

列），因为观察期间资源开发部门的规模效应上升相对不明显，平均规模效应（0.823）略低于资源利用部门的平均水平（0.847）。

表8-6 　　　　　资源开发型区域各部门的生态效率和规模效应

年份	规模报酬可变（VRS）			规模报酬不变（CRS）			规模效应			有效样本数
	区域总体	利用部门	开发部门	区域总体	利用部门	开发部门	区域总体	利用部门	开发部门	
2001	0.489	0.402	1.286	0.220	0.319	0.712	0.575	0.796	0.731	10
2002	0.474	0.505	1.020	0.238	0.449	0.622	0.633	0.846	0.774	10
2003	0.417	0.389	1.099	0.255	0.289	0.901	0.706	0.751	0.946	9
2004	0.426	0.415	1.066	0.244	0.322	0.765	0.658	0.778	0.852	9
2005	0.386	0.404	0.998	0.236	0.335	0.714	0.661	0.826	0.801	9
2006	0.361	0.420	0.867	0.271	0.359	0.755	0.757	0.857	0.886	7
2007	0.410	0.441	0.983	0.247	0.384	0.648	0.689	0.872	0.791	10
2008	0.409	0.597	0.794	0.253	0.509	0.519	0.705	0.860	0.823	10
2009	0.341	0.580	0.636	0.268	0.540	0.547	0.793	0.922	0.860	7
2010	0.429	0.722	0.782	0.260	0.694	0.439	0.703	0.949	0.736	8
2011	0.411	0.592	0.842	0.265	0.510	0.607	0.741	0.859	0.854	9
平均	0.414	0.497	0.943	0.251	0.428	0.657	0.693	0.847	0.823	

三　两类部门效率对区域总体生态效率的贡献

进一步利用式（8-3）可以分解出各部门的生态效率对区域生态效率的贡献。图8-1报告了各年度资源利用部门对资源开发型区域生态效率的贡献度。在规模报酬可变假设下，资源利用部门的效率贡献在2001年约为28%，在2007年前平均仅为32%，但2007年后贡献度快速上升，2008—2011年平均约为48%。比较观察可得出以下发现：

（1）资源开发型区域总体效率中，资源利用部门的效率贡献偏低，11年间平均仅为38%。这说明低效率的部门不是资源开发部门，而是资源利用部门,这在 2007 年前表现得尤为突出。

(2)近年来资源利用部门的效率有一定程度的提升,进而对资源开发型区域总体效率的贡献度明显上升,已接近资源利用部门的贡献度水平。

(3)规模报酬不变假设下的情况与之高度相似,11 年间资源利用部门的效率贡献平均约为 40%,说明前述结论具有稳健性。这些发现进一步表明,资源开发型区域的生态效率偏低,不是因为资源开发效率偏低,而是因为资源利用效率偏低。并且可以近似地认为,资源开发型区域的生态效率偏低,约有 60% 是因为资源利用效率偏低。因此,提升资源开发型区域效率的关键可能在于提升资源利用效率。

另外,大部分年度资源利用部门规模效应的贡献度大于 50%,观察期平均为 52%。尽管资源利用部门的规模效应略高于资源开发部门,但两个部门在规模效应方面的差异并不大。因此,两个部门的规模效应差异并非资源开发型区域效率偏低的主要因素。

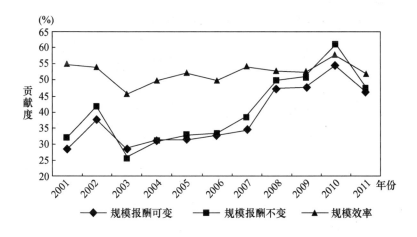

图 8-1 资源利用部门对资源开发型区域生态效率的贡献度

即使在资源开发型区域,资源利用部门也仍然是主要部门,其所占比重一般超过 60%。因此,值得进一步考察的是:资源利用效率偏低究竟只是资源开发型区域内的部门特征还是整个区域的共性？近年来资源利用部门的效率有明显提升，是否还有继续提升的空间？我们以能源利用效率来反映资源利用效率，测算了两类区域的单位GDP能耗（见图8－2，基于2000年不变价测算）。结果表明，资源开发型区域的能耗平均为资源利用型区域的2.4倍。尽管2006年以来资源开发型区域的能耗不断下降，但与资源利用型区域相比，下降速度并不快，因此两类区域的能耗之比稳定在2.4倍以上，且差距呈扩大趋势。这不仅说明资源开发型区域的整体资源利用效率严重偏低，也说明其资源利用效率还有巨大提升空间。

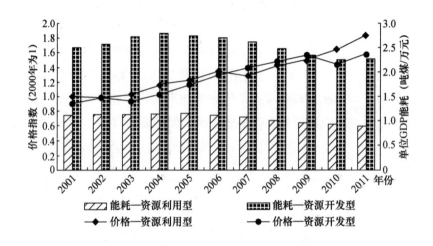

图8－2　资源利用型和资源开发型区域的能耗与资源价格

第五节　"资源诅咒"的成因与启示

本章结合贡献分解方法，从生态效率视角量化考察了资源开发型区域和资源利用型区域的发展差异，所提出的结构控制法为深入产业结构层面研究区域差异提供了新方法和新视角。研究发现，资源开发型区域的经济增长速度快于资源利用型区域，但其生态效率则远低于资源利用型区域的水平。这意味着资源丰裕区域的绿色发展水平反而远远落后于其他地区，也说明综合考虑经济、资源和环境时，从多维视角看存在所谓的"资源诅咒"现象。关键在于：其形成原因是什么？如何破解？已有文献在解释经济增长与资源丰裕之间负向关系时，提出了一些影响机制。例如，资源开发对制造业的削弱（徐康宁、王剑，2006；邵帅，2010）、"荷兰病效应"（冯宗宪等，2010）、人力资本挤出和制度落后（徐康宁、邵军，2007）等。

基于本章对生态效率的比较分析和贡献分解，我们可以从一个新视角来解释两类区域生态效率的巨大差异。

（1）测算表明资源开发型区域的生态效率有60%以上来自规模效应，这暗示着该类区域的产出和效率提升更多地依赖于投入规模提升，而非内涵式增长。

（2）深入产业部门结构层面研究发现，资源开发型区域中资源利用部门的效率严重偏低，对总体生态效率的贡献不到40%，说明关键不在于资源开发，而在于资源利用。

（3）对两类区域的能源利用效率比较发现，资源开发型区域的能耗平均为资源利用型区域的2.4倍。这不仅印证了资源利用效率偏低的发现，也说明不仅资源利用部门的资源利用效率低，整个资源开发型区域的资源利用效率也偏低。正如社会学家所指出的，"拥有太多而不懂得珍惜"。资源开发型区域往往因资源相对丰裕而忽视了资源的充分利用，在资源投入方面更为粗放和浪费，故其资源利用效率偏低。

（4）图8-2中原燃料和动力价格指数的变化情况也反映了这一点。大部分年度资源开发型区域的价格指数低于资源利用型区域的水平。其原因可能在于，资源开发型区域的资源供给相对充足，故价格上涨相对缓慢。相对而言，资源开发反而不是"资源诅咒"的直接和主要原因。

因此，"资源诅咒"只是表象，将之归咎于资源丰裕或资源开发并不恰当。资源开发型区域的生态效率偏低也许可以更为直接地理解为："资源丰裕条件下资源浪费的后果"，其关键在于人本身而非资源禀赋。

上述解释虽然简单，相关对策建议却是明确且可行的。要解决资源开发型区域的生态效率偏低问题，关键可能不在于改变资源开发策略，而在于转变资源利用和消费观念，大幅度提升资源利用效率。本书实证结果也表明，资源开发型区域在提升生态效率、降低能耗等方面具有巨大潜力。在此背景下，通过技术创新、管理优化等手段，资源开发型区域的资源利用效率有望实现快速提升，为中国的绿色发展带来较高的边际贡献。

第九章 区域生态效率的收敛分析

前面研究发现，2001—2014 年中国省域生态效率具有明显的地区差异，呈现出东高西低的空间格局。但是未来这种差异是否会持续存在？还是会随着时间推移和区域发展而逐渐缩小？收敛性分析被经常用于研究区域经济增长趋同即区域差异能否缩小等问题。生态效率的区域差异也可能随着时间推移而缩小乃至消失，即出现收敛，从而实现区域协同提升。已有文献对此关注不多，本章在前文基础上进一步对区域生态效率的收敛性进行理论分析和实证研究，基于面板数据运用一般动态面板模型和空间动态面板数据模型等方法进行收敛性检验，分析 30 个省级行政区域的生态效率在观测期内的趋同和发散趋势及其成因，为缩小生态效率的区域差距、实现协调发展提供理论基础和实证依据。

第一节 收敛理论和相关文献

一 收敛的概念与经济收敛性研究

经济学中收敛主要指差异逐渐缩小。收敛分析最早应用于经济增长理论的研究中，其目的在于分析经济增长的区域差异及其收敛或发散情况。新古典经济增长理论认为，欠发达国家或地区的经济增长具有向发达国家或地区收敛的趋势，即前者具有更快的经济增长率。如果区域经济呈现长期收敛趋势，则区域间的经济差异将逐渐缩小，直至达到均衡状态。而如果呈现出长期发散趋势，则区域间的经济差异将逐渐扩大，政府决策部门可以通过加强市场经济的作用以缩小区域间的经济差异（覃成林等，2009）。

随着研究的深入，收敛概念得到了深化和拓展。经济增长的收敛性一般可分为 σ 收敛、β 收敛、γ 收敛、俱乐部收敛和随机收敛。其中，σ 收敛为水平收敛，指随着时间推移，不同地区间的生态效率水平的离散程度逐渐减小，侧重于对经济差距及其变动情况进行测度和因素分解，属于统计指标分析方法，常用测度指标有标准差、变异系数、泰尔指数等。β 收敛包括绝对 β 收敛（或无条件 β 收敛）和条件 β 收敛，β 收敛是 σ 收敛的必要而非充分条件。绝对 β 收敛研究每个区域的生态效率能否达到相同的稳定增长速度，即稳定状态，考察落后地区是否存在追赶先进地区的趋势；条件 β 收敛研究每个区域的生态效率是否会收敛于各自的稳态水平。经济收敛分析的文献中 β 收敛的研究相对较多。Sala - i - Martin（1994）较早给出了 β 收敛和 σ 收敛性质的一般性评述。由于 β 收敛测度方法比较复杂，所以 Boyle 和 McCarthy（1997）提出了另一个简单的测度收敛的方法，即 Kendall 和谐指数，又称为 γ 收敛。俱乐部收敛理论则认为，由于经济体系中存在多重稳定均衡增长路径，结构特征相同的国家或地区不一定收敛于同一稳定均衡增长，其最后增长结果部分决定于初始状态。只有结构特征相同、初始状态相近的国家或地区才会最终收敛于同一稳态（Galor，1996；Barro and Becker，1989；Benabou，1996；Durlauf，1996；Cal - Johan Dalgaard，2003；Cal - Johan Dalgaard and Jes Winther Hansen，2004）。Bernard 和 Durlauf（1995）给出了随机收敛的定义，随机收敛的检验可以转化为对面板数据是否存在单位根的统计检验。

经济收敛分析受到学术界的广泛关注，涌现了大量研究文献，例如，Chatterji（1992）、Islam（2003）、Mora（2005）等。Baumol（1986）最早对 Maddison 的经济增长收敛性进行了实证研究，他发现自 1870 年以来在 16 个较发达的国家间显示了较强的增长收敛性。随后很多学者也通过实证分析对经济增长的收敛性进行了考证，如Quah（1996）、Coulombe（2000）、Nahar 和 Inder（2002）等。他们通过实证分析均发现，经济增长呈现出不同形态的收敛特征。然而，也有一些文献提出了相反的观点和证据，例如，Canova 和 Marcet

（1995）、Tsionas（2000）等研究表明经济增长不存在收敛性，更多的是表现出发散特征。比较经典的文献还有 Barro 和 Sala－i－Martin（1992），Mankiw、Romer 和 Weil（1990），Gregory、Romer 和 Weil（1992）等。

中国的区域经济发展很不均衡，东中西部地区由高到低呈梯度发展特征，如何缩小区域差距实现协调发展是一个极为重要的现实问题。收敛性分析为解释区域发展差异的形成机制、把握区域差异的变化趋势等提供了非常好的方法和视角，因此受到了国内学术界的重视。在实证研究中，因采用不同的研究方法、研究时段或者研究样本，所得经济收敛性的结论也不尽相同。沈坤荣等（2002）实证分析了 1978 年改革开放以来的省际经济增长差异，发现地区间的经济增长同时存在着显著的俱乐部收敛和条件收敛的特征；李坤望（2005）、滕建州（2007）、刘生龙等（2009）等学者在对经济 β 收敛性进行研究时发现中国区域经济的 β 收敛具有明显的区域性和阶段性；刘金全等（2009）证实了中国区域经济的俱乐部收敛特征。但是，夏明等（2004）则认为中国区域经济不存在俱乐部收敛。

二　关于效率的收敛性分析

近年来，收敛文献的研究范围从区域经济增长、居民收入等的收敛性问题逐渐扩展到对效率和生产率等的收敛性问题，如劳动生产率（范金等，2008）、能源效率（李国璋等，2010）、碳排放效率（杜克锐等，2011）、全要素生产率（胡晓珍等，2011；余泳泽，2015）等。①劳动生产率方面。高帆等（2009）研究了 1978—2006 年中国内地 31 个省（市、区）劳动生产率的收敛性问题，并对劳动生产率增长进行了分解；彭国华（2005）测算和分析了 1982—2002 年省（市、区）全要素生产率（TFP）并对其进行收敛检验，发现 TFP 解释了中国省（市、区）收入差距的主要部分。②碳排放方面。Panopoulou 等（2009）基于 Phihhips 和 Sul（2007）提出的俱乐部收敛算法研究了 128 个国家 1960—2003 年的碳排放收敛问题，发现这些国家间的人均 CO_2 排放具有俱乐部收敛特征。考虑时空动态效应，Huang 和 Meng（2013）的研究结果显示，中国城市 1985—2008 年人

均 CO_2 排放存在收敛现象。Evans 和 Kim（2016）利用空间动态面板回归模型研究了 11 个亚洲国家 1972—2009 年 CO_2 排放的条件收敛问题。类似的文献还有魏梅等（2010）、Dong 等（2013）、Wang 和 Zhang（2014）、Yang 等（2016）等。③能源效率方面。查冬兰（2007）的研究结果表明，中国各省市区的能源利用效率存在收敛的趋势，但区域间的能源利用效率不存在收敛。齐绍洲等（2009）研究了中国与八个发达国家之间人均 GDP 差异的收敛性及其能源消费强度随人均 GDP 变化的收敛性。张宗益等（2013）研究了能源效率随经济收敛而收敛的微观机制模型，并得出了第二产业内部的科技经费投入和人力资本投入的差异会导致其能源效率的收敛或发散的结论。赵楠等（2015）研究了中国省际能源利用效率的收敛性，结果发现中国各地区能源利用效率存在绝对收敛和相对收敛特征，地区间差异在逐渐缩小。④生态效率方面。同时考虑 CO_2、NO_X 和 SO_X 三种污染物，Camarero 等（2013）考察了 1980—2008 年 22 个 OECD 成员国的生态效率收敛问题，研究发现生态效率得分最高和最低的国家均存在俱乐部收敛特征。利用同样的研究思路，Camarero 等（2014）进一步研究了欧盟成员国生态效率的收敛性。不过，生态效率收敛性方面的文献相对不多见。

值得指出的是，空间相互依赖是影响区域经济增长收敛的关键机制，如果忽视这种关系，则可能会导致收敛模型的错误设定（刘迎霞等，2010）。但在进行收敛性分析时，大部分文献未考虑区域的空间依赖性和空间异质性以及空间溢出机制（Rey and Dev，2006）。Yu 和 Lee（2012）放宽了新古典增长模型中假定国家或地区经济增长是相互独立的假设，运用空间动态面板数据方法研究了美国区域经济增长收敛问题。Bräuninger（2005）考虑了相邻地区的交互效应、空间异质性和空间溢出效应，研究了 1980—2002 年 EU 成员国的经济收敛问题。利用空间计量模型进行国家层面经济收敛性检验的文献还有 Le Gallo 等（2003）、Villaverde 等（2005）和 Buccellato 等（2007）等。国内学者也意识到了将空间联系引入计量模型中的必要性，利用空间动态面板数据对现实问题进行深入的研究。如吕健（2011）、潘兴侠等（2013）等。蒲英霞等（2005）利用空间马尔科夫链方法研究了江苏省区域经济收敛的时空动态演变特征，为江苏省俱乐部收敛现象的存在提供了空间上的解释。林光平等（2006）的研究结果表明，考虑各省（市、区）间相关性可以显著纠正采用传统方法进行 σ 收敛研究产生的误差。陈晓玲等（2006）通过空间面板数据模型研究1978—2004 年及各子时段中国地区经济增长的 β 收敛现象。在空间面板数据模型的基础上，何江等（2006）使用空间固定效应模型对1985—2004 年中国省级区域经济增长及其收敛性进行了实证分析，并验证了区域外溢显著存在。对 1953—2010 年地区经济增长的收敛性分析发现，中国经济增长不存在绝对收敛性，但考虑空间相关性和引入财政政策和人力资本两个外部因素后，则地区经济增长存在条件收敛（何雄浪等，2013）。孙耀华等（2014）研究了省际碳排放强度的空间分布及收敛特征，研究得出碳排放强度存在显著的空间相关性，且呈现俱乐部收敛和条件 β 收敛特征。潘雄锋等（2014）从空间效应和产业转移效率视角探讨了中国能源效率的收敛性问题，结果表明1998—2009 年能源效率存在着绝对收敛和条件收敛。赵良仕等（2014）对中国各省（市、区）水足迹强度的空间计量收敛分析也得出了存在绝对 β 收敛的结论。姜磊等（2014）发现能源强度存在绝对 σ 收敛，不存在绝对 β 收敛，但存在显著的条件 β 收敛。尽管国内外学者已开始重视研究效率的空间溢出效应，但在生态效率的收敛性分析文献中尚未考虑区域间的空间相关性，也未见采用动态空间面板模型进行实证研究。

第二节　区域生态效率收敛的理论分析

尽管大量文献研究了经济增长、人均收入等因素的收敛及其机制，但研究生态效率收敛的文献并不多。少量文献虽然考察了能源效率等效率的收敛，但也很少系统论述收敛的原因或机制。本书在现有文献的基础上，从以下方面进行探讨。

一 追赶效应与锁定效应

Solow（1956）提出经济增长收敛假说，指出由于资本的边际报酬递减性质，落后地区的经济具有相对较高的资本边际产出，激励资本从发达地区向不发达地区流动，从而使落后地区的经济增长速度快于发达地区，并使落后地区赶上发达地区，直到达到各自稳定状态。美国经济史学家亚历山大·格申克龙（Alexander Gerchenkron）在总结德国、意大利等国经济追赶成功经验的基础上（1962）创立后发优势理论，指出后发国家有可能在工业化进程方面赶上乃至超过先发国家。之后，美国社会学家 M. 列维从现代化的角度将后发优势理论具体化，认为后发国家在推动工业化方面具有一些特殊的先发国家所不具备的有利条件，即落后本身带来的优势，后发国家或者地区在知识、技术、成本等方面的后发优势使之更快增长并赶上先发国家。阿伯拉莫维茨（Abramoitz，1989）进一步提出"追赶假说"，认为无论是以劳动生产率还是以单位资本收入衡量，一国经济发展的初始水平与其经济增长速度都呈反向关系。在总结发展中国家成功发展经验的基础上，伯利兹和克鲁格曼（Brezis，Paul Krugman，1993）等提出"蛙跳"（Leap flogging）模型，认为在技术发展到一定程度、本国已有一定的技术创新能力的前提下，后发国家可以直接选择和采用某些处于技术生命周期成熟前阶段的技术，并以高新技术为起点，在某些领域、某些产业实施技术赶超（郭熙保、胡汉昌，2002）。巴罗和萨拉易马丁（Barro and Sala–I–Martin，1991）通过计量经济检验发现经济欠发达国家可以通过技术的模仿、引进或创新，最终实现技术和经济水平的赶超。

与后发优势相联系的追赶效应为解释和预测生态效率的区域差异提供了一个传统的视角。生态效率较为落后的区域，一方面可以通过学习引进高效率地区的经济管理经验和先进生产技术以及设备，吸引先发地区的投资和资本，加速经济增长，获得更快的劳动生产率增长，提升资源利用效率；另一方面可以通过借鉴先发地区已经形成的有效的管理制度尤其是环境管理制度，引进先进的环境管理技术和设备，在环境保护和污染治理方面取得更快成效。两个方面综合发挥作用，落后区域的生态效率获得更快提升，追赶先进区域甚至实现赶超。因此，追赶效应使落后地区和先进地区生态效率差异缩小，从而实现收敛。

然而，实践中与路径依赖（Path dependence）相联系的锁定（Lock-in）效应也不容忽视。阿瑟（Arthur）最先指出技术演变过程中存在路径锁定效应：先发展起来的新技术可以凭借先占优势形成自我增强的良性循环，在竞争中胜过对手；反之，某些更具优势的技术却可能因未把握先机、未获得足够的支持者而陷入困境，甚至"锁定"（Lock-in）在某种恶性循环的被动状态之中。诺斯（North D.）借鉴阿瑟的思想，建立了制度变迁的路径依赖理论，指出制度也存在报酬递增和自我强化机制，一旦人们选择走上某一制度路径，之后在发展中就会得到不断的自我强化，而难以走出原来的轨道。本书第五章实证研究也表明，中国省域生态效率存在着路径依赖现象，许多省份长期处于低生态效率低经济增长状态，暗示着一些区域被锁定在低效发展的恶性循环之中，如果不借助外力则难以实现生态效率的赶超。

本书认为，现实中各区域均存在发展压力，因此会尝试进行赶超，但也受到锁定效应的影响，之前在绿色发展和生态文明建设方面进入良性循环的那些区域，会顺着原来的路径继续优化，这些区域的生态效率及其提升速度更容易相互接近。而在绿色发展方面处于无效率状态的那些区域，则可能难以走出原有发展模式，其生态效率的提升也难以得到加速，因而更容易在同类区域中实现差异缩小。因此在中国这样的一个区域差异巨大的国家里，各区域生态效率水平的差异难以缩小即难以实现 σ 收敛（本书第四章的实证结果也表明，近年来东部地区与中西部地区的生态效率差距呈加大趋势），更有可能实现的是条件 β 收敛或者俱乐部收敛，即各区域向自身的生态效率稳定状态收敛，或者在结构特征相似且初始收入水平也相近的区域中，通过长期发展实现生态效率的收敛。下面进一步阐述其机理。

二 竞争效应与梯度收敛

区域间的追赶行为同时也是竞争行为，深入分析区域间的相互作用和竞争行为，可以为我们分析区域间生态效率的差异及其收敛机制提供新的更具综合性的视角和发现。

从微观层面看，现有文献认为，竞争可能带来两类效应：一是逃离竞争效应。随着产品市场竞争的增强，企业利润率降低，迫使企业通过管理创新和技术创新等手段提高生产率，以逃离产业内其他企业的竞争。因此竞争可以促进管理质量的改善、技术创新和全要素生产率的增长（Aghion and Griffith，2005；简泽、段永瑞，2012）。二是租金耗散效应。熊彼特指出，创新产生的垄断租金是企业从事创新活动的重要激励，市场竞争的引入与增强导致了创新租金的消散，降低了企业的创新积极性，不利于生产率的提高。如果两种效应同时发生作用，竞争对企业生产率增长的净效应取决于哪种效应居于主导地位，现实中企业所处的异质性状态将决定哪种效应发挥主要作用（简泽、段永瑞，2012）。

由前述思路出发，宏观的区域层面也可能存在类似情况。当面临严重的环境压力和生态效率提升需要时，生态效率偏低的区域会全力进行创新改革以逃离竞争压力，此时逃离竞争效应发挥主要作用，使这些区域的生态效率快速提升。但对于生态效率较高的区域，通过创新提升生态效率的激励有限，此时租金耗散效应可能发挥主要作用，生态效率提升速度放缓。因此，在竞争相关的两类机制作用下，低效率区域的增速相对更快，有助于落后区域的赶超并实现区域间的收敛。

然而前述思路偏于简单，实践中远比理论复杂，我们至少还需要考虑三个因素：一是竞争中的发展目标。为了获得选票或者晋升，区域经济发展的重要主体——地方政府之间会进行"锦标赛"（周黎安，2007）。在不同的发展阶段，区域竞争的发展目标也存在差异。在GDP增长导向竞争环境中，可能存在黑色发展竞争，而在资源环境经济可持续发展的竞争环境中，可能存在生态效率导向的绿色发展竞争（Huang et al.，2016）。因此在不同的阶段、不同区域，生态效率可能存在不同的收敛特征。二是竞争中的标杆选择。即竞争中落后地区或选取一些区域作为标杆、模仿对象或者竞争对手,进行赶超,此时邻近的先发区域更容易被选为标杆,因为邻近的区域之间往往具有相似的资源禀赋和产业结构,相互之间也更常被用来比较,竞争压力更为突出。这意味着邻近竞争更容易出现,也使邻近的区域间更容易出现收敛现象或者集聚特征,因为竞争的标杆不是全国最高者而是邻近区域的相对领先者。因此,区域俱乐部收敛反而较全国层面的收敛更容易出现,即不同类型的地区可能存在各自的收敛方向。三是路径依赖和区域异质性。前已述及,一个区域可能会"锁定"在原有发展模式而难以实现转轨,且因初始状态不同而出现迥异的发展特征。因此,落后地区可能长期处于低效率发展状态,难以实现较高速度的增长,而先进地区则不仅可以实现高效率发展,而且可以保持较高增长速度。

综合以上分析,本书提出梯度收敛假说。即中国各区域是在不同的发展层次上进行竞争,更容易出现生态效率的梯度分布、俱乐部收敛或条件收敛,且东部区域在相对较高水平收敛,中西部在相对较低水平收敛。这是因为:第一,中国是一个区域差异巨大、异质性特征明显的大国,已经形成经济规模和生态效率的东部、中西部梯度发展局面(见前面第四章有关分析),各区域处于不同的发展起点或者发展阶段。其中,东部沿海地区经济相对发达,工业基础好,技术水平高,人均财富多,资金充裕但资源禀赋少,故更重视经济与环境的协调发展以及资源充分利用,生态效率远高于中西部区域。而中西部区域因经济欠发达,人均财富少,经济发展需求迫切,对环境重视程度有限,自然资源较为丰裕但资源效率偏低,因此处于较低的生态效率水平。第二,在倡导生态文明建设和绿色发展的国家政策背景下,经济环境协调发展目标逐渐进入地方政府的竞争函数,生态效率的提升成为地方政府的目标之一。第三,在竞争过程中,各地方政府在选取竞争标杆时可能更倾向于选取邻近的省(市、区)而不是全国最高者,因此生态效率将趋近于邻近区域的先进省(市、区),而不是全国层面的先进省(市、区)。因此更容易出现的局面是:东部地区的省市以本区域邻近的东部先进省(市、区)为目标进行赶超,中西部地区也以邻近的中西部先进省（市、区）为目标进行赶超，故更容易在东部区域、中西部区域分别出现俱乐部收敛或者条件收敛，且东部区域在相对更高的生态效率水平收敛。

不仅如此，还可能存在"强者恒强、弱者恒弱"式的两类效应：一是保持领先效应，即一些区域因生态效率处于领先地位，且因此获得较好的激励，有较强动力保持生态效率的提升速度和领先优势；二是放弃竞争效应，即一些区域因生态效率特别低或者锁定效应影响太大，反而失去提升生态效率的能力和意愿，放弃参加生态效率和经济发展的竞争。由此，可能形成更为复杂的收敛或者发散特征，下文将对此进行实证观察。

第三节　区域生态效率及其增速间
关系的统计分析

在进行区域生态效率①收敛性的计量分析之前，先对生态效率水平与其增长速度之间关系进行初步观察。图 9 - 1 报告了区域生态效率及其增长速度的散点图，其中横轴表示第 t 期的生态效率值，纵轴表示第 $t+1$ 期与第 t 期相比的增长率，横轴虚线分别代表不同的效率增长率（正负10%和0），纵轴虚线分别代表生态效率值不同的分位水平（10分位、50分位和90分位），分位水平越高生态效率值越大，分位水平越低生态效率值则越小。表 9 - 1 则进一步报告了不同区域分布的样本观测数量及其占比。

从图 9 - 1 和表 9 - 1 可以发现：大部分样本集聚在较低的生态效率水平上，并且，其生态效率的增速偏低，以生态效率低于 10 分位的观测点为例，其中有超过61%在下一期为负增长。生态效率高者存在较高的增长率，在生态效率高于 90 分位的观测点中，有超过70%在下一期继续增长，有超过13%在下一期增幅超过15%。由此可以

---

① 区域生态效率得分采用第三章的共同前沿 US - SBM 方法测算。

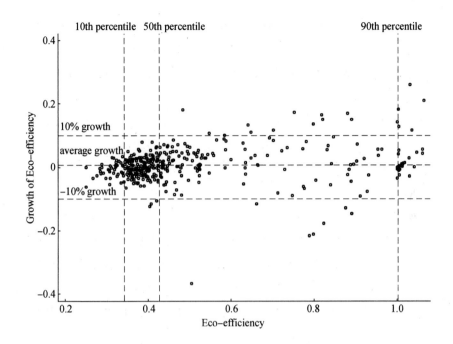

图 9 - 1　区域生态效率增长分布

表 9 - 1　　　　　不同分布区域的样本观测数量及其占比

		生态效率增长率				
		低于 - 10%	- 10% —0	0—10%	高于 10%	合计
生态效率	低于 10 分位	0	24	15	0	39
		[0.000%]	[61.538%]	[38.462%]	[0.000%]	10.000%
	10—50 分位	3	80	74	0	157
		[1.911%]	[50.955%]	[47.134%]	[0.000%]	40.256%
	50—90 分位	7	50	88	13	158
		[4.430%]	[31.646%]	[55.696%]	[8.228%]	40.513%
	高于 90 分位	0	11	20	5	36
		[0.000%]	[30.556%]	[55.556%]	[13.889%]	9.231%
	合计	10	165	197	18	390
		2.564%	42.308%	50.513%	4.615%	100.000%

注：中括号内为样本观测数量的分类占比，如 61.538% 表示在低于 10 分位的样本观测数量中增长率介于 -10% —0 的比例为 61.538%，其余类似。

得出存在着弱者恒弱，强者恒强的特征，抑或路径依赖（与第五章的结论一致）。中间层（10—90分位）的样本点则存在严重分化。这些观察暗示着区域生态效率难以实现总体上的收敛，更可能出现俱乐部收敛或者条件收敛。

第四节 区域生态效率收敛的统计观察与计量检验

为了深入分析区域生态效率的收敛机制及其影响因素，本节利用面板数据，建立计量模型研究了东部与中西部地区生态效率的收敛特征，并对不同区域生态效率的影响因素进行了分析。分别考察了 σ 收敛、绝对 β 收敛和条件 β 收敛三种收敛，还在条件 β 收敛分析中考虑了空间效应等因素的影响。

一 方法、数据和变量

（一）σ 收敛

σ 收敛描述的是水平收敛态势，对于区域生态效率的 σ 收敛特征，通常采用标准差、变异系数（CV，均值与标准差的比值）、泰尔系数和基尼系数等指标进行分析。本章选择标准差和变异系数来观察是否存在 σ 收敛，并分区域进行比较，以分析不同地区生态效率的收敛特征。若标准差（变异系数）随时间变化而逐渐减小，即如果在时期 $t+T$ 严格满足：$\sigma_{t+T} < \sigma_t (CV_{t+T} < CV_t)$，则存在一致 σ 收敛；否则，收敛具有阶段性收敛或者趋于发散。

采用下述计算方法来计算标准差：

$$\sigma_t = \left[\left(\frac{1}{N-1} \right) \sum_{i=1}^{N} (EE_{it} - \overline{EE_t})^2 \right]^{\frac{1}{2}} \tag{9-1}$$

式（9-1）中，EE_{it} 和 $\overline{EE_t}$ 分别表示第 i 个省（市、区）在第 t 期的生态效率和第 t 期生态效率的均值，N 表示省（市、区）的个数。

标准差能够较好地反映组内个体之间的离散程度，但未考虑规模效应。因此进一步测算区域生态效率的变异系数，以度量单位均值上生态效率的离散程度，计算公式如下：

$$CV_t = \frac{\sigma_t}{\overline{EE}_t} \tag{9-2}$$

式（9-2）中，$\overline{EE}_t$ 表示第 t 期生态效率的均值，σ_t 由式（9-1）计算得到。

（二）β 收敛

β 收敛分为绝对 β 收敛和条件 β 收敛两类，反映增长率的收敛特征。绝对 β 收敛不考虑控制变量，条件 β 收敛分析能够最大限度地避免遗漏解释变量，增强了解释生态效率区域差异的能力。根据 Barro 和 Sala-i-Martin（1991），若不同区域内部存在绝对 β 收敛或者条件 β 收敛，则实质上存在俱乐部收敛现象。因此在分区域进行 β 收敛检验时，实际上等价于检验是否存在俱乐部收敛。

参考 Barro 和 Sala-i-Martin（1991）、Jaunky 和 Zhang（2016）的思路，本章分三个区域考察绝对 β 收敛和俱乐部收敛现象，检验绝对 β 收敛（俱乐部收敛）的计量方程设定为：

$$\ln EE_{it}^{\phi} = \alpha + \beta \ln EE_{it-1}^{\phi} + u_{it}, \ i = 1,\ 2,\ \cdots,\ N^{\phi},\ \phi = 0,\ 1,\ 2,\ 3 \tag{9-3}$$

式（9-3）中，EE_{it}^{ϕ} 表示地区 ϕ 第 i 个省（市、区）第 t 期的生态效率（若角标 $\phi = 0$ 则表示全样本估计，下同）。如果估计系数 β 显著大于 0 且小于 1，则表明地区 ϕ 的 N^{ϕ} 个省（市、区）之间的生态效率存在 β 收敛。绝对 β 收敛仅依据变量 $\ln EE_{it}$ 与 $\ln EE_{it-1}$ 之间的变化方向来判断。

在式（9-3）的基础上加入影响稳态的控制变量 x_{it} 以检验条件 β 收敛，模型如式（9-4）所示：

$$\ln EE_{it} = \alpha + \beta \ln EE_{it-1} + \eta x_{it} + u_{it}, \ i = 1,\ 2,\ \cdots,\ N \tag{9-4}$$

若参数 β 的估计值显著大于 0 且小于 1，则称这 N 个经济体之间存在条件 β 收敛。其收敛速度 λ^C 定义为：$\lambda^C = \ln\beta$，还可以计算半衰期指标，即区域差距缩小一半所用时间：$\tau_{half-life} = \dfrac{-\ln\beta}{\ln 2}$（Islam，1995）。

　　然而，前述模型并未考虑区域之间的空间关联影响。在实践中，各省（市、区）之间存在着各种联系和竞争，因此存在或多或少的空间关联，无法满足计量模型中的独立同分布等基本假设，若不考虑空间效应则可能得到有偏的估计结果。本书在前述模型基础上引入空间滞后项（Spatial lag term）。因此，考虑空间因素时的绝对 β 收敛估计模型为：

$$\ln EE_{it} = \alpha + \beta \ln EE_{it-1} + \rho \sum_{j=1}^{N} w_{ijt} \ln EE_{jt} + h_t + u_{it} \qquad (9-5)$$

　　式（9-5）中，w_{ijt} 为第 t 年空间权重矩阵 W 中的元素；ρ 和 $\sum_{j=1}^{N} w_{ijt} \ln EE_{jt}$ 分别表示空间自回归系数和空间滞后项。

　　考虑空间效应的条件 β 收敛估计模型为：

$$\ln EE_{it} = \alpha + \beta \ln EE_{it-1} + \rho \sum_{j=1}^{N} w_{ijt} \ln EE_{jt} + \eta x_{it} + h_t + u_{it} \qquad (9-6)$$

　　空间加权矩阵 W 描述了变量的空间相关性的来源和大小。衡量空间相关性的方法通常包括邻接法和距离法。邻接法用二进制单位表示空间矩阵，即若两个区域相邻，则权重设为 1，否则设为 0，也称为 0—1 矩阵。邻接法又包括边相邻和边与顶点均相邻原则。一般而言，后者设定的空间权重矩阵相对于前者设定的空间权重矩阵拥有更多的邻居，更能体现现实中的空间关系（孙耀华等，2014）。确定相邻关系的另一种方法是基于区域间的地理距离低于某个阈值，利用地区间的距离倒数、距离平方的倒数或欧式距离确定空间权重矩阵的元素。此外，还有学者从人口和经济等角度综合测算指标获得空间权重矩阵，如 Fredriksson 和 Millimet（2002）、林光平等（2005）、Konisky（2007）、李胜兰等（2014）、余泳泽（2015）等。本书考虑了两类权重矩阵：邻接法、综合法（综合利用人口和经济以及距离指标），发现两种加权方法得到的估计结果差异不大，故仅报告邻接法的结果。

　　（三）数据来源和变量说明

　　根据研究需要和数据可得性，以 30 个省（市、区）为观察样本，观察周期为 2001—2014 年，数据来源于《中国统计年鉴》、《中国环境统计年鉴》（2002—2015 年）和各省（市、区）统计年鉴等。

控制变量选取方面，基于 IPAT 模型（Holdren and Ehrlich，1974）及其扩展模型 STIRPAT（Dietz and Rosa，1994；1997），在引入随机误差项的 STIRPAT 模型上取对数形式，并且参考已有文献选取 7 个方面的影响因素及其代理变量。具体如下：①产业结构（s_ ser）：服务业增加值占 GDP 的比重（%）；②能源结构（s_ soal）：煤炭消费量与能源消费总量占比（%）；③产权结构（s_ soe）：国有企业工业总产值与工业总产值占比（%）；④环境规制（sum_ rule）：累计颁布的地方性环境法规、规章和标准总数（件）；⑤规模效应（pop）：年末常住人口总数（千万人）；⑥技术创新（patent_ per）：每万人专利数（项每万人）；⑦地理空间特征（east）：表示东、中西部地区的虚拟变量，east = 1 表示东部，east = 0 表示中西部。①

二　σ收敛分析结果

（一）基于标准差的观察

图 9 - 2 报告了观察期每一年区域生态效率的标准差情况，观察可知 2001—2014 年各地区生态效率的收敛情况。

第一，就全国层面来看，生态效率的 σ 值先降后升，在 2006 年生态效率 σ 值达到最低点（0.198），2006 年以后快速上升，2014 年达到了最高点（0.278），这说明中国生态效率的地区差异在逐渐扩大，总体上不具有收敛性。第二，东、中、西部三个区域的生态效率 σ 值分别在 2001 年达到了最高点（分别为 0.279、0.060 和 0.264）。东部地区生态效率的 σ 值呈现逐年下降的趋势，2013 年达到最低点（0.206），2014 年略有回升。根据 σ 收敛的定义，可以认为在 2001—2013 年东部地区生态效率存在 σ 收敛特征，即东部地区的生态效率出现了阶段性收敛。第三，中部地区生态效率的 σ 值在观察期内相对其他区域而言最小，变化较为平稳，但看不出明显的收敛特

_____

① 中西部包括以下省（市、区）：山西、内蒙古、吉林、黑龙江、安徽、江西、河南、湖北、湖南、广西、重庆、四川、贵州、云南、陕西、甘肃、青海、宁夏和新疆。由于中部只有 8 个省份，进行动态面板数据计量分析时，样本量偏少，故地理空间特征只考虑两分类。而收敛考察的是水平收敛，即同一地区生态效率标准差（或变异系数）随时间的变动趋势，样本量的大小对其影响不大，因此收敛分析中采用三分类。

征。四是西部地区生态效率的 σ 值在 2001—2007 年呈逐渐向下态势，2007—2014 年则呈逐渐向上态势，即在后一阶段出现发散特征，区域间效率差异加大。

因此可以初步得出结论：东部地区生态效率具有阶段性 σ 收敛特征，而全国层面、中部、西部地区不存在 σ 收敛。

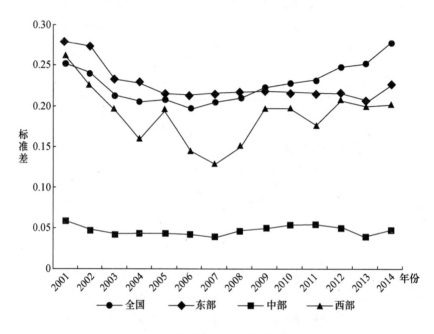

图9-2　不同区域生态效率标准差变化趋势

（二）基于变异系数的观察

图9-3 报告了观测期内各年度区域生态效率的变异系数情况，以观察剔除规模因素后的收敛特征。与图9-2 对比可知差异不大，故可稳健地得出结论：全国层面而言，生态效率不具备 σ 收敛特征，甚至具有发散趋势，中部、西部地区与之类似，仅东部地区具有阶段性的收敛特征。

三　β 收敛分析结果

（一）绝对 β 收敛

表9-2报告了绝对 β 收敛估计结果。不考虑空间效应时，从全

国来看（见模型 A1），不具有绝对 β 收敛（俱乐部收敛）特征，而分区域估计结果显示（见模型 A3、模型 A5），东部和中西部地区存在不同程度的绝对 β 收敛，即存在俱乐部收敛。进一步考虑空间效应的估计结果显示（分别见模型 A2、模型 A4 和模型 A6），全国、东部、中西部区域均存在绝对 β 收敛（俱乐部收敛）现象，其中全国层面和西部地区的空间滞后项系数（ρ）在 10% 水平下显著。以上分析说明，有必要考虑空间效应。

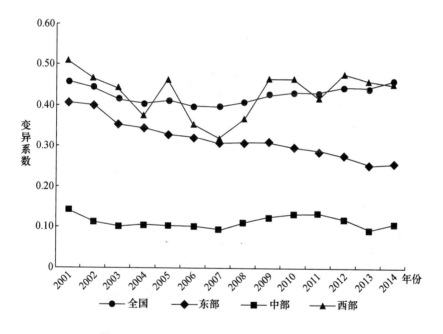

图 9 - 3　不同区域生态效率变异系数变化趋势

表 9 - 2 还报告了半衰期的计算结果。全国样本的半衰期为 33.345，远高于东部地区的 15.445 和中西部的 8.568，说明全国层面生态效率的差距缩小一半所用的时间均大于其他区域，中西部地区收敛速度最快。并且，空间效应具有明显影响，考虑空间效应时东部地区半衰期有明显缩短，由 27.569 降到 15.445，而中西部地区的半衰期有所延长，由 6.408 上升到 8.568，说明不同区域的空间关联特征存在差异。

表 9 - 2   绝对收敛检验（因变量为 $\ln EE_{it}$）

变量	全国		东部		中西部	
	A1	A2	A3	A4	A5	A6
β	1.005 ***	0.979 ***	0.975 ***	0.956 ***	0.897 ***	0.922 ***
	(0.037)	(0.012)	(0.011)	(0.019)	(0.016)	(0.014)
ρ	0.094 ***		0.010		- 0.058 *	
	(0.018)		(0.024)		(0.030)	
Constant	0.009	0.062 ***	0.012 **	0.010	- 0.096 ***	- 0.123 ***
	(0.031)	(0.013)	(0.006)	(0.011)	(0.014)	(0.033)
Observations	390	390	143	143	247	247
Number of code	30	30	11	11	19	19
AR (1)	- 2.180 **	- 6.880 ***	- 3.950 ***	- 3.560 ***	- 5.990 ***	- 6.090 ***
AR (2)	- 1.530	- 0.970	- 1.480	- 1.480	0.160	0.190
Hansen test Chi2	29.050	29.380	8.960	5.750	18.800	18.270
$\tau_{half-life}$		33.345 *	27.569 **	15.445 **	6.408 ***	8.568 ***

注：1. 括号内为稳健标准误。

2. * 、 ** 和 *** 分别表示在 10% 、5% 和 1% 水平上显著。

3. 分东部、中部、西部估计的系数均小于 1，与后文统一，只报告东部、中西部的估计结果。

（二）条件 β 收敛

考虑到生态效率的收敛具有区域性和阶段性，即不同地区在不同时间段的收敛性可能存在差异，在条件 β 收敛检验中进一步分样本观察。一方面，与之前类似，将样本按照其地理位置在东部还是中西部分为两类；另一方面，考虑到 2008 年及之后发生了美国金融危机、欧洲债务危机等一系列事件，将样本期划分为 2001—2007 年和 2008—2014 年两个时间段，即金融危机前、后两个阶段。表 9 - 3 同时报告了不考虑空间效应和考虑空间效应的动态面板模型估计结果。

表9-3显示，无论是否考虑空间效应，全国样本层面上 β 系数都在 1%水平上显著大于0且小于1（见模型B1和模型B2），说明省级层面上存在生态效率的条件 β 收敛。并且，在模型中考虑空间效应能显著提高回归系数的统计显著性和收敛速度。分时段观察，无论是否考虑空间效应，金融危机前后 β 系数均在1%水平上显著大于0且小于1（见模型B3—B6），说明显著存在条件 β 收敛，但金融危机前阶段的 β 系数相对更小，说明在危机后生态效率的收敛速度变慢，其中原因值得思考。一个可能的解释是在金融危机等因素冲击下，各区域采取了明显不同的发展策略，一些区域偏重于经济增长而忽视环境保护，另外一些区域则仍然注重经济和环境的均衡，使区域间生态效率差异缩减趋势变弱。

在分区域估计结果中，无论是否考虑空间效应，东部、中西部区域的 β 系数均在1%水平上显著大于0且小于1（见模型B7—B10），介于0.910—0.941，说明均显著存在条件 β 收敛，但是收敛速度较低。并且，考虑空间效应时收敛速度更快。对于东部地区，考虑空间效应时 β 系数为0.920，低于不考虑空间效应时的水平（0.935），而对于中西部地区，考虑空间效应时 β 系数为0.910，低于不考虑空间效应时的水平（0.941）。半衰期的计算结果表明，考虑空间效应时金融危机前阶段（2001—2007年）的生态效率差异缩减一半所需时间较短（7.714），低于金融危机后阶段的16.661，即危机前生态效率收敛较快。相对而言，东部和中西部收敛半衰期的差异不大，东部为8.275，中西部为7.312，后者略小即收敛速度稍快。

值得指出的是，观察各模型中的系数 ρ 还可发现，东部地区的 ρ 显著为正，参考 Huang 和 Xia（2016）的分析，这暗示着东部区域各省（市、区）存在生态效率"逐顶竞争"，即各省（市、区）竞相采取措施提升生态效率促进绿色发展，形成共同提升和高效集聚态势。但是全国样本、中西部样本对应模型的 ρ 显著为负，说明全国层面、中西部区域各省（市、区）之间存在异质性竞争，即在区域发展策略时存在明显分化。这一特征从一个新的角度解释了为何东部地区的生态效率相对较高，而且与中西部地区的效率差异为何呈加剧态势，也印证了前面章节中西部地区生态效率偏低、亟待提升的结论。

表9-3 动态面板模型估计结果（因变量为 lnEE_it）

变量	全样本		2001—2007年		2008—2014年		东部		中西部	
	B1	B2	B3	B4	B5	B6	B7	B8	B9	B10
β	0.949***	0.934***	0.870***	0.914***	0.977***	0.959***	0.935***	0.920***	0.941***	0.910***
	(0.015)	(0.013)	(0.041)	(0.027)	(0.029)	(0.022)	(0.018)	(0.018)	(0.022)	(0.032)
ρ		-0.065***		-0.067*		-0.073		0.057*		-0.143**
		(0.019)		(0.035)		(0.046)		(0.031)		(0.064)
s_ser	-0.022	0.065	0.090	0.169	0.032	0.069	0.007	-0.068	-0.219	-0.335
	(0.057)	(0.054)	(0.149)	(0.121)	(0.096)	(0.083)	(0.077)	(0.087)	(0.148)	(0.248)
s_coal	-0.163***	-0.173***	-0.177**	-0.190***	-0.089*	-0.141**	-0.089	-0.067	-0.183***	-0.223***
	(0.034)	(0.034)	(0.070)	(0.071)	(0.053)	(0.067)	(0.058)	(0.057)	(0.056)	(0.073)
s_soe	-0.005	-0.022	0.035	0.020	-0.034	-0.074**	0.040	0.078	-0.038	-0.078
	(0.030)	(0.028)	(0.071)	(0.044)	(0.039)	(0.036)	(0.043)	(0.049)	(0.047)	(0.062)
Log(sum_rule)	0.012*	0.009	0.024**	0.019*	-0.004	-0.004	0.017	0.031*	0.025***	0.020***
	(0.007)	(0.006)	(0.011)	(0.010)	(0.009)	(0.010)	(0.018)	(0.018)	(0.008)	(0.006)
Log(pop)	0.008	0.005	0.001	0.012	0.006	0.000	0.002	0.001	-0.000	-0.003
	(0.006)	(0.006)	(0.012)	(0.011)	(0.014)	(0.014)	(0.011)	(0.011)	(0.009)	(0.014)
Log(patent_per)	0.012***	0.007*	0.002	-0.007	0.017***	0.015**	0.018***	0.028***	-0.006	-0.006
	(0.004)	(0.004)	(0.009)	(0.011)	(0.006)	(0.007)	(0.006)	(0.008)	(0.007)	(0.010)
Year effects	Yes	Yes	Yes	Yes	Yes	Yes	Yes	Yes	Yes	Yes

续表

变量	全样本		2001—2007 年		2008—2014 年		东部		中西部	
	B1	B2	B3	B4	B5	B6	B7	B8	B9	B10
Constant	0.008	-0.070*	-0.148	-0.164**	0.057	0.022	-0.069	-0.080	0.060	0.035
	(0.039)	(0.036)	(0.096)	(0.070)	(0.068)	(0.048)	(0.071)	(0.069)	(0.054)	(0.084)
Observations	360	360	180	180	180	180	132	132	228	228
AR (1)	-6.600***	-6.620***	-1.860*	-1.940*	-1.990**	-2.000**	-3.770***	-4.040***	-5.390***	-1.680*
AR (2)	-1.220	-1.130	0.520	0.660	-1.350	-1.360	-1.200	-1.260	-0.080	-0.100
Hansen test Chi2	25.210	8.540	20.810	22.810	23.790	16.540				
$\tau_{half-life}$	13.228***	10.101***	4.974***	7.714***	30.275	16.661*	10.294***	8.275***	11.359***	7.312***

注: 1. 括号内为稳健标准误。

2. *、**和***分别表示在10%、5%和1%水平上显著。

3. 利用 xtabond2 估计动态面板数据模型 (B7—B10) 时, 由于样本量偏少, 选择项采用 Small 时软件不报告 Hansen test Chi2 结果。

本章第二节通过理论分析提出，中国可能存在生态效率的梯度收敛特征。第三节的实证结果表明，东部地区、中西部地区分别存在绝对 β 收敛和条件 β 收敛，亦即俱乐部收敛，而且东部地区在较高生态效率水平上收敛，中西部地区在相对较低水平上收敛，这不但证明了梯度收敛的理论假说，而且发现了一个严重的"坏"收敛现象：东部与中西部两大俱乐部的效率差距呈扩大趋势，即高者更高、低者恒低。这一问题在金融危机后显得更为突出，因为金融危机后阶段全国层面的生态效率收敛速度反而因此放慢。这一问题值得引起重视，中西部区域不仅生态效率偏低，而且在较低水平上快速收敛，意味着中西部省（市、区）并未因"西部大开发"、"中部崛起"而实现生态效率的有效快速提升，也未出现预期中的对东部沿海地区的"赶超效应"。中西部区域过去、现在和将来都可能是中国绿色发展的"短板"区域。

此外，控制变量的有关估计结果与前面第七章的实证结果基本一致，或者符合经济学直觉，而且是否考虑空间效应的影响并不大。反映产业结构的变量 s_ser 系数在大部分模型中为正但不显著，反映能源结构的变量 s_coal 的系数显著为负，说明煤炭消费量与能源消费总量占比的增加不利于提高生态效率。反映产权结构的变量 s_soe 系数为负但不显著，说明国有企业工业总产值与工业总产值的占比对区域生态效率的影响不显著。环境规制变量 sum_rule 在大多数模型中显著为正，说明环境规制对生态效率具有正向作用。反映技术创新的变量 patent_per 系数显著为正，说明技术创新对于提升生态效率具有正向影响。

第五节　结论与启示

本章回顾了收敛性分析有关理论和文献，在此基础上从赶超效率、竞争效应等层面探讨了区域生态效率的收敛机制，提出了梯度收敛假说，然后利用 2001—2014 年的省级面板数据，运用统计比较、计量检验等方法，实证研究了区域生态效率是否存在 σ 收敛和 β 收敛。实证结果印证了理论预期，综合而言主要结论如下：

（1）利用标准差和变异系数两个指标衡量区域生态效率的 σ 收敛，得到了一致的发现：东部地区生态效率具有阶段性的 σ 收敛特征，而全国层面、中部、西部地区不存在收敛特征。

（2）不考虑空间效应时全国层面生态效率不存在绝对 β 收敛，但考虑了空间效应后则存在绝对 β 收敛。进一步分区域观察发现，无论是否考虑空间效应，东、中西部地区均存在俱乐部收敛，即东部区域、中西部区域均分别存在绝对 β 收敛，并且，东部地区生态效率的收敛速度慢于中西部地区，考虑空间效应时各地区生态效率的收敛速度更快。

（3）无论是否考虑空间效应，在全国层面和东部、中西部分区域层面均发现存在生态效率的条件 β 收敛现象，考虑空间效应后收敛速度更快，且中西部区域各省（市、区）的收敛速度相对东部省（市、区）而言更快。并且，分阶段观察还表明，金融危机后区域生态效率的收敛速度有所降低。

（4）实证研究发现印证了梯度收敛的理论假说，并且揭示出存在高者更高、低者恒低的"坏收敛"问题。

实证发现为了解区域生态效率的现状、预测其未来提供了更全面细致的依据，并且揭示出一些值得重点关注的现实问题及其原因。中西部地区不仅是经济相对落后地区，而且在绿色发展、生态效率方面也明显落后于东部地区，这是人们所熟知的。但正如一些理论假说所预期的那样——落后地区可能利用后发优势对先进地区进行赶超，人们预期中西部地区能够逐渐转向绿色发展，快速提升生态效率，实现对东部区域的经济水平和生态效率赶超。本章基于 21 世纪以来面板数据的实证观察却发现一个严重问题：中西部省（市、区）在较低的生态效率水平上较东部地区更快收敛，与东部省（市、区）的生态效率差距呈加剧态势。客观现实与"赶超理论"的预期相反，暗示着有关管理部门必须采取有力措施，帮助中西部区域走出黑色发展模式，转向绿色发展，有效提升生态效率、建设生态文明。因为不提升"短板"区域的生态效率，中国就无法实现整体水平的大幅度提升，就无法真正实现绿色发展。因此，必须高度重视中西部区域与东部区域的异质性特征，因地制宜，充分考虑到各区域在经济发展、技术创新、资源禀赋和制度环境等因素的差异，加大改革力度制定针对性政策。本书最后一章将进一步探讨。

第十章　异质性视角下区域绿色发展的实现途径[*]

在城市居民出门前要看空气质量指数、要考虑是否戴口罩等现实背景下，环境污染问题的严峻性、绿色发展的重要性和生态文明建设的紧迫性已极度凸显。作为世界上最大的发展中国家，中国仍然需要保持较高的经济增长速度，因此实现经济发展和环境保护以及资源利用的协调尤为关键。综合本书的理论和实证研究发现，建议从以下几个方面着手，充分考虑异质性因素，采取有力措施提升区域生态效率。

一　以 REE 协调为区域发展导向，着力打破旧发展观念的束缚

长期以来，先经济后环境、先发展后治理和先倾斜后均衡的旧观念一直主导着各区域发展。旧的区域发展观念存在一个误区，即 REE 协调要建立在经济发达基础上，甚至认为经济发展与 REE 协调相矛盾。因此许多省份通过加大资源投入、放松环境管制等途径以增加经济产出。理论上，即使经济产出的绝对规模不大，只要资源消耗少、环境代价低，仍可实现 REE 协调。实践中，经济相对并不发达的青海和海南等地区在大多数年份均处于前沿面上，说明经济不发达地区也可实现协调发展。因此不同经济水平上均可实现 REE 协调，不必片面追求经济发展。近年来资源和环境问题受到了重视，但现实中许多地区仍未走出误区，未将协调发展落到实处。观念转变才能有效带动行为改变，这就要求各区域真正转变观念，以 REE 协调为目标，

　　[*]　本章部分内容曾发表于《中国工业经济》2014 年第 7 期，本书采用新的效率测度方法，数据更新至 2014 年。

在现有经济水平上大力改善薄弱环节逐步实现协调。

经济发展相对落后的中西部地区，更要强调走绿色发展道路，坚决避免走"先污染后治理"的老路。实证研究表明，中西部地区的生态效率远远低于东部地区，主要依靠规模效益促进经济发展和提升生态效率。这些地区不实现绿色发展、不大幅度提升生态效率，中国就无法实现绿色发展和生态文明建设目标。但从另外一个角度来看，这些区域在生态效率提升方面具有巨大发展空间，其生态效率的提升将对中国整体的生态效率产生重要的边际贡献，而通过管理创新、技术创新等手段，这些区域也有可能快速提升生态效率。因此，必须将绿色发展的区域重点放在"瓶颈"区域即中西部地区。

为解决协调发展的两极分化问题，关键是针对薄弱环节采取措施，实现 REE 协调度提升的边际收益最大化。许多地区提出了资源节约和环境管制的目标，但大多由各区域根据其利益来主观选择设定，并未充分考虑资源和环境的实际压力，也未全面考虑其薄弱环节。基于 SBM 测度的松弛变量和无效率水平不仅揭示了不协调来源和薄弱环节，还可以提供各类投入变量和产出变量的最优值，从而为节能降耗和减排提供了量化目标。本书建议，以缩减 REE 协调的区域差距为重点，采取倒逼式管理和差别化约束的治理策略。这里，倒逼式管理是指以客观测度的最优投入值或最佳产出值为调整目标，强制要求各区域解决投入过度或产出不足问题。考虑到不协调来源既有区域共性，也有地区特性，故需实施差别化约束，根据区域薄弱环节设定相应调整目标并实施针对性措施。

二 以生态效率"锦标赛"为治理机制，着力突破路径依赖

实证研究表明，大多数省份处于效率低值集聚状态，仅少数处于高效率高增长模式，一些省份长期未突破低效发展模式的路径制约，GDP 增长较生态效率更容易出现积极跃迁。晋升锦标赛理论（周黎安，2007）可以很好地解释前述现象。该理论认为，在中国特有的政治体制下，经济增长是官员考核和提拔的重要依据，故各级官员有强烈动力来发展经济以求升迁。由于实践中考核依据主要是 GDP 及其增长而非生态效率，故大部分区域致力于加快 GDP 的增长，哪怕其代价是粗放式增长且效率低下，甚至污染严重，这在"十五"期间体现得最为明显（期间 GDP 增长率均超过 10%，但环境污染指数也快速上升）。因为效率低下和环境污染的负面效果显现周期较长，也不在考核范围内，对于平均任期不到 4 年的官员（乔坤元，2013）而言影响不大，而 GDP 及其快速增长可以带来显著政绩和升迁机会。在生态效率不受重视甚至受到负面影响的背景下，大部分区域效率低下以及存在路径依赖就是必然结果。同样，在官员们积极推进 GDP 增长的"锦标赛"背景下，很容易理解为何多数区域能保持经济高速增长、经济增长的跃迁较效率跃迁相对更为常见。一方面，官员们会竭尽全力以促进经济增长，故近年来在复杂的国际、国内环境下，大多数省份仍保持了 GDP 高增长。另一方面，一些发达省份经过连续 20 余年高速发展，经济总量基数巨大，基础设施投资需求增幅降低，经济增长放缓，而一些后发省份通过大幅度增加投资等外延式扩张，实现了相对较高的经济增长和跃迁。并且，"路径依赖"只是一种表象，一些中西部省份长期未突破旧发展模式的路径制约，关键可能在于官员们缺乏足够压力和动力去提升和改善现有路径，而不在于模式很难转变。

正是意识到 GDP "锦标赛"存在不足，2013 年 12 月中共中央组织部在《关于改进地方党政领导班子和领导干部政绩考核工作的通知》（以下简称该通知）指出"不能仅仅把地区生产总值及增长率作为考核评价政绩的主要指标"。那么，在弱化 GDP 考核背景下，谁来替代或补充 GDP 考核？尽管该通知提出"把有质量、有效益、可持续的经济发展和民生改善、社会和谐进步、文化建设、生态文明建设等作为考核评价的重要内容"，明确了考核的新内容和新方向，但其内容众多，尚待明晰如何操作。借鉴晋升锦标赛理论的思想，本书建议：调整"指挥棒"，以生态效率"锦标赛"替代 GDP "锦标赛"，以生态效率为核心构建新的考核体系和约束机制，获取生态效率提升所带来的经济和生态红利。其理由如下：①以生态效率作为核心约束目标具有必要性：一是如前文所述，大部分区域发展效率偏低，效率提升需求迫切且潜力巨大；二是通过发挥效率"指挥棒"的作用，才能有效激励和约束各区域尤其是后发区域的各级政府注重发展速度和发展质量的均衡，注重技术创新和管理效率的提升以及环境保护，进而突破路径依赖。②以生态效率作为核心进行考核约束具有可行性：其一，GDP 和环境污染等是效率测度中重要的产出变量，以效率为核心既兼顾了 GDP 增长以保证发展和就业的需要，也兼顾了环境友好和资源节约等众多的区域发展目标。其二，可构建一系列客观明确、科学全面且易于测算和操作的效率指标来作为发展考核目标。

具体而言建议：①加强效率约束。要求各区域在年度统计报告中全面披露土地资源、人力资源、水资源和矿产资源的利用效率和各类污染物对应的经济产出效率情况，并且将相关效率指标整合到区域发展考核体系中。②调整政绩考核周期。例如，将考核周期延长为两年或三年，促使地方政府减少短视行为，将发展重点从提高经济增长速度转向 REE 的长期协调发展。③建立三公开制度进行社会监督：一是统计计算并公开各区域的各项效率指标；二是定期公开各区域效率提升的目标及其效果；三是鼓励科研机构利用客观科学和全面合理的方法定期测算并公开区域绿色发展指数或生态效率，比较分析区域绿色发展态势。④加强宣传推广，大力倡导"效率"意识和"绿色"文化，鼓励在行政管理、企业投资、技术创新以及客户服务等各领域逐步建立差异化的效率考核体系。

三 机制优化与结构调整并重，协调创新提升生态效率

生态效率"锦标赛"提供了外生的激励和约束机制，实践中要促进区域绿色发展还需要内生的动力来源。只有综合利用外部压力的推动和内生动力的拉动，才能突破旧发展模式的制约，加速推进绿色发展。尽管机制改革和结构调整已成为共识，如何改革和调整仍是一个有待长期探索的复杂问题。本书通过空间计量分析从机制、结构等方面考察了各类因素对生态效率的影响，得出的实证结论提供了一些决策启示。一方面，一些重要机制和因素未发挥预期中的积极影响，这些发现令人惊讶但又可以理解。例如，区域中企业研发人力投入占比的提升反而具有显著的负向影响，暗示着企业在研发投入方面的低效率和实际投入不足，可能侧重于经济效益而忽视了环境保护。因此，

必须深化改革，建立和完善排污权等制度，使企业真正承担环境污染的成本，使之在技术研发中充分考虑环境保护因素。另一方面，如预期所示，技术创新和产业结构服务化等具有多重的积极影响，不仅对本地发展具有积极促进作用，而且对周边区域也具有积极的空间溢出作用。加大技术创新和自主创新的投入，积极提升发明专利比重以优化专利结构，在技术创新政策方面对发明创造类的专利尤其是低环境污染的技术创新予以倾斜，将与新能源、资源高效利用、清洁生产、环境监测和污染综合治理等有关的技术优先列入技术研发和产业化计划。充分利用物联网和自动化控制等技术，发挥资本替代劳动因素的积极作用，缓解人口老龄化压力。

　　值得注意的是，区域绿色发展是一个复杂巨系统，单一的机制优化或结构调整未必能够发挥出最佳效果，还需基于协同创新的思想，进行系统化设计和差异化改革。一方面，围绕产业链上下游，充分发动政府、企业、科研机构和金融等各类主体共同推进技术创新；鼓励建设各类创新平台和联盟，打破区域、行业和产权的界限建设创新网络平台；通过企业互助机制的建设、环境保护标准的规范、产业发展路线图的绘制和产业发展规划的编制以及产业政策体系的完善，多管齐下治理重污染和低效率产业的转型升级等问题；在能源价格逐步市场化的同时，利用财政税收等杠杆改善能源产品之间比价，利用价格杠杆加大力度鼓励开发和使用绿色清洁能源，并借助能源计量技术，进一步在工商企业中推广和完善阶梯电价，给予节能低耗的高技术中小企业以优惠电价支持。另一方面，充分考虑到区域的差异性和自主性，给予地方政府更多探索空间，以市场化、规范化和可持续化为原则，鼓励各区域根据资源禀赋和经济社会特征进行机制优化和结构调整，探索各自特色的绿色发展模式。

　　四　突出重点目标，着力改善环境无效率和资源无效率

　　实证研究发现，资源、环境和经济三大子系统中，环境无效率最为严重，资源无效率次之，经济无效率再次之。因此下阶段治理和优化的重点是环境污染和资源利用。其中，对环境无效率影响最大的依次是烟尘、固体废物和废水以及二氧化碳的过度排放。可见，环境无效率的首要来源是烟尘的产出无效率，解决环境无效率的重点是有效降低烟尘的排放水平。近年来，许多城市持续出现的大面积雾霾现象也凸显了烟尘排放治理工作的重要性和紧迫性。关键可能在于，许多责任单位大量排放烟尘等污染物，却未承担相应责任。因此必须从污染源头抓起，将烟尘等环境污染的负外部性予以内部化，即通过税费等措施强化减排约束，使相关责任单位按照排放规模和强度承担污染成本。本书认为，当前应优先将烟尘等污染物纳入即将开征的环境保护税征收范围。另外，目前关于二氧化碳的征税问题争议较大。本书的结论还表明，碳排放对 REE 不协调的贡献相对最低，因此对之征收环境保护税的紧迫性并不明显。

本书还发现，对资源无效率影响最大的依次是人力资源、水、能源、建设用地和固定资本的投入无效率，可见解决资源无效率的重点是提升土地和人力资源的利用效率。为此建议：①实施"人机网"一体化管理。当前"机器代人"在工业领域备受关注，但这一思路忽视了人机协调，因而未必能有效提升劳动生产率。针对该问题，本书建议实施"人机网"一体化，即指基于网络化和信息化手段，实现人力资源和自动化设备的高效配合和全面统筹。其关键是利用网络化学习提升劳动者的工作能力和协调能力，利用网络化管理改善劳动者之间、劳动者与机器的配合水平，优化岗位设置，降低人力资源冗余度，充分挖掘潜力以有效提升全员劳动生产率。②通过科学管理和技术创新降低单位产品的用水量，提高水资源利用效率。一方面，农业用水浪费问题十分严峻，由于管理和技术方面的制约，无法保证水资源的可持续利用。另一方面，在工业高度集聚的现实背景下，城市（生活）水污染问题日益突出，严重影响了水资源利用效率。对此，需要通过优化水资源配置、合理调整经济结构和产业布局，逐步实现水资源的高效利用。

五　抓住关键因素，多方破解"资源诅咒"并改变坏收敛

本书发现，"资源诅咒"只是表象，简单将之归咎于资源丰裕或者资源开发并不恰当。资源开发型区域的生态效率偏低的关键在于人本身而非资源禀赋。要解决资源开发型区域的生态效率偏低问题，关键可能不在于改变资源开发策略，而在于转变资源利用和消费观念，大幅度提升资源利用效率。实证结果也表明，资源开发型区域在提升生态效率、降低能耗等方面具有巨大潜力。在此背景下，通过技术创新、管理优化等手段，资源开发型区域的资源利用效率有望实现快速提升，为中国的绿色发展带来较高的边际贡献。

基于动态空间面板模型的实证研究揭示出一个严重问题：中西部省（市、区）在较低的生态效率水平上较东部地区更快收敛，与东部省市的生态效率差距呈加剧态势。客观现实与"赶超理论"的预期相反，暗示着有关管理部门必须采取有力措施，帮助中西部区域走出黑色发展模式，转向绿色发展，有效提升生态效率、建设生态文明。不提升"短板"区域的生态效率，中国就无法实现整体水平的大幅度提升，就无法真正实现绿色发展。为走出高者更高、低者恒低的"坏收敛"局面，必须高度重视中西部区域与东部区域的异质性特征，深入中西部区域去挖掘其关键性因素，充分考虑到各区域在经济发展、技术创新、资源禀赋和制度环境等方面的差异，以各地区的短板环节改善为目标，因地制宜乃至一省一策，加大改革力度制定针对性政策。

参考文献

[1] 安锦、王建伟：《资源诅咒：测度修正与政策改进》，《中国人口·资源与环境》2015年第3期。

[2] 白钦先、谭庆华：《论金融功能演进与金融发展》，《金融研究》2006年第7期。

[3] 北京师范大学等：《2010中国绿色发展指数年度报告：省际比较》，北京师范大学出版社2010年版。

[4] 蔡昉：《全要素生产率是新常态经济增长动力》，《北京日报》2015年11月23日。

[5] 曾贤刚：《中国区域环境效率及其影响因素》，《经济理论与经济管理》2011年第10期。

[6] 查冬兰、周德群：《地区能源效率与二氧化碳排放的差异性——基于Kaya因素分解》，《系统工程》2007年第11期。

[7] 陈傲：《中国区域生态效率评价及影响因素实证分析——以2000—2006年省际数据为例》，《中国管理科学》2008年专辑。

[8] 陈诗一：《中国的绿色工业革命：基于环境全要素生产率视角的解释（1980—2008）》，《经济研究》2010年第11期。

[9] 陈武新、吕秀娟：《中国区域生态效率差异的实证分析》，《统计与决策》2009年第7期。

[10] 陈晓红、陈石：《企业生态效率差异及技术进步贡献——基于要素密集度视角的分位数回归分析》，《清华大学学报》（哲学社会科学版）2013年第3期。

[11] 陈晓玲、李国平：《中国地区经济收敛的空间面板数据模型分析》，《经济科学》2006年第5期。

［12］陈祖海、雷朱家华、刘驰：《民族地区能源开发与经济增长效率研究——基于"资源诅咒"假说》，《中国人口·资源与环境》2015 年第 6 期。

［13］成刚：《数据包络分析方法与 MaxDEA 软件》，知识产权出版社 2014 年版。

［14］程开明：《专业化、多样性与技术创新：一个文献综述》，《自然辩证法研究》2011 年第 9 期。

［15］初善冰、黄安平：《外商直接投资对区域生态效率的影响——基于中国省际面板数据的检验》，《国际贸易问题》2012 年第 11 期。

［16］大卫·皮尔斯：《绿色经济蓝图》，徐少辉等译，北京师范大学出版社 1997 年版。

［17］邓波、张学军、郭军华：《基于三阶段 DEA 模型的区域生态效率研究》，《中国软科学》2011 年第 1 期。

［18］丁菊红、王永钦、邓可斌：《中国经济发展存在"资源之咒"吗》，《世界经济》2007 年第 9 期。

［19］杜克锐、邹楚沅：《我国碳排放效率地区差异、影响因素及收敛性分析——基于随机前沿模型和面板单位根的实证研究》，《浙江社会科学》2011 年第 11 期。

［20］范金、严斌剑：《长三角都市圈劳动生产率的收敛性检验：1991—2005》，《世界经济文汇》2008 年第 3 期。

［21］方颖、纪衍、赵扬：《中国是否存在"资源诅咒"》，《世界经济》2011 年第 4 期。

［22］冯玉广、王华东：《区域 PREE 系统协调发展的定量描述》，《中国人口·资源与环境》1996 年第 2 期。

［23］冯宗宪、姜昕、赵驰：《资源诅咒传导机制之"荷兰病"——理论模型与实证研究》，《当代经济科学》2010 年第 4 期。

［24］付丽娜、陈晓红、冷智花：《基于超效率 DEA 模型的城市群生态效率研究——以长株潭"3＋5"城市群为例》，《中国人口·资源与环境》2013 年第 4 期。

[25] 傅允生：《资源约束与地区经济收敛——基于资源稀缺性与资源配置力的考察》，《经济学家》2006年第5期。

[26] Fussler C.：《工业生态效率的发展》，《产业与环境》1995年第4期。

[27] 干春晖、郑若谷、余典范：《中国产业结构变迁对经济增长和波动的影响》，《经济研究》2011年第5期。

[28] 高帆、石磊：《中国各省份劳动生产率增长的收敛性：1978—2006年》，《管理世界》2009年第1期。

[29] 郭庆旺、贾俊雪：《中国全要素生产率的估算：1979—2004》，《经济研究》2005年第6期。

[30] 郭文炯：《"资源诅咒"的空间结构解析：核心边缘理论视角》，《经济地理》2014年第3期。

[31] 郭熙保、胡汉昌：《后发优势研究述评》，《山东社会科学》2002年第3期。

[32] 郭熙保、李通屏、袁蓓：《人口老龄化对中国经济的持久性影响及其对策建议》，《经济理论与经济管理》2013年第2期。

[33] 何伯述、郑显濯、侯清濯等：《我国燃煤电站的生态效率》，《环境科学学报》2001年第4期。

[34] 何江、张馨之：《中国区域经济增长及其收敛性：空间面板数据分析》，《南方经济》2006年第5期。

[35] 何雄浪、郑长德、杨霞：《空间相关性与中国区域经济增长动态收敛的理论与实证分析——基于1953—2010年面板数据的经验证据》，《财经研究》2013年第7期。

[36] 胡鞍钢：《实施绿色发展战略是中国的必选之路》，《绿叶》2003年第2期。

[37] 胡鞍钢：《绿色发展是中国的必选之路》，《环境经济》2004年第2期。

[38] 胡鞍钢、郑京海、高宇宁等：《考虑环境因素的省级技术效率排名（1999—2005）》，《经济学》（季刊）2008年第3期。

[39] 胡鞍钢：《中国：创新绿色发展》，中国人民大学出版社2012

年版。

[40] 胡鞍钢、刘生龙、马振国：《人口老龄化、人口增长与经济增长——来自中国省际面板数据的实证证据》，《人口研究》2012年第3期。

[41] 胡彩梅、付伟、韦福雷：《中国省域能源效率的空间溢出效应研究》，《资源开发与市场》2014年第8期。

[42] 胡华：《资源诅咒命题在中国大陆是否成立——基于省级面板数据的回归分析》，《天津财经学院学报》2013年第3期。

[43] 胡晓珍、杨龙：《中国区域绿色全要素生产率增长差异及收敛分析》，《财经研究》2011年第4期。

[44] 胡援成、肖德勇：《经济发展门槛与自然资源诅咒——基于我国省际层面的面板数据实证研究》，《管理世界》2007年第4期。

[45] 黄建欢、王良健：《因特网、网点空间布局和区域因素影响证券公司效率的机理》，《地理研究》2011年第11期。

[46] 黄建欢、吕海龙、王良健：《金融发展影响区域绿色发展的机理——基于生态效率和空间计量的研究》，《地理研究》2014年第3期。

[47] 黄建欢、杨晓光、胡毅：《资源、环境和经济的协调度和不协调来源——基于CREE–EIE分析框架》，《中国工业经济》2014年第7期。

[48] 黄建欢、杨晓光、成刚、汪寿阳：《生态效率视角下的资源诅咒：资源开发型和资源利用型区域的对比》，《中国管理科学》2015年第1期。

[49] 黄建欢、许和连：《中国区域生态效率的时空演变和提升机制》，《湖南大学学报》（社会科学版）2016年第1期。

[50] 黄永春、石秋平：《中国区域环境效率与环境全要素的研究——基于包含R&D投入的SBM模型的分析》，《中国人口·资源与环境》2015年第12期。

[51] 黄悦、刘继生、张野：《资源丰裕程度与经济发展关系的探讨》，《地理科学》2013年第7期。

[52] 简泽、段永瑞：《企业异质性，竞争与全要素生产率的收敛》，《管理世界》2012 年第 8 期。

[53] 姜磊、柏玲：《中国能源强度的空间分布与收敛研究——基于动态空间面板模型的分析》，《西部论坛》2014 年第 4 期。

[54] 柯健、李超：《基于 DEA 聚类分析的中国各地区资源、环境与经济协调发展研究》，《中国软科学》2005 年第 2 期。

[55] 黎祖交：《"生态环境"的提法值得商榷》，《浙江林业》2003 年第 4 期。

[56] 李国璋、霍宗杰：《中国全要素能源效率及其收敛性》，《中国人口·资源与环境》2010 年第 1 期。

[57] 李海东、王善勇：《"两型"社会建设中生态效率评价及影响因素实证分析——以 2006—2009 年省级面板数据为例》，《电子科技大学学报》（社会科学版）2012 年第 6 期。

[58] 李洁：《技术的环境资源负效应——表现与根源分析》，《特区经济》2008 年第 6 期。

[59] 李坤望、陈雷：《APEC 经济增长收敛性的经验分析》，《世界经济》2005 年第 9 期。

[60] 李丽平、田春秀、国冬梅：《生态效率——OECD 全新环境管理经验》，《环境与可持续发展》2000 年第 1 期。

[61] 李廉水、周勇：《技术进步能提高能源效率吗？——基于中国工业部门的实证检验》，《管理世界》2006 年第 10 期。

[62] 李鹏飞、吴利学、田野：《中国城镇化路径的环境效应分析》，《城市与环境研究》2014 年第 2 期。

[63] 李强、徐康宁、魏巍：《自然资源，地理位置与经济增长——基于 2000—2010 年省级面板数据的分析》，《东北大学学报》（社会科学版）2013 年第 3 期。

[64] 李青原、李江冰、江春等：《金融发展与地区实体经济资本配置效率——来自省级工业行业数据的证据》，《经济学》（季刊）2013 年第 2 期。

[65] 李胜兰、初善冰、申晨：《地方政府竞争，环境规制与区域生

态效率》，《世界经济》2014 年第 4 期。

[66] 李小平、朱钟棣：《中国工业行业的全要素生产率测算——基于分行业面板数据的研究》，《管理世界》2005 年第 4 期。

[67] 李小胜、宋马林：《环境规制下的全要素生产率及其影响因素研究》，《中央财经大学学报》2015 年第 1 期。

[68] 李晓西、潘建成：《中国绿色发展指数的编制——〈2010 中国绿色发展指数年度报告：省际比较〉内容简述》，《经济研究参考》2011 年第 2 期。

[69] 李延凯、韩廷春：《金融环境演化下的金融发展与经济增长：一个国际经验》，《世界经济》2013 年第 8 期。

[70] 林光平、龙志和、吴梅：《中国地区经济收敛的空间计量实证分析：1978—2002 年》，《经济学》（季刊）2005 年专辑。

[71] 林光平、龙志和、吴梅：《中国地区经济收敛的空间计量实证分析》，《数量经济技术经济研究》2006 年第 4 期。

[72] 林善浪、张作雄、刘国平：《技术创新、空间集聚与区域碳生产率》，《中国人口·资源与环境》2013 年第 5 期。

[73] 林毅夫、刘明兴：《中国经济的增长收敛与收入分配》，《世界经济》2003 年第 8 期。

[74] 林毅夫、孙希芳、姜烨：《经济发展中的最优金融结构理论初探》，《经济研究》2009 年第 8 期。

[75] 刘建兴、顾晓薇、李广军等：《中国经济发展与生态足迹的关系研究》，《资源科学》2005 年第 5 期。

[76] 刘金全、隋建利、闫超：《中国省际经济增长敛散性的定量测度与经验证据——基于 1952—2006 年数据的分析》，《管理世界》2009 年第 10 期。

[77] 刘生龙、王亚华、胡鞍钢：《西部大开发成效与中国区域经济收敛》，《经济研究》2009 年第 9 期。

[78] 刘伟、张辉：《中国经济增长中的产业结构变迁和技术进步》，《经济研究》2008 年第 11 期。

[79] 刘伟、张辉、黄泽华：《中国产业结构高度与工业化进程和地

区差异的考察》,《经济学动态》2008 年第 11 期。

[80] 刘迎霞、覃成林:《区域经济增长空间趋同假说研究新进展》,《经济学动态》2010 年第 2 期。

[81] 陆铭、冯皓:《集聚与减排:城市规模差距影响工业污染强度的经验研究》,《世界经济》2014 年第 7 期。

[82] 吕彬、杨建新:《生态效率方法研究进展与应用》,《生态学报》2006 年第 11 期。

[83] 吕健:《中国经济增长与环境污染关系的空间计量分析》,《财贸研究》2011 年第 4 期。

[84] 吕铁:《制造业结构变化对生产率增长的影响研究》,《管理世界》2002 年第 2 期。

[85] 毛建素、曾润、杜艳春等:《中国工业行业的生态效率》,《环境科学》2010 年第 11 期。

[86] 潘兴侠、何宜庆、胡晓峰:《区域生态效率评价及其空间计量分析》,《长江流域资源与环境》2013 年第 5 期。

[87] 潘雄锋、刘清、张维维:《空间效应和产业转移双重视角下的中国区域能源效率收敛性分析》,《管理评论》2014 年第 5 期。

[88] 彭国华:《中国地区收入差距、全要素生产率及其收敛分析》,《经济研究》2005 年第 9 期。

[89] 彭爽、张晓东:《"资源诅咒"传导机制:腐败与地方政府治理》,《经济评论》2015 年第 5 期。

[90] 彭水军、包群:《经济增长与环境污染——环境库兹涅茨曲线假说的中国检验》,《财经问题研究》2006 年第 8 期。

[91] 彭秀丽、陈柏福:《新循环经济的"绿色效率"及其实现机制》,《湖南师范大学社会科学学报》2008 年第 1 期。

[92] 蒲英霞、马荣华、葛莹等:《基于空间马尔科夫链的江苏区域趋同时空演变》,《地理学报》2005 年第 5 期。

[93] 齐绍洲、云波、李锴:《中国经济增长与能源消费强度差异的收敛性及机理分析》,《经济研究》2009 年第 4 期。

[94] 钱争鸣、刘晓晨:《中国绿色经济效率的区域差异与影响因素

分析》，《中国人口·资源与环境》2013 年第 7 期。

[95] 乔坤元：《我国官员晋升锦标赛机制的再考察——来自省、市两级政府的证据》，《财经研究》2013 年第 4 期。

[96] 渠慎宁、吕铁：《产业结构升级意味着服务业更重要吗——论工业与服务业互动发展对中国经济增长的影响》，《财贸经济》2016 年第 3 期。

[97] 商华、武春友：《基于生态效率的生态工业园评价方法研究》，《大连理工大学学报》（社会科学版）2007 年第 2 期。

[98] 邵帅、齐中英：《西部地区的能源开发与经济增长——基于"资源诅咒"假说的实证分析》，《经济研究》2008 年第 4 期。

[99] 邵帅：《煤炭资源开发对中国煤炭城市经济增长的影响——基于资源诅咒学说的经验研究》，《财经研究》2010 年第 3 期。

[100] 沈坤荣、马俊：《中国经济增长的"俱乐部收敛"特征及其成因研究》，《经济研究》2002 年第 1 期。

[101] 沈能：《环境效率、行业异质性与最优规制强度——中国工业行业面板数据的非线性检验》，《中国工业经济》2012 年第 3 期。

[102] 师博、沈坤荣：《政府干预、经济集聚与能源效率》，《管理世界》2013 年第 10 期。

[103] 舒元：《中国经济增长分析》，复旦大学出版社 1993 年版。

[104] 苏振东、周玮庆：《外商直接投资对中国环境的影响与区域差异——基于省际面板数据和动态面板数据模型的异质性分析》，《世界经济研究》2010 年第 6 期。

[105] 孙耀华、仲伟周：《中国省际碳排放强度收敛性研究——基于空间面板模型的视角》，《经济管理》2014 年第 12 期。

[106] 谈儒勇：《中国金融发展和经济增长关系的实证研究》，《经济研究》1999 年第 15 期。

[107] 覃成林、张伟丽：《中国区域经济增长俱乐部趋同检验及因素分析——基于 CART 的区域分组和待检影响因素信息》，《管理世界》2009 年第 3 期。

[108] 唐国华、王志平：《环境约束下中国经济发展的质量分析》，《生态经济》（学术版）2013 年第 1 期。

[109] 滕建州、梁琪：《中国区域经济增长收敛吗？——基于时序列的随机收敛和收敛研究》，《管理世界》2007 年第 12 期。

[110] 田银华、贺胜兵、胡石其：《环境约束下地区全要素生产率增长的再估算：1998—2008》，《中国工业经济》2011 年第 1 期。

[111] 涂正革：《环境、资源与工业增长的协调性》，《经济研究》2008 年第 2 期。

[112] 涂正革、刘磊珂：《考虑能源、环境因素的中国工业效率评价——基于 SBM 模型的省级数据分析》，《经济评论》2011 年第 2 期。

[113] 汪克亮、杨力、程云鹤：《要素利用、节能减排与地区绿色全要素生产率增长》，《经济管理》2012 年第 11 期。

[114] 汪克亮、孟祥瑞、杨力、程云鹤：《生产技术异质性与区域绿色全要素生产率增长——基于共同前沿与 2000—2012 年中国省际面板数据的分析》，《北京理工大学学报》（社会科学版）2015 年第 1 期。

[115] 王兵、吴延瑞、颜鹏飞：《中国区域环境效率与环境全要素生产率增长》，《经济研究》2010 年第 5 期。

[116] 王兵：《环境约束下中国经济绩效研究：基于全要素生产率的视角》，人民出版社 2013 年版。

[117] 王恩旭、武春友：《基于超效率 DEA 模型的中国省际生态效率时空差异研究》，《管理学报》2011 年第 3 期。

[118] 王飞儿、史铁锤：《基于物质代谢的中国纺织业生态效率评价》，《中国人口·资源与环境》2008 年第 6 期。

[119] 王卉彤、陈保启：《环境金融：金融创新和循环经济的"双赢"路径》，《上海金融》2006 年第 6 期。

[120] 王瑾：《工业技术与资源环境协调发展的实证研究——基于超效率 DEA 生态效率和区域面板数据》，《科技管理研究》2014 年第 22 期。

[121] 王鹏、尤济红：《产业结构调整中的要素配置效率——兼对"结构红利假说"的再检验》，《经济学动态》2015 年第 10 期。

[122] 王千、王成、冯振元等：《K – means 聚类算法研究综述》，《电子设计工程》2012 年第 7 期。

[123] 王耀中、陈洁：《动态外部性与产业结构优化关系研究新进展》，《财经理论与实践》2012 年第 5 期。

[124] 王震、石磊、刘晶茹等：《区域工业生态效率的测算方法及应用》，《中国人口·资源与环境》2008 年第 6 期。

[125] 危旭芳：《理解绿色发展的五个维度》，《学习时报》2016 年 2 月 22 日。

[126] 魏楚、黄文若、沈满洪：《环境敏感性生产率研究综述》，《世界经济》2011 年第 5 期。

[127] 魏梅、曹明福、江金荣：《生产中碳排放效率长期决定及其收敛性分析》，《数量经济技术经济研究》2010 年第 9 期。

[128] 吴延瑞：《生产率对中国经济增长的贡献：新的估计》，《经济学》（季刊）2008 年第 3 期。

[129] 武春友、孙源远：《基于生态承载力的工业园区生态效率评价研究》，《管理学报》2009 年第 6 期。

[130] 武春友、于文嵩、郭玲玲：《基于演化理论的生态效率影响因素研究》，《技术经济》2015 年第 5 期。

[131] 夏飞、曹鑫、赵锋：《基于双重差分模型的西部地区"资源诅咒"现象的实证研究》，《中国软科学》2014 年第 9 期。

[132] 夏明、魏英琪、李国平：《收敛还是发散？——中国区域经济发展争论的文献综述》，《经济研究》2004 年第 7 期。

[133] 徐康宁、邵军：《自然禀赋与经济增长：对"资源诅咒"命题的再检验》，《世界经济》2007 年第 11 期。

[134] 徐康宁、王剑：《自然资源丰裕程度与经济发展水平关系的研究》，《经济研究》2006 年第 1 期。

[135] 许和连、邓玉萍：《外商直接投资导致了中国的环境污染

吗？——基于中国省际面板数据的空间计量研究》，《管理世界》2012 年第 2 期。

[136] 薛冰、陈兴鹏、杨晃、耿涌、张伟伟：《基于情景分析的区域能源—经济—环境耦合研究——以甘肃省为例》，《生态科学》2010 年第 5 期。

[137] 阎庆民：《构建以"碳金融"为标志的绿色金融服务体系》，《中国金融》2010 年第 4 期。

[138] 颜礁：《产业专业化、多样化对区域创新差异的影响研究》，硕士学位论文，中国科学技术大学，2012 年。

[139] 杨开忠、张子晔、刘翊、王安然：《首都圈与长三角含水生态足迹差异比较研究》，《城市问题》2014 年第 6 期。

[140] 杨龙、胡晓珍：《基于 DEA 的中国绿色经济效率地区差异与收敛分析》，《经济学家》2010 年第 2 期。

[141] 杨文举：《中国工业的动态环境绩效——基于细分行业的 DEA 分析》，《山西财经大学学报》2011 年第 6 期。

[142] 叶裕民：《全国及各省区市全要素生产率的计算和分析》，《经济学家》2002 年第 3 期。

[143] 余鑫、傅春、杨剑波：《我国"资源诅咒"的形成机理研究》，《统计与决策》2016 年第 2 期。

[144] 余泳泽：《中国省际全要素生产率动态空间收敛性研究》，《世界经济》2015 年第 10 期。

[145] 袁晓玲、仲云云：《我国区域经济发展效率的时空变化及影响因素分析——基于超效率 DEA 模型的实证分析》，《商业经济与管理》2010 年第 7 期。

[146] 张炳、毕军、黄和平等：《基于 DEA 的企业生态效率评价：以杭州湾精细化工园区企业为例》，《系统工程理论与实践》2008 年第 4 期。

[147] 张辉：《我国产业结构高度化下的产业驱动机制》，《经济学动态》2015 年第 12 期。

[148] 张军、吴桂英、张吉鹏：《中国省际物质资本存量估算：

1952—2000》,《经济研究》2004 年第 10 期。

[149] 张军、金煜:《中国的金融深化和生产率关系的再检测:1987—2001》,《经济研究》2005 年第 11 期。

[150] 张军、陈诗一、Gary 等:《结构改革与中国工业增长》,《中国经济学》2009 年第 7 期。

[151] 张少辉、李江帆、张承平:《产业结构调控与中国区域全要素生产率增长》,《管理学报》2014 年第 6 期。

[152] 张新民、柴发合、王淑兰等:《中国酸雨研究现状》,《环境科学研究》2010 年第 5 期。

[153] 张宗益、吕小明、康继军:《中国第二产业能源效率的收敛机制分析》,《科研管理》2013 年第 7 期。

[154] 赵康杰、景普秋:《资源依赖、资本形成不足与长期经济增长停滞——"资源诅咒"命题再检验》,《宏观经济研究》2014 年第 3 期。

[155] 赵良仕、孙才志、郑德凤:《中国省际水足迹强度收敛的空间计量分析》,《生态学报》2014 年第 5 期。

[156] 赵楠、贾丽静、张军桥:《技术进步对中国能源利用效率影响机制研究》,《统计研究》2013 年第 4 期。

[157] 赵楠、王辛睿、朱文娟:《中国省际能源利用效率收敛性研究》,《统计研究》2015 年第 3 期。

[158] 赵树宽、余海晴、姜红:《技术标准、技术创新与经济增长关系研究——理论模型及实证分析》,《科学学研究》2012 年第 9 期。

[159] 郑君君、朱德胜、关之烨:《劳动人口、老龄化对经济增长的影响——基于中国 9 个省市的实证研究》,《中国软科学》2014 年第 4 期。

[160] 郑玉歆:《全要素生产率的测度及经济增长方式的"阶段性"规律——由东亚经济增长方式的争论谈起》,《经济研究》1999 年第 5 期。

[161] 郑玉歆:《全要素生产率的再认识——用 TFP 分析经济增长质

量存在的若干局限》，《数量经济技术经济研究》2007 年第
9 期。

[162] 中国科学院可持续发展战略研究组：《2010 中国可持续发展战
略报告：绿色发展与创新》，科学出版社 2010 年版。

[163] 钟志平、刘丰有、李楚婷：《我国人口老龄化的社会经济影响
及对策》，《河南科学》2016 年第 4 期。

[164] 周国梅、彭昊、曹凤中：《循环经济和工业生态效率指标体
系》，《城市环境与城市生态》2003 年第 6 期。

[165] 周黎安：《中国地方官员的晋升锦标赛模式研究》，《经济研
究》2007 年第 7 期。

[166] 周立、王子明：《中国各地区金融发展与经济增长实证分析：
1978—2000》，《金融研究》2002 年第 10 期。

[167] 朱勇、张宗益：《技术创新对经济增长影响的地区差异研究》，
《中国软科学》2005 年第 11 期。

[168] 诸大建、朱远：《从生态效率的角度深入认识循环经济》，《中
国发展》2005 年第 1 期。

[169] 庄立、刘洋、梁进社：《论中国自然资源的稀缺性和渗透性》，
《地理研究》2011 年第 8 期。

[170] 邹成效：《"技术—环境悖论"与技术自然属性》，《科学技术
与辩证法》2006 年第 1 期。

[171] 邹艳芬：《中国能源利用效率测度的国际对比研究》，《资源科
学》2013 年第 11 期。

[172] Abadie A., Diamond A., Hainmueller J., "Synthetic Control
Methods for Comparative Case Studies: Estimating the Effect of Cal-
ifornia's Tobacco Control Program", *Journal of the American Statis-
tical Association*, Vol. 105, 2010.

[173] Abramvitz M., "Resource and Output Trends in the United States
Since 1870", *American Economic Review*, Vol. 46, No. 2, 1956.

[174] Abramoitz M., *Thinking about Growth*, Cambridge University
Press, 1989.

[175] Aghion P., Griffith R., *Competition and Growth*. Cambridge, Massachusetts: MIT Press, 2005.

[176] Alexander Gerchenkron, *Economic Backwardness in Historical Perspective*, Cambridge, MA: Harvard University Press, 1962.

[177] Andersen P., Petersen N. C., "AProcedure for Ranking Efficient Units in Data Envelopment Analysis", *Management Science*, Vol. 39, No. 10, 1993.

[178] Anselin L., "Lagrange Multiplier Test Diagnostics for Spatial Dependence and Spatial Heterogeneity", *Geographical Analysis*, Vol. 20, No. 1, 1988.

[179] Anselin L., Bera A. K., Florax R., et al., "Simple Diagnostic Tests for Spatial Dependence", *Regional Science and Urban Economics*, Vol. 26, No. 1, 1996.

[180] Arabi B., Munisamy S., Emrouznejad A., Shadmand F., "Power industry Restructuring and Eco – efficiency Changes: A New Slacks – based Model in Malmquist – Luenberger Indexmeasurement", *Energy Policy*, Vol. 68, 2014.

[181] Arabi B., Munisamy S., Emrouznejad A., "A New Slacks – based Measure of Malmquist – Luenberger Index in the Presence of Undesirable Outputs", *Omega*, Vol. 51, 2015.

[182] Auty R. M., *Suataining Development in Mineral Economics*, The Resource Curse Thesis, Londom: Routledge, 1993.

[183] Banker R. D., Charnes A., Cooper W. W., "Some Models for Estimating Technical and Scale Inefficiencies in Data Envelopment Analysis", *Management Science*, Vol. 30, No. 9, 1984.

[184] Barro R. J., Becker G. S., "Fertility Choice in a Model of Economic Growth", *Econometrica: Journal of the Econometric Society*, 1989.

[185] Barro R. J., Sala – i – Martin X., "Convergence Across States and Regions", *Brookings Papers on Economic Activity*, No. 1, 1991.

[186] Barro R. J., Sala – i – MartinX., "Convergence", *Journal of Political Economy*, Vol. 100, No. 2, 1992.

[187] Mankiw N. G., Romer D., Weil D. N., *A Contribution to the Empirics of Economic Growth*, National Bureau of Economic Research, 1990.

[188] Battese G. E., Rao D. S. P., O'Donnell C. J., "A Metafrontier Production Function for Estimation of Technical Efficiencies and Technology Gaps for Firms Operating under Different Technologies", *Journal of Productivity Analysis*, Vol. 21, No. 1, 2004.

[189] Baumol W. J., "Productivity Growth, Convergence, and Welfare: What the Long – run Data Show", *American Economic Review*, Vol. 76, No. 5, 1986.

[190] Benabou R., "Equity and Efficiency in Human Capital Investment: the Local Connection", *The Review of Economic Studies*, Vol. 63, No. 2, 1996.

[191] Bencivenga V., Smith D., "Financial Intermediation and Endogenous Growth", *The Review of Economic Studies*, Vol. 58, No. 2, 1991.

[192] Bernard A. B., Durlauf S. N., "Convergence in International Output", *Journal of Applied Econometrics*, Vol. 10, No. 2, 1995.

[193] Blackman A., Kildegaard A., "Clean Technological Change in Developing – country Industrial Clusters: Mexican Leather Tanning", *Environmental Economics and Policy Studies*, Vol. 12, No. 3, 2010.

[194] Boyle G. E., Mccarthy T. G., "A Simple Measure of B – Convergence", *Oxford Bulletin of Economics & Statistics*, Vol. 59, No. 2, 1997.

[195] Bräuninger M., Niebuhr A., "Agglomeration, Spatial Interaction and Convergence in the EU", *Hwwa Discussion Papers*, Vol. 128, No. 3, 2005.

[196] Brezis E. S., Krugman P. R., Tsiddon D., "Leapfrogging in International Competition: A Theory of Cycles in National Technological Leadership", *American Economic Review*, Vol. 83, No. 5, 1993.

[197] Briec W., "Hölder Distance Function and Measurement of Technical Efficiency", *Journal of Productivity Analysis*, Vol. 11, No. 11, 1998.

[198] Buccellato T., "Convergence across Russian Regions: A Spatial Econometrics Approach", *Working Papers*, 2007.

[199] Camarero M., Castillo J., Picazo – Tadeo A. J., et al., "Eco – efficiency and Convergence in OECD Countries", *Environmental and Resource Economics*, Vol. 55, No. 1, 2013.

[200] Camarero M., Castillo – Giménez J., Picazo – Tadeo A. J., et al., "Is Eco – efficiency in Greenhouse Gas Emissions Converging among European Union Countries?", *Empirical Economics*, Vol. 47, No. 1, 2014.

[201] Canova F., Marcet A., "The Poor Stay Poor: Non – Convergence Across Countries and Regions", *Social Science Electronic Publishing*, 1995.

[202] Carson R., *Silent spring*, Boston: Houghton Mifflin Harcourt, 1962.

[203] Charnes A., Cooper W. W., Rhodes E., "Measuring the Efficiency of Decision Making Units", *European Journal of Operational Research*, Vol. 6, No. 2, 1978.

[204] Chatterji M., "Convergence Clubs and Endogenous Growth", *Oxford Review of Economic Policy*, Vol. 8, No. 4, 1992, 8 (4): 57 – 69.

[205] Chen C. M., Delmas M. A., "Measuring Eco – inefficiency: A New Frontier Approach", *Operations Research*, Vol. 60, No. 5, 2012.

[206] Chenery H. B., "Interregional and International Input – output Analysis", *The Structure Interdependence of the Economy*, 1956.

[207] Chiu C. R., Liou J. L., Wu P. I., et al., "Decomposition of the Environmental Inefficiency of the Meta – frontier with Undesirable Output", *Energy Economics*, Vol. 34, No. 5, 2012.

[208] Chiu C. R., Lu K. H., Tsang S. S., et al., "Decomposition of meta – frontier Inefficiency in the two – stage Network Directional Distance Function with Quasi – fixed Inputs", *International Transactions in Operational Research*, Vol. 20, No. 4, 2013.

[209] Chiu C. R., Chiu Y. H., Chen Y. C., et al., "Exploring the Source of Metafrontier Inefficiency for Various Bank Types in the Twostage Network System with Undesirable Output", *Pacific – Basin Finance Journal*, Vol. 36, 2016.

[210] Chung Y. H., Färe R., Grosskopf S., "Productivity and Undesirable Outputs: A Directional Distance Function Approach", *Journal of Environmental Management*, Vol. 51, No. 3, 1997.

[211] Clark C., *The Conditions of Economic Progress*, Macmillan, 1940.

[212] Cooper W. W., Seiford L. M., Tone K., *Data Envelopment Analysis: A Comprehensive Text with Models, Applications, References and DEA – Solver Software*, Springer, 2007.

[213] Cooper W. W., Seiford L. M., Zhu J., *Handbook on Data Envelopment Analysis*, Springer, 2011.

[214] Coulombe S., "New Evidence of Convergence across Canadian Provinces: the Role of Urbanization", *Regional Studies*, Vol. 34, No. 8, 2000.

[215] Dalgaard C. J., "Idle Capital and Long – Run Productivity", *Contributions in Macroeconomics*, Vol. 3, No. 1, 2003.

[216] Dalgaard C. J., Hansen J. W., "Capital Utilization and the Foundations of Club Convergence", *Economics Letters*, Vol. 87, No. 2, 2004.

[217] Dietz T., Rosa E. A., "Rethinking the Environmental Impacts of Population, Affluence and Technology", *Human Ecology Review*,

No. 1, 1994.

[218] Dietz T., Rosa E. A., "Effects of Population and Affluence on CO$_2$ Emissions", *Proceedings of the National Academy of Sciences*, Vol. 94, No. 1, 1997.

[219] Dong F., Li X., Long R., et al., "Regional Carbon Emission Performance in China According to Astochastic Frontier Model", *Renewable and Sustainable Energy Reviews*, Vol. 28, 2013.

[220] Dong – hyun Oh, "A Metafrontier Approach for Measuring an Environmentally Sensitive Productivity Growth Index", *Energy Economics*, Vol. 32, No. 1, 2010.

[221] Durlauf S. N., "A Theory of Persistent Income Inequality", *Journal of Economic Growth*, Vol. 1, No. 1, 1996.

[222] Dyckhoff H., Allen K., "Measuring Ecological Efficiency with Data Envelopment Analysis (DEA)", *European Journal of Operational Research*, Vol. 132, No. 2, 2001.

[223] Elhorst J. P., "Applied Spatial Econometrics: Raising the Bar", *Spatial Economic Analysis*, Vol. 5, No. 1, 2010.

[224] Elhorst J. P., *Spatial Econometrics: from Cross – sectional Data to Spatial Panels*, Heidelberg: Springer, 2014.

[225] Evans P., Kim J. U., "Convergence Analysis as Spatial Dynamic Panel Regression and Distribution Dynamics of CO$_2$ Emissions in Asian Countries", *Empirical Economics*, Vol. 50, No. 3, 2016.

[226] Fagerberg J., "Technological Progress, Structural Change and Productivity Growth: A Comparative Study", *Structural Change and Economic Dynamics*, Vol. 11, No. 4, 2000.

[227] Färe R., Grosskopf S., Lindgren B., et al., "Productivity Changes in Swedish pharamacies 1980 – 1989: A Non – parametric Malmquist Approach", *Journal of Productivity Analysis*, No. 3, 1992.

[228] Färe R., Grosskopf S., Lovell C. A. K., et al., "Derivation of

Shadow Prices for Undesirable Outputs: A Distance Function Approach", *The Review of Economics and Statistics*, Vol. 75, No. 2, 1993.

[229] Färe R., Zhang Z., "Productivity Growth, Technical Progress, and Efficiency Change in Industrialized Countries", *American Economic Review*, Vol. 84, No. 1, 1994.

[230] Färe R., Grosskopf S., Pasurka Jr C. A., "Accounting for Air Pollution Emissions in Measures of State Manufacturing Productivity Growth", *Journal of Regional Science*, Vol. 41, No. 3, 2001.

[231] Farrell M. J., "The Measurement of Productive Efficiency", *Journal of the Royal Statistical Society*, Vol. 120, No. 3, 1957.

[232] Fernández – Viñé M. B., Gómez – Navarro T., Capuz – Rizo S. F., "Assessment of the Publicadministration Tools for the Improvement of the Eco – efficiency of Small and Medium Sized Enterprises", *Journal of Cleaner Production*, Vol. 47, No. 5, 2013.

[233] Florax R. J., Folmer H., Rey S. J., "Specification Searches in Spatial Econometrics: The Relevance of Hendry'Smethodology", *Regional Science and Urban Economics*, Vol. 33, No. 5, 2003.

[234] Fredriksson P. G., Millimet D. L., "Strategic Interaction and the Determination of Environmental Policy Across US States", *Journal of Urban Economics*, Vol. 51, No. 1, 2002.

[235] Fujii H., Managi S., "Determinants of Eco – efficiency in the Chinese Industrial Sector", *Journal of Environmental Sciences*, Vol. 25, 2013.

[236] Fukuyama H., Weber W. L., "A Slacks – based Inefficiency Measure for A Two – stage System with Bad Outputs", *Omega*, Vol. 38, No. 5, 2010.

[237] Galor O., "Convergence? Inferences from Theoretical Models", *The Economic Journal*, Vol. 106, 1996.

[238] Geary R. C., "The Contiguity Ratio and Statistical Mapping", *In-*

corporated Statistician, Vol. 5, No. 3, 1954.

[239] Giordano P., Caputo P., Vancheri A., "Fuzzy Evaluation of Heterogeneous Quantities: Measuring Urban Ecological Efficiency", *Ecological Modelling*, Vol. 288, No. 5, 2014.

[240] Glauser M., Müller P., "Eco - efficiency: A Prerequisite for Future Success", *CHIMIA International Journal for Chemistry*, Vol. 51, No. 5, 1997.

[241] Goldar B., Banerjee N., "Impact of Informal Regulation of Pollution on Water Quality in Rivers in India", *Journal of Environmental Management*, Vol. 73, No. 2, 2004.

[242] Goldsmith R., *Financial Structure and Development*, New Haven, CT: Yale University Press, 1969.

[243] Gómez - Limón J. A., Picazo - Tadeo A. J., Reig - Martínez E., "Eco - efficiency Assessment of Olive Farms in Andalusia", *Land Use Policy*, Vol. 29, No. 2, 2012.

[244] Gregory M. N., Romer D., Weil D. N., "A Contribution to the Empirics of Economic Growth", *Quarterly Journal of Economics*, Vol. 107, No. 2, 1992.

[245] Grübler A., *Technology and Global Change*, Cambridge University Press, 2003.

[246] Hailu A., Veeman T. S., "Environmentally Sensitive Productivity Analysis of the Canadian Pulp and Paper Industry, 1959 - 1994: An Input Distance Function Approach", *Journal of Environmental Economics and Management*, Vol. 40, No. 3, 2000.

[247] Hang Y., Sun J., Wang Q., et al., "Measuring Energy Inefficiency with Undesirable Outputs and Technology Heterogeneity in Chinese Cities", *Economic Modelling*, Vol. 49, 2015.

[248] Harberger A. C., "A Primer on Inflation", *Money & Monetary Policy in Less Developed Countries*, Vol. 10, No. 4, 1978.

[249] Hayami Y., "Sources of Agricultural Productivity Gap among Se-

lected Countries", *American Journal of Agricultural Economics*, Vol. 51, No. 3, 1969.

[250] Holdren J. P., Ehrlich P. R., "Human Population and the Global Environment", *American Scientist*, Vol. 63, No. 3, 1974.

[251] Huang B., Meng L., "Convergence of Per Capita Carbon Dioxide Emissions in Urban China: A Spatio – temporal Perspective", *Applied Geography*, Vol. 40, 2013.

[252] Huang J. H., Yang X. G., Cheng G., Wang S. Y., "A Comprehensive Eco – efficiency Model and Dynamics of Regional Eco – efficiency in China", *Journal of Cleaner Production*, Vol. 67, No. 3, 2014.

[253] Huang J., Xia J., "Regional Competition, Heterogeneous Factors and Pollution Intensity in China: A Spatial Econometric Analysis", *Sustainability*, Vol. 8, No. 2, 2016.

[254] Huppes G., Ishikawa M., "A Framework for Quantified Eco – efficiency Analysis", *Jouranl of Industrial Ecology*, Vol. 9, No. 4, 2005.

[255] Islam N., "Growth Empirics: A Panel Data Approach", *The Quarterly Journal of Economics*, Vol. 110, No. 4, 1995.

[256] Islam N., "What Have We Learnt from the Convergence Debate?", *Journal of Economic Surveys*, Vol. 17, No. 3, 2003.

[257] Jaffe A. B., Newell R. G., Stavins R. N., "Technological Change and the Environment", *Handbook of Environmental Economics*, Vol. 1, 2003.

[258] Jaunky V. C., Zhang L., "Convergence of Operational Efficiency in China's Provincial Power Sectors", *Energy Journal*, Vol. 37, 2016.

[259] Joly C., "The Greening of Financial Markets", *Testing New Policy Approaches*, 2002.

[260] Khazzom J. D., "Economic Implication of Mandated Efficiency in

Standards for Household Appliances ", *Economic Journal*, Vol. 4, 1980.

[261] Kielenniva N., Antikainen R., Sorvari J., "Measuring Eco – efficiency of Contaminated Soil Management at the Regional Level", *Journal of Environmental Management*, Vol. 109, No. 17, 2012.

[262] King R., Levine R., "Finance and Growth: Schumpeter Might be right", *The Quarterly Journal of Economics*, Vol. 108, No. 3, 1993.

[263] Konisky D. M., "Regulatory Competition and Environmental Enforcement: Is There a Race to the Bottom?", *American Journal of Political Science*, Vol. 51, No. 4, 2007.

[264] Kyungpyo L., Sungjoo L., "Patterns of Technological Innovation and Evolution in the Energy Sector: A Patent – based Approach", *Energy Policy*, Vol. 59, 2013.

[265] Kuosmanen T., Kortelainen M., "Measuring Eco – efficiency of Production with Data Envelopment analysis", *Journal of Industrial Ecology*, Vol. 9, No. 4, 2005.

[266] Kuyt W., et al., *The New Palgrave: A Dictionary of Economics*, London: Macmillan Publishers Limited, 1987.

[267] Kuznets S., *Economic Growth of Nations: Total Output and Production Structure*, Cambridge, MA, 1971.

[268] Kuznets S., *On Comparative Study of Economic Structure and Growth of Nations*, National Bureau of Economic Research, Inc, 1959.

[269] Le Gallo J., Ertur C., Baumont C., *A Spatial Econometric Analysis of Convergence Across Europeanregions*, 1980 – 1995, Springer Berlin Heidelberg, 2003.

[270] LeSage J., Pace R. K., *Introduction to Spatial Econometrics*, Chapman & Hall/CRC: Boca Raton, FL, USA, 2009.

[271] Levine R., "Financial Development and Economic Growth: Views

and Agenda", *Journal of Economic Literature*, Vol. 35, No. 2, 1997.

[272] Levine R., "Finance and Growth: Theory and Evidence", *Handbook of Economic Growth*, No. 1, 2005, pp. 865 – 934.

[273] Li L., Hu J., "Ecological Total – factor Energy Efficiency of Regions in China", *Energy Policy*, Vol. 46, 2012.

[274] Li M., Zhang J., Chen J., Zhou J., Wang N., "Progress on Tourism Eco – Efficiency and its Implications", *Advanced Materials Research*, Vol. 869, 2012.

[275] Long X., Zhao X., Cheng F., "The Comparison Analysis of Total Factor Productivity and Eco – efficiency in China's Cement Manufactures", *Energy Policy*, Vol. 81, 2015.

[276] Lovell C. A. K., Pastor J. T., Turner J. A., "Measuring Macroeconomic Performance in the OECD: A Comparison of European and Non – European Countries", *European Journal of Operational Research*, Vol. 87, No. 3, 1995.

[277] Lucas R. E., "On the Mechanics of Economic Development", *Journal of Monetary Economics*, Vol. 22, No. 1, 1988.

[278] Ma S., Hu S., Chen D., Zhu B., "A Case Study of A Phosphorus Chemical Firm's Application of Resource Efficiency and Eco – efficiency in Industrial Metabolism Under Circular Economy", *Journal of Cleaner Production*, Vol. 87, 2015.

[279] Malmquist S., "Index Numbers and Indifference Surfaces", *Trabajos De Estadistica*, Vol. 4, No. 2, 1953.

[280] McKinnon R., *Money and Capital in Economic Development*, Washington DC: Brookings Institution, 1973.

[281] Meadows D. H., Meadows D. L., Randers J., et al., *The Limits to Growth*, New York, 1972.

[282] Metti G., "Global Environmental Factors and Eco – efficiency", *Beverage World*, 1999, pp. 82 – 83.

[283] Mickwitz P., Melanen M., Rosenström U., et al., "Regional Eco - efficiency Indicators—A Participatory Approach", *Journal of Cleaner Production*, Vol. 18, No. 14, 2006.

[284] Mogee, M. E., "Using Patent Data for Technology Analysis and Planning", *Research Technology Management*, Vol. 34, No. 4, 1991.

[285] Mora T., Vayá E., Suriñach J., "Specialisation and Growth: The Detection of European Regional Convergence Clubs", *Economics Letters*, Vol. 86, No. 2, 2005.

[286] Moran P. A., "Notes on Continuous Stochastic Phenomena", *Biometrika*, Vol. 37, No. 1/2, 1950.

[287] Mur J., Angulo A., "Model Selection Strategies in a Spatial Setting: Some Additional Results", *Regional Science and Urban Economics*, Vol. 39, No. 2, 2009.

[288] Nahar S., Inder B., "Testing Convergence in Economic Growth for OECD Countries", *Applied Economics*, Vol. 34, No. 16, 2002.

[289] Paci, R., Sassu, A., Usai, S., "International Patenting and National Technological Specialization", *Technovation*, Vol. 17, No. 1, 1997.

[290] Panopoulou E., Pantelidis T., "Club Convergence in Carbon Dioxide Emissions", *Environmental and Resource Economics*, Vol. 44, No. 1, 2009.

[291] Pastor J. T., Knox Lovell C. A., "A Global Malmquist Productivity index", *Economics Letters*, Vol. 88, No. 2, 2005.

[292] Pekka J. Korhonen, Mikulas Luptacik, "Eco - efficiency Analysis of Power Plants: An Extension of Data Envelopment Analysis", *European Journal of Operational Research*, Vol. 154, No. 2, 2004.

[293] Peneder M., "Industrial Structure and Aggregate Growth", *Structural Change and Economic Dynamics*, Vol. 14, No. 4, 2003.

[294] Perez O., "The New Universe of Green Finance: from Self - regulation to Multi - polar Governance", *Working Paper*, 2007.

[295] Phillips P. C. B., Sul D., "Transition Modeling and Econometric Convergence Tests", *Econometrica*, Vol. 75, No. 6, 2007.

[296] Picazo – Tadeo A. J., Beltrán-Esteve M., Gómez – Limón J. A., "Assessing Eco-efficiency with Directional Distance Functions", *European Journal of Operational Research*, Vol. 220, No. 3, 2012.

[297] Quah D. T., "Empirics for Economic Growth and Convergence", *European Economic Review*, Vol. 40, No. 6, 1996.

[298] Ray S. C., Desli E., "Productivity Growth, Technical Progress, and Efficiency Change in Industrialized Countries: Comment", *American Economic Review*, Vol. 87, No. 5, 1997.

[299] Rey S. J., "Spatial Empirics for Economic Growth and Convergence", *Geographical Analysis*, Vol. 33, No. 3, 2001.

[300] Rey S. J., Boris D., "σ – convergence in the Presence of Spatial Effects", *Urban/Regional*, Vol. 85, No. 2, 2006.

[301] Robaina – Alves M., Moutinho V., Macedo P., "A New Frontier Approach to Model the Eco – efficiency in European Countries", *Journal of Cleaner Production*, Vol. 103, 2015.

[302] Romer P. M., "Increasing Returns and Long – run Growth", *Journal of Political Economy*, Vol. 94, No. 5, 1986.

[303] Romer P. M., "The Origins of Endogenous Growth", *Journal of Economic Perspectives*, Vol. 8, No. 1, 1994.

[304] Rostow W. W., "The Stages of Economic Growth", *Economic History Review*, Vol. 12, No. 1, 1959.

[305] Sachs J. D., Warner A. M., "Sources of Slow Growth in African Economies", *Journal of African Economies*, Vol. 6, No. 3, 1997.

[306] Sala – i – Martin X., "Cross – sectional Regressions and the Empirics of Economic Growth", *European Economic Review*, Vol. 38, No. 3, 1994.

[307] Schaltegger S., Sturm A., "Öologische Rationalität (German/in English: Ecological Rationality)", *die Unternehmung*, Vol. 90,

No. 4, 1990.

[308] Schaltegger S., Burritt R., "Contemporary Environmental Accounting", *Concepts and Practice*, Vol. 72, 2000.

[309] Schumpeter J. A., *The Theory of Economic Development*, Cambridge, MA: Harvard University Press, 1911.

[310] Seppala J., Melanen M., Maenpaa I., "How Can the Eco – efficiency of a Region be Measured and Monitored? ", *Journal of Industrial Ecology*, Vol. 9, No. 4, 2005.

[311] Seppala J., Melanen M., Maenpaa I., Koskela S., Tenhunen J., Hiltunen M. – R., "How Can the Eco – efficiency of a Region be Measured and Monitored", *Journal of Industrial Ecology*, No. 9, 2005.

[312] Sharma K. R., Leung P. S., "Technical Efficiency of Carp Production in India: A Stochastic Frontier Production Function Analysis", *Aquaculture Research*, Vol. 31, No. 12, 2000.

[313] Shaw E., *Financial Deepening in Economic Development*, New York: Oxford University Press, 1973.

[314] Sinkin C., Wright C. J., Burnett R. D., "Eco – efficiency and Firm Value", *Journal of Accounting and Public Policy*, Vol. 27, No. 2, 2008.

[315] Solow, R. M., "A Contribution to the Theory of Economic Growth", *Quarterly Journal of Economics*, Vol. 70, No. 1, 1956.

[316] Solow R. M., "Technical Change and the Aggregate Production Function", *Review of Economics and Statistics*, Vol. 39, No. 3, 1957.

[317] Taylor M. S., Antweiler W., Copeland B. R., "Is Free Trade Good for the Environment", *American Economic Review*, Vol. 94, No. 1, 2001.

[318] Timmer M. P., Szirmai A., "Productivity Growth in Asian Manufacturing: The Structural Bonus Hypothesis Examined", *Structural*

Change and Economic Dynamics, Vol. 11, No. 4, 2000.

[319] Tone K., "A Slacks – based Measure of Efficiency in Data Envelopment Analysis", *European Journal of Operational Research*, Vol. 130, 2001.

[320] Tone K. A., "A Slacks-based Measure of Super-efficiency in Data Envelopment Analysis", *European Journal of Operational Research*, Vol. 143, No. 1, 2002.

[321] Tone K., Sahoo B. K., "Degree of Scale Economies and Congestion: A Unified DEA Approach", *European Journal of Operational Research*, Vol. 158, No. 3, 2004.

[322] Tsionas E. G., "Regional Growth and Convergence: Evidence from the United States", *Regional Studies*, Vol. 34, No. 3, 2000.

[323] Tulkens H., Eeckaut P. V., *Non – frontier Measures of Efficiency*, Progress and Regress for Time Seriesdata, Springer, 2006.

[324] Tyteca D., "On the Measurement of the Environmental Performance of Firms—A Literature Review and a Productive Efficiency Perspective", *Journal of Environmental Management*, Vol. 46, No. 3, 1996.

[325] Verbeek M., *A Guide to Modern Econometrics*, Chichester: Wiley, 2000.

[326] Villaverde J., "Provincial Convergence in Spain: A Spatial Econometric Approach", *Applied Economics Letters*, Vol. 12, No. 11, 2005.

[327] Walter I., Ugelow J. L., "Environmental Policies in Developing Countries", *Ambio*, Vol. 8, No. 2/3, 1979.

[328] Wang Q., Zhao Z., Zhou P., et al., "Energy Efficiency and Production Technology Heterogeneity in China: A Meta – frontier DEA Approach", *Economic Modelling*, Vol. 35, 2013.

[329] Wang Y., Liu J., Hansson L., Zhang K., Wang R., "Implementing Stricter Environmental Regulation to Enhance Eco – efficiency

and Sustainability: A Case Study of Shandong Province's Pulp and Paper Industry, China", *Journal of Cleaner Production*, Vol. 19, 2011.

[330] Wang Y., Zhang P., Huang D., et al., "Convergence Behavior of Carbon Dioxide Emissions in China", *Economic Modelling*, Vol. 43, 2014.

[331] Wurgler J., "Financial Markets and the Allocation of Capital", *Journal of Financial Economics*, Vol. 58, No. 1, 2000.

[332] Wursthorn S., Poganietz W. R., Schebek L., "Economic – environmental Monitoring Indicators for European Countries: A Sisaggregated Sector – based Approach for Monitoring Eco – efficiency", *Ecological Economics*, Vol. 70, No. 3, 2011.

[333] Yang J., Zhang T., Sheng P., et al., "Carbon Dioxide Emissions and Interregional Economic Convergence in China", *Economic Modelling*, Vol. 52, 2016.

[334] Yu J., Lee L., "Convergence: A Spatial Dynamic Panel Data Approach", *Global Journal of Economics*, Vol. 1, No. 1, 2012.

[335] Zhang B., Bi J., Fan Z., Yuan Z., Ge J., "Eco – efficiency Analysis of Industrial System in China: Adata Envelopment Analysis Approach", *Ecological Economics*, Vol. 68, No. 1, 2008.

[336] Zhang N., Choi Y., "Total – factor Carbon Emission Performance of Fossil Fuel Power Plants in China: A Metafrontier Non – radial Malmquist Index Analysis", *Energy Economics*, Vol. 40, No. 2, 2013.

[337] Zheng J., Liu X., Bigsten A., "Ownership Structure and Determinants of Technical Efficiency: Anapplication of Data Envelopment Analysis to Chinese Enterprises (1986 – 1990)", *Journal of Comparative Economics*, Vol. 26, 1998.

[338] Zhou, P., Ang, B., Poh, K., "Slacks – based Efficiency Measures for Modeling Environmental Performance", *Ecological Econom-*

ics，Vol. 60，No. 1，2006.

[339] Zofio J. L.，"Malmquist Productivity Index Decompositions：A U-nifying Framework"，*Applied Economics*，Vol. 39，No. 18，2007.

后 记

　　本书源于 2011 年笔者对当时一些文献用数据包络分析方法测算面板数据效率的疑问。笔者注意到，要进行效率的跨期比较，一方面必须使被评价对象处于同一基准面上，另一方面必须区分前沿面上的决策单元，后者不满足的话可能得出有效率决策单元跨期无增长的错误结果。并且，当考虑环境污染这类非期望产出时，模型要相应进行调整。已有文献并未同时解决前述问题。为此，笔者尝试综合已有文献的方法，提出了基于松弛变量的全局超效率非期望产出模型（命名为 GB-US-SBM），力求给出全面识别、跨期可比的测度模型，相关结果发表在具有较高影响因子的国际期刊 *Journal of Cleaner Production* 上并获得了较高引用率。之后，考虑到被评价对象之间具有明显的异质性，本书参考已有文献进一步引入共同前沿面（Metafrontier），提出了同时考虑异质性技术、非期望产出和超效率的 Meta-US-SBM 模型，以更好地测算区域生态效率。在此基础上，通过多角度、多层面对现象、问题、机制、成因等进行分析，逐渐积累形成了本书的主要内容（数据基本上更新到 2014 年）。笔者期待这本书能够帮助读者更全面、细致和深刻地认识中国的绿色发展现状、区域生态效率的特征和问题以及提升方向，为相关研究和决策提供一些方法参考和策略启示。限于时间和能力，书中难免有错漏和不足，敬请读者批评指正。

　　本书即将付梓之际，笔者特别想感谢杨晓光教授。杨老师为人正直，待人谦和，思维敏锐，学术严谨，学识渊博，是我们学习的楷模！感谢杨老师给我们提供了一生都受益的精神财富！并且，笔者要衷心感谢汪寿阳教授。汪老师德高望重，高瞻远瞩，学识渊博，平易近人，关爱学生，尽管工作极为忙碌，却不吝时间给了笔者很多很有价值的指导和建议。笔者还要感谢北京大学成刚老师、中国科学院大学胡毅老师等在测算效率方面的技术支持和研究中的帮助。此外，笔者还要感谢博士生余燕团、夏洁瑾、陈娟娟和硕士生方霞、谢优男等在数据资料更新和书稿整理编排等方面的大力支持。

　　最后，笔者还要感谢我的家人尤其是亲爱的妻子尹筑嘉和儿子黄昱杰！这些年笔者潜心研究和教学，无暇照顾家人，幸亏有他们的理解和支持！这本书是笔者献给他们的礼物，期待能给他们带来喜悦和快乐！

黄建欢

2016 年于岳麓山